开车去旅行

自驾游完全攻略

夏星 编著

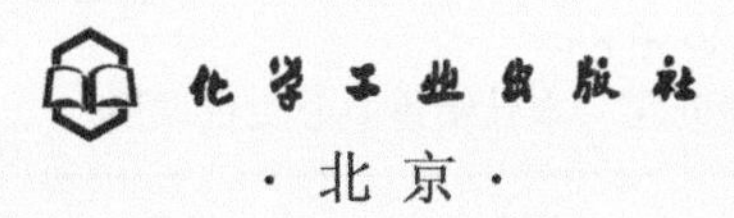

·北京·

内容提要

本书作者以自己30年自驾游经历为基础，针对如今普遍存在的关于自驾游的各种疑问，将内容分成筹划/准备篇、车辆/驾驶篇、线路推荐篇。其中，筹划/准备篇包括如何规划路线、如何选择目的地、自驾游要花多少钱、出发前要做哪些准备等；车辆/驾驶篇的主要内容是，什么样的车辆更适合、怎样才能保证安全、遇到意外如何解决；线路推荐篇则是根据四季变化，推荐了一些比较适宜的自驾游线路。

书中内容均为作者亲身经历，文字质朴，经验颇多，对于也想出门自驾游的人来说，具有很高的参考价值。

图书在版编目（CIP）数据

开车去旅行：自驾游完全攻略/夏星编著．—北京：化学工业出版社，2020.9（2025.6重印）

ISBN 978-7-122-37292-5

Ⅰ.①开… Ⅱ.①夏… Ⅲ.①旅游指南-中国 Ⅳ.①K928.9

中国版本图书馆CIP数据核字（2020）第113205号

责任编辑：周 红　　文字编辑：张燕文

责任校对：王佳伟　　装帧设计：王晓宇

出版发行：化学工业出版社（北京市东城区青年湖南街13号 邮政编码100011）

印　　装：北京印刷集团有限责任公司

710mm×1000mm 1/16 印张19 字数372千字 2025年6月北京第1版第5次印刷

购书咨询：010-64518888　　售后服务：010-64518899

网　　址：http://www.cip.com.cn

凡购买本书，如有缺损质量问题，本社销售中心负责调换。

定　　价：79.00元

前言

1年前，出版社周老师问我，能不能写本自驾游的书？

最初，我理解错了。以为把这些年的游记，汇总一下就行——我从1989年开始自驾游，写了很多游记，凑在一起，大概300多万字。每一个字都是我的亲身感受，再配上数万张自己拍摄的照片，最多1个月，就能拿出一部书稿。

但周老师告诉我，对于打算自驾游的人来说，最有价值的，是你的经验。

此时我才突然醒悟。在网络发达、手机盛行的年代，人们点点屏幕，就能找到一大堆各式各样的自驾游游记。上网费用与买手机的钱都忽略的话，这样的阅读是零成本。为什么还掏钱买书呢？

事实上，自驾游的人很多，拥有30年自驾游经验的人，不多。

30年来，始终单人单车，围着全国转了N多圈的人，不多。

从不依靠攻略，百分百以个人兴趣为导向进行旅游的人，不多。

我相信，渴望由自己做主、踏上旅途的人，应该不少。但种种匮乏，阻挡住了一些人的脚步。

于是，我用了半年时间，把以往的经验与经历，回忆、总结、整理，从而诞生了这本书。对于打算自驾游的人来说，它，就是“捕鱼的方法”。虽然我并不知道这些方法是否绝对正确，但我知道，书中的每一个字，都是源于30年的积累。从这个意义上讲，这本书是历经30年才写成的。

每天上班都要打卡，旅游就别再“打卡”了。让自己随意一些、开心一些、尽兴一些、放松一些，多好呀。

为什么旅游？为什么自驾游？

中学时代，老师讲《天上的街市》时提到岱顶天街。到了暑假，我骑着自行车，从北京出发，直奔泰山——想验证一下老师说的话。

毕业那年，我幸运地赚了一些钱，买来一辆二手车，开着它去了许多地方——让自己的眼界，从校园迅速拓宽至社会。

时至今日，我的自驾游脚步，始终未停。

由此获得的积累，受益无穷。

旅游，可以是单纯游山玩水，彻底享受，彻底放松。

在不知不觉中，眼界会变得开阔，思维会变得理智、客观且富于逻辑。因为，您是一个见多识广的人，早已脱离井底，得到升华。最起码，可以脱离人云亦云的层面，不再被动跟随，不再把自己的大脑交给别人指挥。凡事有自己的见解，有自己的判断，有自己的主张。做一个真正意义上的有思想、有独特见解的人。

自驾游只是众多旅游方式当中的一种。与跟团游相比，它需要投入更多、具备更多，当然，收获也更多。从表象看，自驾游所解决的，仅仅是交通。但实际上，它的真谛在于主动权由自己掌控，您可以随心所欲、自由自在。换句话说，同样是旅游，自驾游的收获，远远大于跟团游。买车时，许多人注重性价比。在旅游中，自驾游的性价比，其实非常高。

由于种种原因，有人对自驾游顾虑重重，有人对外面的世界心存忧虑。本书汇总的这些经验，或许可以帮助您，拿起车钥匙，走出家门，展开一次完全由自己做主的旅游。

目录

GO

第1章
筹划/准备篇

哪儿好玩？
怎么去？
如何安排？
需要准备些什么？
这些问题，都是很常见的。
本章将与您分享筹划、准备方面的经验。
这些经验可以帮助您，
根据自己的兴趣，
为自己制定完美的旅游计划。

自驾游好玩吗?

答案： 它更适合线状旅游，优点是随心所欲，缺点是人数少时，花费较高。

什么地方好玩?

答案： 每个人的兴趣不同，能够充分满足自己的地方，就是最好玩的地方。

要准备多少钱?

答案： 传统观念当中的穷家富路，不一定正确。以自身实力定花费，更靠谱。

如何规划路线?

答案： 条条大路通罗马，怎么走，走几天，关键在于您的想法与时间。

会有哪些困难?

答案： 困难一定存在，只要想办法，就能解决。最大的障碍其实源于自身。

需要哪些装备?

答案： 自驾游的优势在于能够多带装备，装备越齐全，自驾游就会越顺利。

出发前有哪些事需要落实?

答案： 保险、人员、车辆、路线、天气、住宿以及备选方案。

1.1 自驾游好玩吗？

所有人都知道，旅游主要有两种：跟团游与自助游。但不是所有人都清晰地了解它们的内涵。

跟团游的特点

优点——省心、省力。全程的交通、饮食、住宿、游览，都由旅行社安排，客人跟着走就行。这种旅游模式，非常适合集体出游，以及旅游经验不足的人。

缺点——不自由，游览项目和游览时间受限制。另外，游览收获的大小、行程是否顺畅，与导游个人的素质、经验等有着直接关联。这就跟去医院看病一样，赶上一位医术、医德“双高”的大夫，实乃患者的福分。

花费——旅行社在机票、住宿、门票等方面，有价格优势，故旅游广告中的团费，通常都很便宜。当然，报名时所交团费，并非最终花费，一路上，往往还会有增加的自费项目等其他花费。

自助游的特点

优点——体验更深、感受更全面，还能做到随心所欲，游玩尽兴，丰俭由人。比如睡觉可以睡到自然醒，多玩一会儿也不会有人催促。

缺点——对个人能力的要求比较高。必须具备不错的理解能力，思维清晰，有明确的方向感。阅读能力差、出门就转向，不会做到有条不紊的人，不太适合自助游。

花费——在住宿标准、游览内容等完全一致的前提下，自助游的花费通常会高于跟游团。

但是，跟团游的花费是不可控的，而自助游的花费是可控的。可控，主要指的是花费高低可以由自己掌控，这就是所谓的“丰俭由人”。比如，抵达某地，如果以游览为主，每天早出晚归，就没必要住高级饭店，找个相对便宜的，舒适干净的住处即可，这显然更划算；如果以休闲为主，不妨住得好一些，因为房费里不仅包含住宿，还有各种享受。

我与家人在海滨度假时，住在五星级饭店，每天躺在花园里、泳池旁。时常在晚间看到旅游团的客人们，拎着箱子走进大堂，此时导游会宣布：明早6点起床，7点早餐，7点半出发。您看，很晚才到，一大早又匆匆离开，这钱花的，是不是有点儿亏？

在自助游中效率最高的是自驾游

自助游需要自己安排行程，自己操办食、住、行、游。如果您能胜任这些，同时具备不错的驾驶能力，就一定能自驾游。一车在手，自己掌控，更为便捷，更加随心所欲。不过，自驾游对个人能力的要求更高。安全意识不够高的人，驾驶技术不好的人，不善长途驾驶的人，最好别驾车出远门。

自驾游的最大优势

自驾游的最大优势在于，可以把许多独立的点连成一条线。比如，北京与南京之间的沧州铁狮子、德州菲王墓、济南灵岩寺、曲阜三孔、邹城三孟、临沂孟良崮、淮安周恩来故居、盱眙明祖陵、滁州醉翁亭……这些地方，对于多数人来说，专程前往的可能性不大，但自驾车从北京前往南京，就可以顺路将其全部游览一遍。

前往西藏，就更适合自驾游了。拉萨虽然拥有大昭寺、布达拉宫、罗布林卡，但川藏公路更诱人。此外，滇藏公路、青藏公路、唐蕃古道等，也都是自驾游的天堂。事实上，自驾游的核心价值并不是目的地，而是过程。因为一路上，到处都是美景，这些美景，恐怕胜过拉萨本身。自驾游的过程，往往会比游览名胜古迹更加难忘、更值得回味。

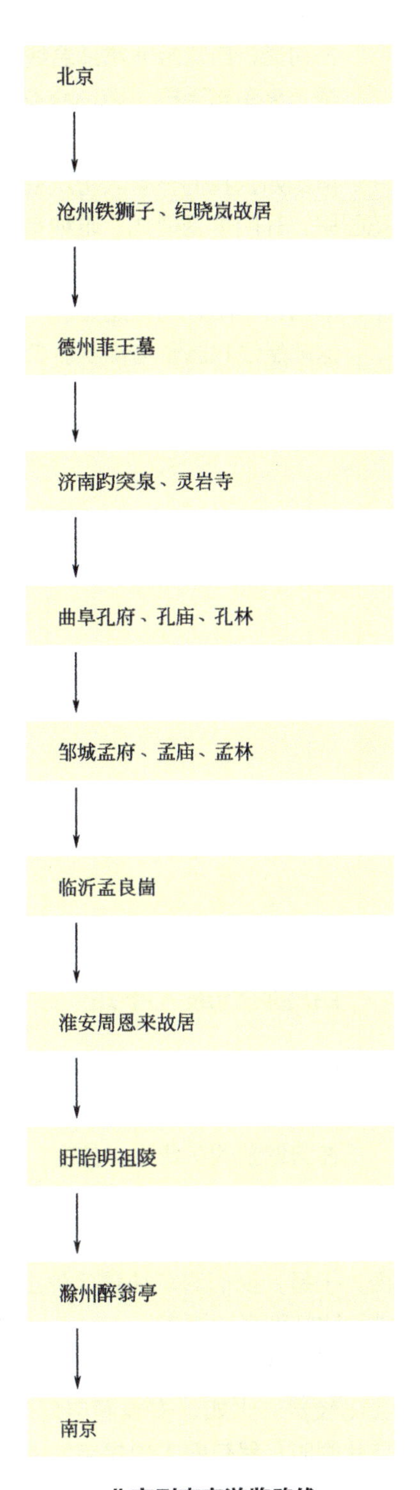

北京到南京游览路线

一句话，自驾游非常适合线状旅游。

至于火车与飞机，更适合点状旅游。比如，身在北京的您，想利用五一的三天假期，到南京走走，乘火车或飞机，显然比自驾游更合适，起码能节约路上的时间。再比如，我们一家人每次去三亚度假，都是乘飞机，上午出发，下午便能躺在花园里，开启享受模式。唯独有一次，为了让孩子开阔眼界，驾车从北京出发，去程游览了赤壁、岳阳楼、岳麓书院、南岳衡山、东坡书院，回程则途经广州、赣州、南昌、庐山等地，足足玩了一个月。

这就是线状旅游与点状旅游的区别。

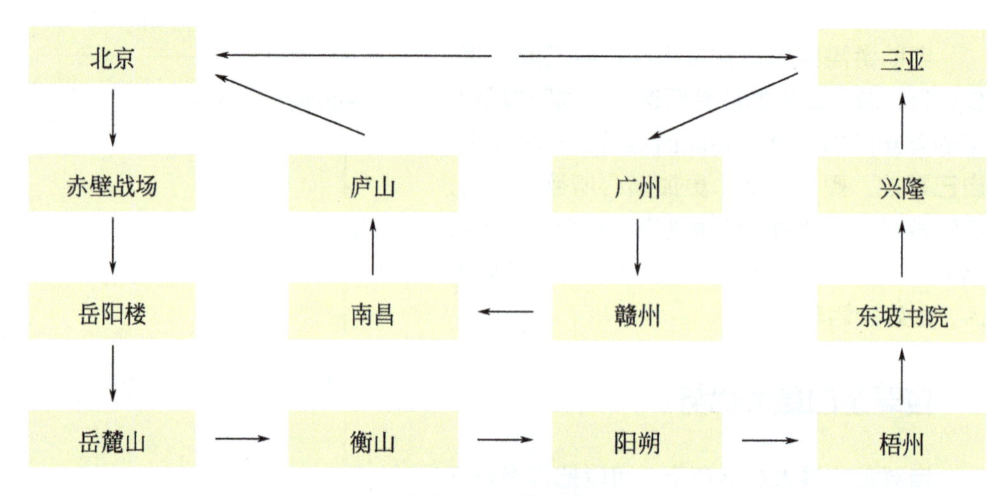

北京到三亚游览路线

自驾游的最大不足

自驾游的不足之处在于：只适合驾驶技术好、精力充沛的人；人少时，花费比较高。

在自驾游的花费中，住宿、餐饮与游览，与自助游基本一致。其中，餐饮与住宿费用，属于可控范围。有时候，利用驾车优势，还能选择更划算的餐饮与住宿。比如，我有一次驾车到长白山，事先没有预订饭店，抵达后才发现，景区住宿非常贵。于是，我们驾车往景区外走，只用了20分钟，来到一个小镇，很快便找到了性价比特别高的饭店。

至于燃油费与过路费，与人数有关，人越多越便宜，如果单人或两人出游，就会比较贵。比如，夫妻俩自驾车去青岛度周末，总费用2800元，人均1400元。与此同时，另有四人也是自驾去青岛，总费用3120元，人均780元，便宜了几乎一半。

作者体会

与“规规矩矩”地旅游相比，我喜欢自由自在，浪迹天涯。

无论在哪个省，无论在哪个国家，驾着一辆车，沿着一条路，一直走下去。沿途能看到什么，事先并不知道，也没必要知道。因为我相信，途中一定会有许多惊喜、许多收获。丰富的感受，注定会成为此生难忘的回忆。

太阳快要落山时，找个落脚点，通常是家小客栈。

进屋洗个澡，换身宽松的衣衫，坐在门前的花园里，举起一大杯冰凉的啤酒。身后映衬着绚丽的晚霞。

在优美的环境、舒适的氛围中，友人们开怀畅饮。

明天，我们将继续往前走。

这种“在路上”的生活，其乐无穷。

如果喜欢，别犹豫，打开车门，开启属于您的自驾游吧。

这种“在路上”的生活，其乐无穷

1.2 什么地方好玩？

打开手机，看到一条咨询："北京出发，自驾去额济纳旗胡杨林，六天来回，有什么好玩的推荐？"

事实上，类似这样的提问，在网上，几乎每天都能看到。

对于新手来说，提出这样的问题是必然的。但我认为，更应该做的事儿，是学会主动思维，有自己的想法。任何事儿，先问一下自己：为什么？

世界是多元的，只要没伤害到他人，每个人都有权利保持自己的想法。按照自己的喜好，构筑自己的自驾游——不用考虑什么地方很出名，不用考虑什么地方是5A景点，不用考虑别人的评价，让自己开心就好。

2006年，我买了一辆上汽大众的途安。有人说，花那么多钱，买一辆面包车，真不值。以外观、动力而论，它确实毫无亮点，但我看重的，是它的功能设计——宽敞的后部空间、多变的座椅布局，这两条，完全满足了我对车的需求。至于别人怎么评价、如何议论，我不会在意。只要它能够满足我的需求，它的缺点我能容忍，对我来说，它就是好车。何况，每款车都有优点与缺点，追求完美无瑕、面面俱到，不太现实。

旅游也是如此。按照自己兴趣，追求自己所想，就足够了。

询问什么地方好玩？就跟询问什么东西好吃一样，根本没有标准答案。每个人口味不一样，身为老北京的我，对卤煮很有兴趣，有一次带新加坡朋友去小肠陈，人家差点儿吐出来，几天后还在埋怨我为什么把那么臭的东西给她吃。

许多人喜欢辣，但我每次去川、湘、贵、鄂等地，都会小心翼翼地寻找合适的饭馆，因为我接受不了辣，一口都不吃。

一个人心目中的美食，在另一个人看来，可能根本没法吃。

旅游也是如此。

在询问哪里好玩儿前，应该先询问一下自己，对什么感兴趣。

当您知道自己喜欢什么、想要什么的时候，就不会询问别人什么地方好玩。每个人的兴趣不同，能够满足自己的地方，就是最好玩的地方。

根据自己的兴趣决定旅游目的地才是最棒的

喜欢逛街的人，去上海、广州、大阪、巴黎，定会如鱼得水。
喜欢风景的人，去黄山、德钦、瑞士、冰岛，一定特别开心。
喜欢历史的人，去西安、北京、希腊、埃及，肯定大有收获。
喜欢度假的人，在海滨找家幽雅饭店，舒舒服服地享受几天。
喜欢刺激的人，沿一条人迹罕至的路，对自己发起一番挑战。

要是反过来呢?
让不喜欢逛街的人去上海。
让不喜欢历史的人去西安。
让不喜欢野外的人去羌塘。
恐怕不会得到好评。

旅游第一阶段：广泛游览

我的旅游始于中学时代，首次出门是去承德。当时，表姐所在单位组织大家，参加旅行社组织的承德三日游。我很纳闷，这么近的地方，为什么还要参团？表姐说自己去不方便。为了证明她说的不对，第二天，我跑到北京站，坐火车去了承德，一个人在那玩了三天（恰逢暑假）。

顺便说一句，最近几年，网上流行一个口号“说走就走”。其实，我一直是这么做的，一点儿都不难。关键在于，您是跟着网络随便说说，还是真的想走。

我之所以敢说走就走，源于家父的影响。从他那里，我知道外面的世界并不像人们想的那么艰难。从北京到承德，跟从家到学校没什么不同。到了第二年暑假，我再次出门，骑车去了泰山——语文老师讲《天上的街市》时提到岱顶天街，我想验证一下老师说的话。

毕业后不久，我幸运地赚了一些钱，拿出一部分，买了辆残破不堪的二手车，开着它去了许多地方。我的想法很简单：靠车延展活动范围，开阔自己的眼界。

事实上，当时的我，见识非常狭窄，只知道几个耳熟能详的地方——内蒙古草原、江南苏杭二州、海滨胜地北戴河与青岛、古都西安与洛阳。于是，开着车，一个个地跑，在玩儿的过程中，眼界逐渐打开，以前从没听说过的地方，陆续冒出来。接着跑，一直跑到现在。

看到这儿，有人可能会问：旅游的钱从哪来？你怎么知道这些地方好不好玩？要是去了以后，发现没意思，那不是白跑了嘛。

人人都在赚钱，但赚到手的钱怎么花，就不一样了。旅游是我的爱好，为它花钱，我心甘情愿。这就如同有人爱好美食、有人爱好名牌皮包或手表、有人爱好新款手机，是一个道理。

有个朋友，经常换手机，在过去十年当中，为手机花了大概五六万块钱。而我在过去十年，连同每月话费在内，一共只花了不到3000元。

还有两个朋友，其中一位每天开车上班，油费与停车费合计80元，三年累计约为6.3万元；另一位觉得自己开车太贵，每天坐网约车上下班，三年总花费约为3.2万元。我每天坐地铁上下班，每月180元，三年总花费6000多元。

您看，仅仅是手机和每日通勤，我就节约了至少7万元，足足够我跑七趟西藏。那三个朋友喜欢手机、喜欢享受，为了满足自己的喜好，不断更换手机、每天自驾车或坐网约车上下班，理所当然。而我喜欢旅游，在其他地方节省一些，把更多的财力用在旅游上，仅此而已。

从承德之行、泰山之行的经历，您就能看出，我是一个好奇心特别强烈的人，凡事渴望亲身体验，而不是看看视频，听谁说说。这种性格促使我经常跑出家门，四处游览。事实上，我在旅游的第一阶段，根本没想过“好玩不好玩”，只要走出家门，到处跑跑，我就会特别开心。

我第一次去内蒙古，是春节前夕。从赏景的角度，冬天去草原恐怕是最不合适的。而且，我只去了集宁、呼和浩特和包头。这三个地方都是城市，即使周边有草原，也根本无法与呼伦贝尔相提并论。但我当时并不知道这些，仅仅是因为有假期，又刚买了车，想都没想，就去了。跑了一个星期，大同的云冈石窟，呼和浩特的昭君墓，包头的五当召。就这么几个简简单单的景点，已经让我心满意足。

因为，我满怀好奇。只要是没见过的名胜，没欣赏过的风景，对我来说，都充满着诱惑，非常愿意亲眼去看一看。在我的脑海里，根本没有“好玩”与“不好玩”的概念。唯一有的，是出去走走，长长见识。

作者体会

旅游完完全全属于您自己，它的核心价值在于精神享受。应该为了享受而旅游，而不是为了旅游而旅游。

旅游第二阶段：突出重点

就这样，没有明确目标地“瞎跑”，跑了好几年，不知不觉，我的旅游进入第二阶段：突出重点。其实连我自己都没弄清楚，这个改变，究竟是从什么时候开始的。

所谓突出重点，就是按照自己的兴趣，设定每次出游的目标。

我的兴趣也有变化，曾一度对民族特别感兴趣，甚至立下一个宏伟目标：把56个民族全部探访到。在民族风情当中，最值得看的，是节日。不过，要想亲临每个民族最隆重的节日，绝非易事。折腾了好一阵，非常吃力，我知难而退，改变了兴趣，转为玩越野，因为此时我刚好换了一辆新的越野车。同期这款车的主人们，通常会特别注重装饰——贴五角星，挂工兵锹，装探照灯。我没有，直到八年后转手，它依旧保持着出厂时的样子，一点儿没变。

虽然外观很平淡，但经历不平淡。截至目前，我已经去了十一次西藏，始终念念不忘的，是我第一次开着越野车进藏。因为那次路上的困难最多，因为那次路上几乎没什么车。

当川藏公路全程铺了柏油，当珠峰大本营之路变得很平坦，越野的感受逐渐成为奢望。除非跑场地，或者找个地形给自己制造困难。于是，我的兴趣又一次更改，这次是历史。

历史是个蕴藏丰富的宝库，以它为主题，自驾游连绵不绝，总也没个尽头。

从轩辕黄帝到爱新觉罗，我驾车出游几十次，把150多座帝王陵寝走了一遍。

甲午战争125周年之际，我驾车从九连城开始，把战场遗址走了一遍。

抗日战争胜利70周年那天，我从昆明出发，驾车沿滇缅公路一直走到缅甸。

除了国内，还有国外。

按照欧洲文明发展顺序，从希腊到意大利，再到德、法等国，我分三次走遍了主要遗址地。

自驾游的优势在于交通便利

在诺曼底，把大西洋防线与各个登陆场、军人墓地，全部走了一遍。

在我的计划里，还有许多。比如沿着玄奘足迹，从头到尾走一遍；沿着长城的踪迹，从虎山走到嘉峪关，等等。

有趣的内容，实在太多，这辈子根本走不完。

除了历史，我还时常出于某种兴趣，为自己设计一条路线。

有一次，在网上看到一部老电影《虎口脱险》，突发奇想，利用年假跑到法国，把部分外景地跑了一遍。后来，又去了奥地利，专门探访《茜茜公主》的拍摄地。

还有一次，想起电影《阿甘正传》里，阿甘长途跑步的情节，心血来潮，去了趟美国，从太平洋开车到大西洋。

我们夫妇都特别喜欢看探索频道里的纪录片。那里关于非洲野生动物的节目，深深吸引着我们，一直想去实地走一圈，但目前尚未实现。我相信，我肯定会有自驾车行走非洲大陆的那一天。

作者体会

上述所言，只是我的兴趣。我相信，每个人都会有自己感兴趣的东西。您对什么感兴趣，就以它为主题，展开旅游吧。这，才是真正属于自己的旅游。

哪怕，您到了某个地方，只是随便逛逛，吃吃喝喝，发些照片到朋友圈，也是对个人兴趣的自我满足。

请记住：旅游是一种享受。

只要让自己开心，得到了享受，就是最好的旅游。有了这种心情，任何地方，都可以成为最好玩的地方。

驰骋在阳光下

1.3 要准备多少钱?

有人在网上问："去日本旅游半个月，1万块钱够吗？"我根据自己的亲身经历，回答道："足够了。"另外还介绍了我在日本的旅游线路和花费构成。

这个回答的后面，有许多留言。有人赞同，有人质疑，还有人劝我："出门旅游就别在乎花钱，斤斤计较不好，穷游不值得提倡。"

我认为，穷游和富游，是根据每个人的自身情况，相对而言。

这就如同汽车，某些车被誉为豪华车，可究竟什么叫豪华车，根本没有明确定义。所谓豪华只是相对而言的豪华。在一个年收入3万元的人眼中，朗逸就可以称作豪华；在年收入50万元的人眼里，奔驰E才算得上豪华；可到了年收入500万元的人那，恐怕只看得上奔驰S。

中等收入的人出门旅游，选择三星级饭店就挺好。可对于低收入的人来说，三星级饭店有些奢侈。

一个没有收入的学生出游，能找到青年旅社就在床上睡一宿，找不到就露宿街头（当然是在保证安全的情况下）；路上能找到顺风车，就搭一段，找不到就徒步。这样做，我认为没什么不妥。年纪轻轻，吃点儿苦头，有些磨炼，不是什么坏事。

传统观念里的穷家富路不值得提倡

如今，旅游对许多人来说，已是日常生活中的一部分，属于常态。即使收入不高，长途旅游有困难，周边的短途旅游也还是没问题的，大不了吃与住都简单一些。

在许多国家、许多城市里，市区与机场之间，都有轨道交通，花不了太多钱，也用不了太多时间，就能把问题解决。尤其是经济发达的地区，根本用不着看旅游攻略，下了飞机，按照"小火车"的图标走，一会儿就能到达车站，在自动售票机上投币买票，然后进站上车。一切都非常简单。不一定只要一坐飞机，就得伴随着出租车。

公共交通比较发达的国家或地区，通常都会为游客准备短期乘车卡。根据自己的时间，买一张，就能解决在这座城市里的交通问题。而这种乘车卡，在经济上很划算。也就是说，根本没必要花钱包车（除非人多，比如一家老少三代）。在巴黎，我曾见到一日游的广告，导游带队在埃菲尔铁塔、卢浮宫、凯旋门、巴黎圣母院等几个地方走一圈，收费600元，可实际上，这几个地方都有地铁，花14.9欧元买10张地铁票，三五天的交通就全有了。至于游览内容，只需掏出手机一搜，各种介绍就会扑面而来。

旅游只是日常生活中的一部分，旅游不等于高消费，它们之间没有必然联系，“穷家富路”不值得提倡。

将穷家富路变成量力而行

穷家富路不一定百分百正确，以自身实力定花费标准，量力而行，才是上策。

所谓量力而行，指的是，平时是怎样的消费能力，旅游时依旧如此。比如，每天上班坐公交，中午吃盒饭，旅游时就没必要包车+顿顿大餐。品尝当地美食是必须的，但不必把每顿饭都弄成宴会标准。

有一次，我在一篇游记中详细记录了花费，其中餐食一项，日均60元。有位读者在留言中认为，一天三顿饭，60元不可能，一顿饭都不够，别说三顿了。实际上，我选择的饭店，都是包含早餐的，60元只是午餐与晚餐。对于我这种不太刻意追求美食的人来说，60元足够了，平时上班的午餐，最高也不过20元。我数次沿川藏公路自驾游，在普通饭馆里点一个菜，一碗饭，同样也是20元左右。

还有住宿。如果自家是个普普通通的居民楼，旅游时，住二星级或三星级饭店就挺好。当然，如果是休闲旅游，不妨升升级，享受几天，犒劳自己一下。如果经济条件很好，出门旅游时，住四星级或五星级饭店，也是顺理成章的。

也就是说，旅游时的消费水准，与日常基本一致。这样做，是量力而行，不是穷游。

需要说明的是，旅游有多种分类，比较常见的两种，一是以游览为主题，二是以休闲为主题。前者主要是参观旅游景点，需四处奔走，来去匆匆，对于经济实力很普通的人来说，选择经济型饭店足矣；后者主要是享受，选一家环境优美的高级饭店，彻底放松，充分享受。比如海滨度假，多花一些钱，消费升级，无疑是有价值的。我陪着家人第一次去三亚度假，就是如此。当时我们选了一家花园特别漂亮的五星级饭店，每天泡在饭店里，哪儿也不去，一日三餐也在饭店。半个月后，又从饭店直接前往机场。那次度假的花费，差不多是我三个月的收入，但我认为很值。

自驾游时究竟需要准备多少钱才够用呢?

旅游费用由行、食、住、游、购、娱构成。在这六个部分当中，“行”的花费相对固定。根据我的经历，在多数情况下，每公里行车成本在0.8元至1元之间。比如，从北京到拉萨，往返大概1万公里，单价按0.8元计算，交通费用约为8000元。如果您的车油耗较高，花费可能会达到9000元甚至1万元。

其他花费无法一概而论。比如，全程睡在车里，住宿费就可以省略；少去那些华而不实的景点，门票花费就能大幅度节省。反过来，如果追求比较好的住宿，沿途知名景点逐一游览，花费就会上升许多（表1-1）。

表1-1　根据自身状况选择不同档次的消费方式

项目	最低消费	经济消费	中档消费	高档消费
住宿	睡车里	普通旅馆	二星级、三星级饭店	四星级、五星级饭店
费用	0元	80～120元/间	200～300元/间	500元起/间
餐饮	简餐	简餐	普通餐饮	以饭店用餐为主
标准	50元/（人·天）	70元/（人·天）	100～150元/（人·天）	300元起/（人·天）
游览	只看有代表性的景点	只看有代表性的景点	多数景点均游览	不考虑门票价格
购物	无购物	适当买一些比较便宜的纪念品	适当买一些纪念品	只要喜欢就买

根据个人经验，中档消费约200～400元/（人·天）。假设您一家三口外出自驾游十天，总里程3000公里，中档消费的预算是下限8000元，上限1.5万元。

行：对于自驾游来说，“行”指的是燃油费、过路费、停车费

根据经验，自驾游之前如果做预算，交通成本可以按每公里0.8元至1.0元计算。

在表1-2中，列举了我数次“行”的花费。其中有几点值得您注意。

● 每公里单价超过1.0元的有三次，均为途安2.0，主要原因是该车油耗高。此外，前往赤峰那次，多数在深山里寻找古迹，导致油耗更高。而前往三亚那次，过琼州海峡时，每辆车有单程500多元轮渡费用，从而提高了成本。与之相比，驾驶速腾前往三亚，虽然也需乘船渡海峡，但由于油耗低，每公里单价节省了0.2元。

● 西藏地区的油价虽然高于其他各省，但由于没有过路费，故每公里单价并不高。至于表格中君威与吉姆尼每公里单价的差别，完全是油耗差异所导致。

● 北京到新疆的自驾游，每公里单价仅为0.63元，是表格中的最低值，一是

因为该车油耗低，二是途中大量国道不收费。

● 表格中最后两行是电动车的出游成本。按理说，电动车行驶成本远远低于燃油车，但由于商业充电站还要收取服务费与停车费，电费低的优势在一定程度上被削弱。至于两次出游的成本相差很大，是因为北京—张北之旅为冬季，电量消耗陡增所致。

表 1-2 自驾游交通成本统计（油价在每升 7 元左右）

行程	车型	行驶里程	加油 / 充电	过路费	停车费	每公里单价
北京—江南	途安 2.0	2600 公里	1655 元	950 元	36 元	1.03 元
北京—三亚	途安 2.0	7800 公里	4980 元	3658 元	66 元	1.12 元
漠河—三亚	速腾 1.8T	1.8 万公里	10460 元	5978 元	210 元	0.92 元
北京—秦岭	奔腾 B50	3800 公里	1912 元	1143 元	61 元	0.82 元
北京—丹东	沃兰多 1.3T	2200 公里	1235 元	740 元	20 元	0.90 元
北京—赤峰	途安 2.0	1900 公里	1594 元	690 元	10 元	1.20 元
北京—呼盟	汉兰达 2.7	4700 公里	3550 元	390 元	20 元	0.84 元
北京—阿里	君威 2.0T	1.2 万公里	6164 元	2016 元	0 元	0.68 元
北京—拉萨	吉姆尼	1 万公里	6130 元	2016 元	158 元	0.83 元
北京—新疆	劲炫 2.0	1.2 万公里	5257 元	2203 元	150 元	0.63 元
成都—拉萨	欧蓝德 2.4	5900 公里	4237 元	77 元	0 元	0.73 元
昆明—瑞丽	科鲁兹 1.5	2000 公里	1241 元	382 元	6 元	0.82 元
北京—青岛	吉利电车	1500 公里	321 元	545 元	82 元	0.64 元
北京—张北	腾势电车	666 公里	337 元	232 元	30 元	0.90 元

食：花费多少，主要取决于对美食的兴趣，因人而异

据个人统计，饮食在旅游总花费中，占比约为20%，如果是休闲旅游或对饮食要求高，占比恐怕会上升到30%左右。不过，在自驾游途中，由于条件、时间所限，餐饮往往会比较简单。比如，途中会经常在高速公路服务区、公路边餐馆用餐，而这种用餐基本上都是快餐模式。其中，高速公路服务区每人每餐20 ~ 40元，至于公路边的餐馆，只要不是旅游热门地区，吃简餐的话，每人每餐20元左右就够了。

前往人烟稀少地区，比如西藏、新疆、青海等地，餐饮也很容易解决。因为，沿公路行驶，沿途大小城镇，一定会有许多餐馆。只吃些简单食物，比如盖饭、面条、炒片之类，每人每餐20 ~ 30元足矣。当然，藏西北地区的价格可能会高一

些，简单餐饮约40元/（人·餐）。比如，新藏公路上的红柳滩，是自驾游的重要歇脚点，镇上餐馆素菜30元、肉菜40元起；与之相比，成都到拉萨的国道318线上，许多餐馆的价格只是它的一半。

简单的拌面

2018年，我在新疆自驾游的游记里，提到沿途吃饭很便宜，在一些小馆吃份拌面，最低只需15元。有位读者留言说，他是当地人，从没见过这么便宜的拌面，认定我在误导大家。可实际上，在新疆，我吃过很多次15元的拌面。唯一能解释的，或许是因为那位读者始终身居都市。

我的个人感受是，只要不是热门旅游景点，走遍全国，绝大多数地方吃饭都不贵。除非您去高档饭店。当然，餐饮方面的花费因人而异。对于注重美食的人来说，在这方面多花一些钱，理所当然。我与我的家人对美食兴趣不大，所以，每次出游，我们在餐饮方面的花费通常都很少。

住：如果预算紧张，干脆睡车里

如果是三星级的中档饭店，住宿费用占总花费的30%～40%。不过，自驾游的优势在于行动便利，可以扩大选择范围，寻找更划算的住宿。比如，我有一年春节从北京驾车前往云南途中，路过自贡，顺便欣赏著名的自贡灯会，因为是热门，当地饭店价格飙升，没有星级的经济型饭店每晚都得三四百元。于是，看灯之后，驾车沿高速公路往前行驶80公里，到宜宾找了一家三星级饭店，房费220元。还有一次，在云南元阳看梯田日出，正值春节，小镇上的旅馆几乎全满，且价格昂贵，我把车停在停车场，睡在车里，节省了好几百元不说，次日一早，躺在车里就看到了美丽的日出。

有一年，我在成都借了一辆车，进藏旅游。由于预算很少，全程14天，全部睡在车上，一分钱住宿费也没花（表1-3）。

当然，睡在车里很可能睡不好，条件允许的话，最好还是住旅馆，通常能够休息得更好一些。

表1-3 两次低成本自驾游花费记录

行程	加油	过路费	住宿	餐饮	门票+停车费	总花费
成都—拉萨往返14天单人自驾游	4237元	77元	0元	420元	0元	4734元
北京—丹东往返7天单人自驾游	935元	740元	0元	105元	78元	1858元

游：没必要全部游览，除非是自己喜欢的景点

“游”的费用主要是花在门票上。一路上途经的名胜古迹，如果全部游览，门票费用往往会比较高，但这笔钱又不得不花，唯一节省的途径，是在网上订票，有时稍微便宜些。

不过，据我观察，一些自驾游爱好者，随着阅历的增加，往往会从单纯的游览景点，转向注重过程，逐渐轻视景点。至少我本人就是如此。刚开始旅游那几年，逢景点必进，后来就变了，除非是特有价值的传统景点，否则绝不轻易掏钱。主要原因其实不是为了省钱，关键是看得多了，没兴趣“打卡”。

购：经常旅游的人，有可能会逐渐变得不喜欢买东西

旅游初期，游客往往会特别喜欢购物。但随着旅游经历的丰富，购物兴趣会逐渐衰减。从见什么买什么，对什么都好奇，转为只买几件有当地特色的纪念品。

娱：无法一概而论

看演出、晚上唱歌跳舞等，都属于娱乐消费，但此项完全取决于个人兴趣，没有共性。

参考实例

在表1-4中，列举了一些国内自驾游花费统计。以第一行当中的北京—江南行为例，可以看出，7天之中，到南京、扬州等地旅游，人均1486元，不算贵。原因之一是老人与孩子的门票很便宜，原因之二是多达6人，费用平摊以后非常划算。而前往阿里那次，总费用19336元，因为是1个人，就显得非常贵。

表1-4 国内自驾游花费统计

行程	交通	住宿	餐饮	门票	总计	人均
北京—江南6人7日	2641元	3660元	2166元	447元	8914元	1486元
北京—三亚4人14日	8704元	4419元	2884元	340元	16347元	4087元
漠河—三亚4人45日	16648元	18084元	7235元	1670元	43637元	10909元
北京—汉中1人7日	3116元	1193元	226元	20元	4555元	4555元
北京—呼盟2人11日	3960元	2148元	1349元	150元	7607元	3804元
北京—阿里1人15日	8180元	8369元	2787元	0元	19336元	19336元
北京—拉萨2人26日	8304元	4072元	3648元	2181元	18205元	9103元
北京—新疆2人16日	7610元	2845元	1621元	200元	12276元	6138元
成都—拉萨1人14日	4314元	0元	480元	50元	4844元	4844元
昆明—瑞丽2人6日	1629元	2033元	1250元	60元	4972元	2486元
北京—青岛4人3日	948元	400元	1203元	1028元	3579元	895元

参考实例

出境旅游，在一些人的心目中，更是高消费的代名词。但实际上，并非完全如此。比如有一年春节，我们在大年初二在北京附近的一座县城，参加当地民俗活动，住在一家二星级饭店，房费450元，不含餐。初四返回北京，直接乘机前往日本大阪，当晚住在和歌山市的一家三星级饭店，房费折合人民币520元，包含温泉、宵夜与早餐，至于房间档次、卫生条件、服务态度，差异就更大了。

在表1-5中，列举了几次境外自助游/自驾游的花费统计。交通一项，包含往返机票及当地交通，其中，在日本与韩国旅游是乘火车、地铁，在泰国、意大利、法国均为租车自驾，也就是说，该费用中还包含着租车费、保险费、油费、过路费、停车费。

表1-5 境外自助游/自驾游花费统计

行程	交通	住宿	餐饮	游览	总计	人均
泰国4人12天	15053元	6031元	1950元	850元	约2.4万元	6000元
韩国2人8天	4979元	1873元	1210元	1260元	约0.9万元	4500元
日本2人10天	7857元	4510元	2250元	380元	约1.5万元	7500元
意大利3人18天	26000元	9610元	4700元	2670元	约4.3万元	1.43万元
法国3人12天	24283元	3134元	2358元	4269元	约3.4万元	1.13万元

作者体会

在日本的京都，当地公交系统非常发达，500日元买张一日卡就能随便乘坐，快速列车更是1小时便直达机场。但据当地一位开旅游包车的司机介绍，许多中国游客非常愿意包车。其中有些人的理由是，舍不得花钱就别出来旅游。

在欧洲自驾游时，我经常在便利店买快餐。有人嘲笑我太寒酸，我对此很坦然——我只是个普通人，既然平日上班都是乘地铁、吃快餐，旅游时为什么就得消费升级呢？

在我的观念里，休闲旅游才应该消费升级。比如海滨度假，就应该找一家高级度假饭店，多花钱，让自己得到充分享受。如果是观光旅游，重点在于游览与体验，吃住行方面，简简单单即可，没必要消费升级。

1.4 如何规划路线？

智能手机在我国普及率特别高，用它不仅可以看微信、看视频、转账支付，在自驾游过程中，它还能起到很大作用——线路查询、导航、路况显示、订房、景点查询、天气查询，应有尽有。四处打探的各种旅游信息，其实在手机里都能查到。

有一次乘机回京，我的邻座通过微信语音通话，询问对方，抵达后如何乘车前往市区。可实际上，她只需输入目的地，手机就能告诉她在哪儿乘车、车票多少钱、在哪儿换乘、多长时间能到。

我独自一人去过许多语言不通的国家，完全靠手机获取信息，非常准确。谷歌地图甚至能告诉你下一班公共汽车几分钟之后到站。

时常看到有人问想自驾车去某某地该怎么走

答案很简单，就三个字：开导航。

无论您想去哪儿，打开导航，它就能引导您前往，一路上还能随时播报，提醒您注意转弯、注意限速、前方有服务区等。

比如，打算从北京前往湖北省赤壁市，游览三国古战场。预定的是赤壁市华美达广场酒店，导航显示，走京港澳高速公路，全程1305公里，需13小时58分钟，过路费560元。同时显示，如果走大广高速，全程1295公里，需13小时48分钟，过路费605元。

在导航中，前方路况也能随时显示，比如某一段正在下雨，可能会影响车速；某一段出现拥堵，拥堵长度及预计通过时间，都能提前告知。如果拥堵严重，甚至可以改变路线，或下高速走国道，将拥堵路段避过去。

在规划路线时，应该提前设定前提，比如系统默认、时间优先、少收费、躲避拥堵、不走高速、高速优先等。

如果希望在沿途能有些收获，就需要依靠自己的大脑进行规划

在规划中，有两个要点：第一，最好走环形路线，尽量避免走回头路；第二，根据自己的兴趣与时间，进行规划。

比如去西藏，进藏走川藏南线（国道318线），出藏就应该考虑走青藏线（国

道109线）或川藏北线（国道317线）；如果时间特别宽裕，则应该考虑走新藏线（国道219线）。总之，去与回，最好是两条路，构成一个环形，从而让旅途变得更加丰富，收获更多。

时间方面，从成都到拉萨，走川藏南线是2100公里，全程柏油路，其中将近700公里是高速公路，只要不出意外，第一天到巴塘，第二天到八宿，第三天就能到拉萨——这是我本人在单人单车情况下，经历过的最短时间。前提是没有游览。

当然，对于绝大多数游客来说，这样做毫无意义。因为，多数人需要游览。规划自驾游线路时，最好是环形路线。比如，从北京去西藏，去程途经成都，沿川藏公路到拉萨；回程沿青藏公路，途经西宁，返回北京。

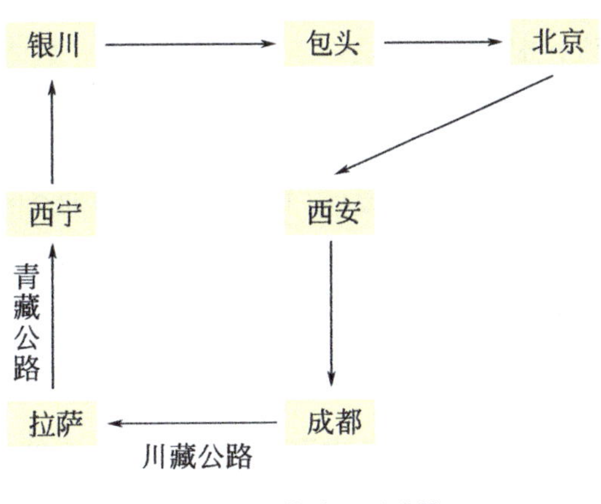

北京去西藏的环形路线

沿途在哪些地方游览，停留多久？

首先，取决于您的假期有多长。

假设，您的出发地是我国东部，希望走川藏线进藏，青藏线出藏，假期14天。

不妨这样规划：假设从住家到成都、从西宁回家，均在2000公里左右，共计4000公里，需4天。走国道318线从成都到拉萨4天，在拉萨停留2天，然后沿国道109线从拉萨到西宁3天，机动日1天。

打开地图，就能很容易规划出路线。

就在我写到这一节时，“悟空问答”发来好几个回答邀请。

第一个：坐标深圳，自驾去西藏，该如何规划路线？

第二个：我在河南，想去西藏，该怎么走？

第三个：从天津到坝上草原，该怎么走？

只需摊开地图，上述问题的答案，立刻得出。

自驾游最好首先学会利用纸质地图

自从有了智能导航，纸质地图就被遗忘了。

在驾驶过程中，智能导航非常有效，但在规划阶段，纸质地图的作用更为明显。我认为，对于自驾游爱好者来说，应该有一张全开的中国地图，有了它，无论想去哪儿，都能很轻松地规划出路线。比如从深圳到西藏，在中国地图上一目了然：先往西到南宁，再往西北方向到昆明，然后沿滇藏线进藏。至于回程，可以走川藏北线到成都，然后取道重庆、遵义、贵阳、桂林、梧州、广州回深圳。也就是说，根据纸质地图作出“战略”规划，具体的“战术”执行，交给智能导航完成。两者取长补短，才是最佳。每次出门，我都是三合一：纸质地图、电子地图、现场路标。

我第一次到美国自驾游之前，对那个国家完全不了解，也不打算麻烦当地朋友，买了一张地图和一本旅游指南，看到自己有兴趣的景点，就在地图上标注，然后把各个兴趣点连成一条线，过分绕路的兴趣点删除，一条旅游路线就规划出来了。当然，具体执行时，靠的是手机导航。

规划路线基本要素之一：每天能行驶多远?

每天能行驶多远，取决于路况、人、时间。路况好，自然就能多跑一些；人的精力旺盛，不容易劳累，驾驶时间就会长一些；假期短，时间有些紧张，每天更要多跑一些。上述三个因素要是反过来，路况不好、人的精力没那么旺盛、时间很宽裕，每天就少跑一些。

有一次，我因为工作原因，单人驾车从北京出发，先走国道318线到拉萨，再沿国道219线到叶城，然后穿越沙漠公路到吐鲁番，最后再沿京新高速公路返回北京。全程1.2万公里，历时15天，平均每天行车800公里。毫无疑问，这是一次强度较大的旅行。每天从早到晚，几乎一直在驾驶。

还有一次，我自己玩，前半程也是上述路线，但沿国道219线走到日土时，折向东，穿越羌塘，最后在那曲转上国道109线回京，总行程也是1.2万公里，历时两个月，平均每天行车200公里。

以个人感受，长途自驾游的时候，日均行车800公里基本就是上限了。日均行车低于200公里，才会玩得比较从容。

路况不同，每日行车里程也会有很大差异。

高速公路——大致上，每天能行驶800～1200公里

我国高速公路大都限速120公里每小时。假设每天早上8点出发，晚上19点住宿，全天共有11小时的行车时间，减去加油、午餐等，一切顺利的话，全天最长行驶距离约1200公里。当然，为了赶路，可以一直沿高速公路行驶，晚上住宿在服务区的旅馆中，或者睡于车内。这样做，能节约很多时间。

路况复杂地区，高速公路往往会限速100公里每小时或80公里每小时，在这种情况下，全天最长行驶距离为800 ~ 1000公里。我国高速公路网络已经形成，自驾游颇为便利。对于小车来说，每公里通行费在0.4 ~ 0.6元。

普通公路——大致上，每天能行驶400 ~ 600公里

我国的国道、省道限速多为80公里每小时，山区有可能降为40 ~ 60公里每小时，由于沿途还会经过许多村镇，故平均每小时至多行驶40公里左右。如此计算，全天最长行驶里程为400 ~ 600公里。国道与省道虽然行车速度不快，但有些路段更适合旅游。

如果遇到意外，例如天气有变、车辆拥堵，甚至是塌方、泥石流等，行驶就会严重受挫。所以，制定计划时，应该适当留出宽裕量。比如刚才说的西藏，之所以留出一天作为机动日，就是出于这个原因。假设受挫非常严重，机动日已经耗尽但仍时间不够用，就需通过压缩行程予以解决。

参考实例

有一次我自驾车进藏，回程的计划是沿川藏北线从拉萨到成都。行程前半部分因意外，浪费了许多时间，抵达拉萨时，行程只剩下四个整天。于是，我没在拉萨停留，迅速穿城而过，沿国道109线直奔那曲。由于那曲距离成都还有2000公里，故在接下来的四天当中，我必须日行500公里。有了清晰的目标，遵照执行便可，途中虽遇到两次拥堵，最终还是按计划回到成都。

规划路线基本要素之二：沿途旅游景点如何选?

刚才说到，自驾游最好根据自己的兴趣事先进行设定。假设没有明确目的，只是随便走走，每经过一个地方，不妨上网查询一下，看看前方即将途经的城镇里，有没有自己感兴趣的美食或景点。

根据我的经验，在“百度”首页输入地名，就能进入“百度百科”，其中对该地的介绍很全面。第一部分是历史沿革，第二部分是行政区划，接下来，还有地理环境、自然资源，等等。在比较靠后的地方，是文化、特产与风景名胜。只需几分钟，便能获悉前方城镇的大致情况。如果在介绍当中，看到自己喜欢的内容，设定导航，直接前往便是。

如果没有自己喜欢的内容，就将其忽略，甚至连市区都不进，直接驶过。

有不少人很想自驾游，但又存在各种担忧。其中之一是不知道怎么走、怎么玩。在网络越来越发达的今天，这种担忧其实没有必要。当然，前提还得是有自己的想法。如果没有自己的想法，人云亦云，就麻烦了。

即使不做任何功课，遇到合适、且自己喜欢的景点，就进去看看，遇不到也不勉强，就是随便驾车逛一圈，也是很有意思的经历。抱着轻松的心态，随遇而安，其实更好。

参考实例

我国的西北与西南，是自驾游的天堂。其中最有魅力的是西藏。有人甚至认为，去一趟西藏，境界都能得到提升。我可能比较愚钝，自驾车去了十一次，境界没提升多少，但那些美好的经历，是我一生宝贵的记忆。

西藏自治区内常规自驾游通常需要时间：10天（最短）。

从东部地区前往西藏，通常所需时间：4天（往返）。

西藏自驾游基本要领：需要具备不错的驾驶技术。

西藏自驾游季节选择：最佳时间是4月和5月，其次是9月和10月，最好避开雨季和冬季。

（1）公路问题

如今藏区的公路，与10年前、20年前相比，有了天壤之别。就拿川藏公路来说，全程柏油路，昔日的数座高山，一部分已经改为隧道。

当然，如果季节选得不对，遇到强度较大的降雨或降雪，就不一定能够顺利通行了。据个人经验，每年4月下旬至6月上旬的路况最好，其次是9

月下旬至10月上旬，但在海拔较高的地段，有可能会遇到当年的第一场雪。无论去哪自驾游，都应择合适的季节，只要天气好，即使是传说中比较艰难的新藏公路（国道219线），同样易如反掌。

（2）车辆问题

有人担心高海拔所带来的动力下降，还有人认为进藏必须开涡轮增压的车。事实上，在高海拔地区，动力确实有衰减，但对行车影响不大。毕竟，我国公路的坡度是有统一标准的。即使用排量最小的车，爬公路最陡的坡，也绰绰有余。唯一的不便是急速超车时，可能力不从心——其实这样也好。长途自驾游，与平日在家门口短途驾驶不同，应以“稳”字当先。当直道较短时，原本就不该超车。

我曾开着1.6升排量的长安铃木启悦，在雨季到来之前的5月份，从北京出发，先是滇藏线，然后是川藏线，一帆风顺地兜了一圈，安全返回北京。

一位读者在我驾驶启悦走西藏的游记后面留言，他也曾开一辆1.6升排量的轿车去西藏，满载，爬坡根本爬不动。结论是，以后再去，一定要开一辆带“T”的车。

我询问：“您说的爬不动，具体内容是什么？”

他回道：“上坡想超车，很费劲，半天超不过去。”

如果您也是有这种需求的人，恐怕要开一辆2.0T或3.0T的车。但我更想说的是，长途自驾游，尤其在盘山公路上，最好不要强行超车。如果前面真的出现一辆车速很慢的重载货车，只要有直道，人家多数会主动靠边礼让，这时候，即使是1.6升排量自吸的动力，也完全可以从容超车。

（3）轮胎问题

有人认为身处高海拔地区，应该将轮胎气压降低一些。完全没必要。胎压降低，意味着轮胎与地面摩擦面积加大，会导致胎温上升，反而有可能引发不测。

还有些媒体发表文章，要求车主每逢夏季便应降低胎压，以防爆胎，这种说法也是不科学的。

包括前往西藏在内的所有长途自驾游，难免会遇到一些烂路，或者是遇

到路面有石子、钉子、石块。此时，轮胎很容易受损。国道318线金沙江与芒康之间，有一段路位于山沟当中，每年雨季都有可能滑坡，路面上碎石很多，车行至此，运气不佳的话，没准儿就会把轮胎划破。所以，芒康及随后的八宿等几个县城，轮胎店里的轮胎，品种比较全。

川藏公路上车来车往，每天有成千上万辆车跑来跑去，轮胎损坏的，恐怕只是个位数。所以，不必把偶然当成必然。只要出发前轮胎没毛病，驾驶中小心谨慎一些，就足够了。

全国各个县城，几乎都有与汽车相关的各种服务。至于旅游热门地区，比如川藏公路，商家就更多了。

（4）驾驶问题

公路与车辆虽然没什么值得担忧，可自驾游前往西藏，并非人人可行。原因之一，是驾驶技术，同时还包括安全意识。驾驶技术不佳者，安全意识不足者，最好不要驾车前往。

几位女性游客在川西自驾游时，车辆坠入山谷，人员遇难。许多人认为这是由于车速快、路不熟所导致。通过观看事发时的视频，我认为，车速快只是一方面，更重要的，恐怕是驾驶者没有做到全神贯注。另外，车速高时猛打轮，等于自杀。

（5）加油问题

西藏各主要公路，加油不成问题。游客最多的国道318线，早已是成熟的旅游线，在这条公路上，每个县城都有不止一家加油站；一些比较大的镇子，也有加油站。国道317线虽然游客少很多，但加油站同样不少。

相比之下，国道219线的加油站少一些，但每座县城也都能保证至少有一家加油站。各加油站之间的里程，都在汽车一箱油的行驶范围内，最大跨度位于日土县多玛乡与红柳滩之间，相距358公里。所以，完全没必要为加油发愁。此外，据我所见，各加油站都有92号汽油、95号汽油和柴油三种油品，绝大多数加油站都能刷卡。

当各省的92号汽油在7.2元/升左右时，川藏线上的巴塘是7.52元/升，过金沙江进入西藏，变成9元/升。但到了林芝，降为8.09元/升，随后的

拉萨、日喀则、拉孜、萨嘎等地，都是这个价格。到了阿里地区，油价上升，狮泉河及随后的日土、红柳滩、赛图拉镇，都是9.37元/升。在网上被传得神乎其神的新藏线，2个加油站之间最大跨度为358千米。这个距离对于汽车来说，毫无难度。此外，即使是较为偏僻的红柳滩加油站，各种油品一应俱全。

（6）食宿问题

餐饮方面，沿途以川菜馆为主，川藏线比较便宜，每人每餐为20 ~ 30元。新藏线价格稍高，尤其是阿里地区，往往是每人每餐50 ~ 80元。

住宿方面，县城和较大的镇子都有旅馆。川藏线上数量更多些，且不乏高级饭店。比如然乌湖、鲁朗等地，虽然只是个小镇，可每晚1400元的高级饭店并不少见。更多的旅馆，房费大致在每晚200 ~ 400元之间，经济型旅馆大致是每晚每个床位50元。

总体而言，川藏线上住宿选择范围大一些，新藏线上选择范围比较小。从拉萨往西，我在拉孜、萨嘎、狮泉河等地住过，拉孜的饭店性价比很高，每晚208元含早餐的房子，设备很好，很干净，也很舒服。可再往后，动辄每晚300多元钱，且条件不尽如人意。

当然，想省钱的话，带个睡袋睡在车里，也是不错的选择。

拉萨住宿方面，市区以布达拉宫为界，往东老城区，具有浓郁的藏族特色，往西则是新城区，基本上没有置身高原的感觉。对于自驾车来说，老城

川藏公路上，淡季房价每晚1400元

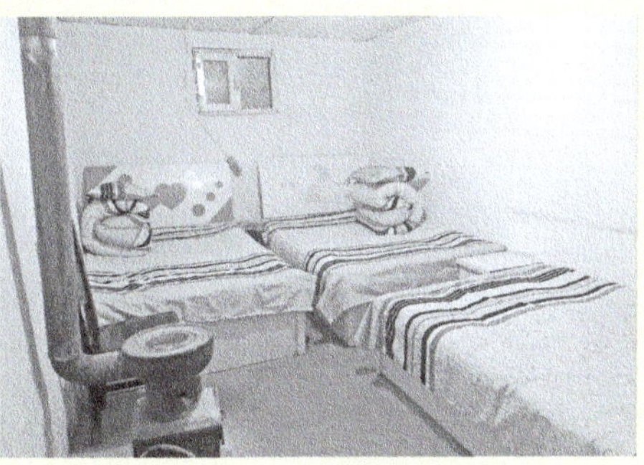

新藏公路上，每晚每个床位50元

区里最适宜的，是八廓街对面的宇拓路，这条路东面是大昭寺，西面是布达拉宫广场，街上有数家饭店，比如迎宾馆。如果觉得老城区过于拥挤，停车不易，住在新城区更便利些。

（7）安全问题

有人认为偏僻危机四伏，困难重重，不敢驾车旅游，尤其不敢单人单车长途自驾游。

就我个人感受而言，偏僻地区的民风多半比较淳朴。当然，什么事都不是绝对的，作为旅游者，只能这样做：第一，小心谨慎，三思后行；第二，待人接物客气些；第三，尽可能低调些。

（8）高原反应

在高原，由于氧气不足，可能会出现头疼、心慌、气短或晕眩等症状，这就是高原反应。每个人到高原之后基本上都会出现高原反应，唯一的差别是有人反应轻微，有人反应严重，有人能够很快适应，有人甚至需要三天以上的时间才能勉强适应。

请牢记：上高原之前需保持良好的精神状态，不要缺觉，不要在患病期间上高原，尤其是感冒期间。

以我的经验而论，海拔3000米左右，是出现高原反应的分水岭。所以，每次驾车走川藏线进藏，第一天到新都桥后，早早停车睡觉，多睡会儿，就能迅速适应高原环境。也就是说，只要初期多休息，就能适应，一旦适应，也就没事了。再往后，即使走到海拔5200米以上的界山达坂、珠峰大本营或唐古拉山口，也不会有什么不妥。

但是，在海拔5000多米的垭口跑几步，就会上气不接下气。为了应付这种情况，车上不妨带几罐氧气，需要时，吸几口就能缓解。

① 药物有用吗？

据说，应对高原反应，可以服用高原安、红景天之类的药物，有一定疗效。不过，在药物辅助与自我调节之间，我更相信后者。

② 高原反应会立即出现吗？

对于多数人来说，高原反应不会立即出现，它往往要延迟12～24小时。这个潜伏期容易使人放松警惕。当您自认为平安无事时，它便出现了。

当然，有的人对高原特别敏感，我的夫人就属于这种类型。有一次，我俩驾车在新疆旅行，离开喀什前往塔什库尔干，车子刚刚爬上帕米尔高原不久，她就不行了，瘫倒在座椅上，头晕目眩，吓得我赶紧调转车头，以最快速度回到喀什，正要把车开往医院，她神采飞扬地说："咱吃羊肉串去吧！"

高原反应就是这样，只要下撤到海拔较低的地方，一般情况下症状会很快自行消失。

③ 吸氧的效果如何?

有人前往西藏时，车上预备了氧气罐、氧气瓶，甚至还有制氧机。对此，我个人认为，预备个氧气罐就足够了。

有一次驾车走在川藏公路上，遇到两对法国夫妇，他们的宿营车轮胎被扎，随车千斤顶底座太小，在泥泞中难以发挥作用。于是，我搬出自带的卧式千斤顶，帮他们更换了轮胎。因为拧螺丝时用力过猛，回到车上感觉气短，心跳加快，掏出氧气罐吸了几口，就没事了。

（9）西藏的公路

对于自驾游来说，主要有如下八条线路：青藏西线、青藏东线、川藏南线、川藏北线、滇藏线、滇藏新通道、新藏线、黑阿线。

① 青藏西线——青藏公路，国道109线，西宁到拉萨约1900公里。

绝大多数的西藏自驾游介绍里，都把这条路称为青藏公路。不过，在它的东侧，还有一条公路，也是从青海到西藏，故我把这两条路分别称为青藏西线、青藏东线。

这条路虽然海拔很高，沿途还要翻越昆仑山、唐古拉山和念青唐古拉山，但总体来说行车比较便捷。而且，沿途的每个镇子，比如五道梁、沱沱河、雁石坪等，都有加油站、旅馆、餐馆、商店和维修店。沿该路自驾游，基本没什么难度。不过，有两点需要注意：大货车非常多；部分路段的路面有起伏，要注意车速。

与藏区其他公路相比，青藏西线显得十分"简单"，而且里程短，适合初学者。

② 青藏东线——唐蕃古道、国道214线，西宁到拉萨约2100公里。

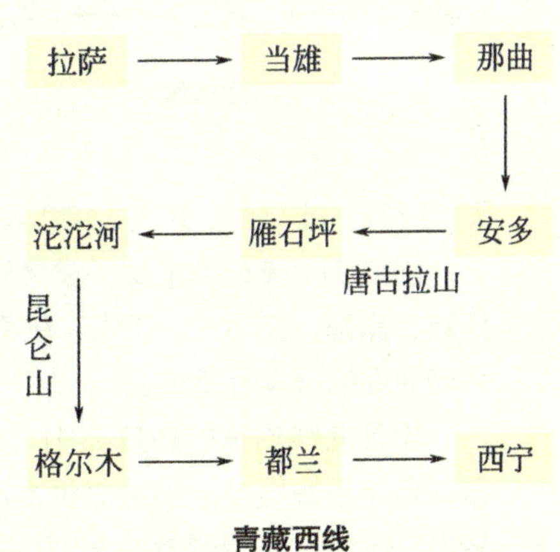

青藏西线

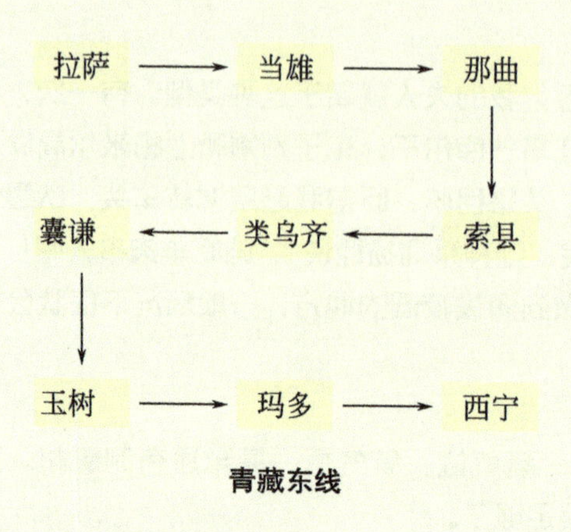

青藏东线

这条路也是从西宁出发，在倒淌河与国道109线分道扬镳。这条路其实就是唐蕃古道，据说文成公主远嫁吐蕃，走的就是这条路。该线路从西宁出发，沿高速公路到玉树，然后沿国道214线到类乌齐县，转上国道317线到那曲，再沿国道109线到拉萨。

青藏东线北半段是高速公路。不喜欢国道109货车太多的话，可以考虑走这条路。

③ 川藏南线——川藏公路，国道318线，成都到拉萨约2100公里。

东起成都，途经雅安、天全、泸定、康定、雅江、理塘、巴塘、芒康、左贡、八宿、波密、林芝、工布江达、墨竹工卡和达孜，最后抵达拉萨。目前，成都与康定之间，林芝与拉萨之间，已经有了高速公路。

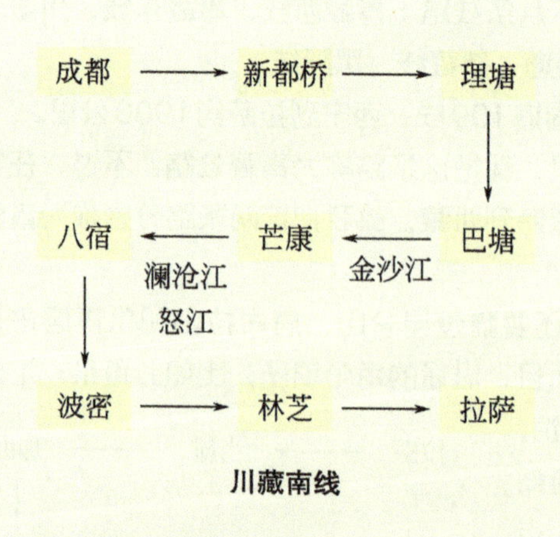

川藏南线

该路需横穿横断山脉，是一条路况千变万化、充满刺激的路线。因为，在雨季没准儿会遇到塌方（比如金沙江与芒康县城之间），能否顺利通行，存在一定的运气成分。

对于旅游来说，川藏南线是一条“最佳”路线——成熟，保障度高。唯一不能确定的，是降雨所带来的阻碍。

④ 川藏北线——川藏公路，国道317线，成都到拉萨约2400公里。

国道317线起点成都，途经汶川、理县、马尔康、炉霍、甘孜、德格、江达、昌都、类乌齐、丁青、巴青、索县，最后抵达那曲。目前，该国道已经向西面的狮泉河延伸。

川藏北线沿途的数座高山，多数已经修筑了隧道，行车难度大幅度降低。该路多数行驶于山谷之中，不如川藏南线那样“大起大落”，因而显得较为“平淡”。这条路游客相对少一些。

对于四川省以东各省的游客来说，川藏南线进，川藏北线返，可以构成一条很理想的环形之旅。

⑤ 滇藏线——滇藏公路，国道214线，昆明到拉萨约2200公里。

这是从云南到西藏的公路。这条路进入西藏后不久，与川藏南线汇合。也就是说，滇藏公路其实比较短，它的一端是大理下关，另一端是西藏芒康，全长约720公里。由于滇藏公路途经大理、丽江、中甸（后更名香格里拉）、迪庆等旅游热门地区，所以，这条路的路况较好。

滇藏线前半段是极为成熟的旅游地区，比川藏南线好走。对于粤、桂、贵、云等省游客来说，滇藏线进，川藏线返，是很好的选择。

⑥ 滇藏新通道——丙察察线，昆明到拉萨约2100公里。

丙察察线本身很短，只有305公里。它的一端是云南省怒江州贡山县的丙中洛乡，另一端是西藏察隅县。截止到2019年年底，这条路只有云南省内的28公里铺设了柏油路，其余路段均为砂石路。轿车虽然也能走，但驾驶需小心，相比之下，还是底盘离地间隙高的车更合适些。

滇藏新通道至今仍有200多公里的砂石路，最好用底盘较高的SUV。对于粤、桂、贵、云等省游

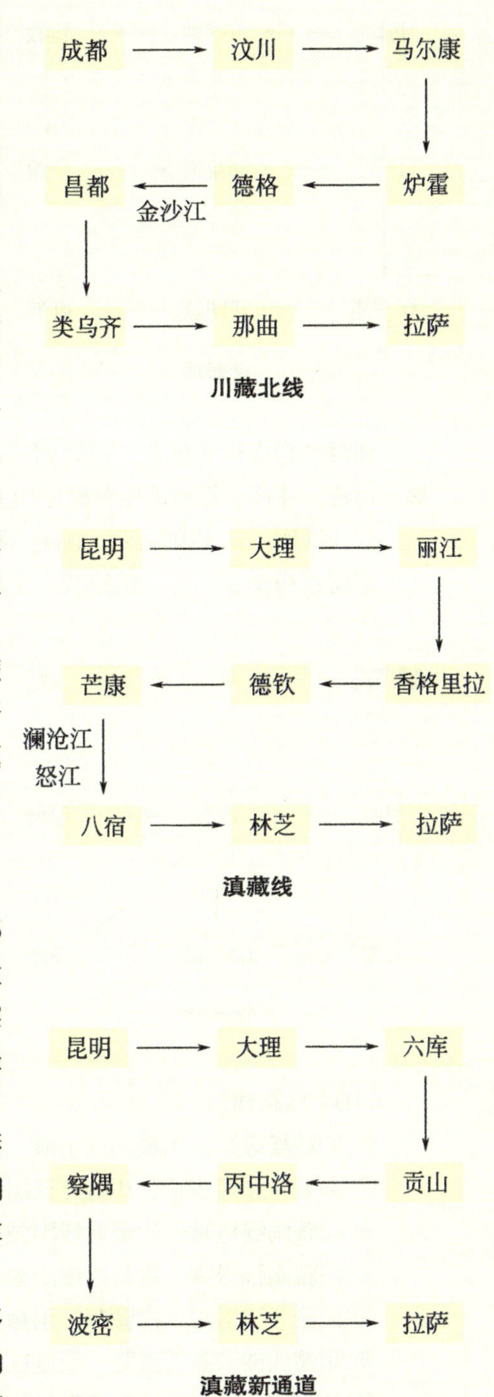

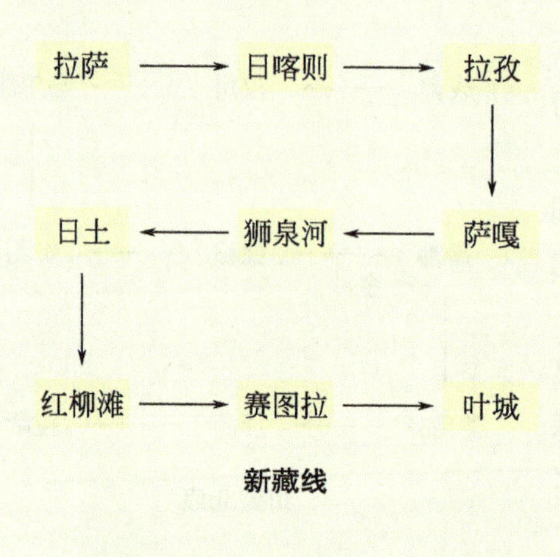

新藏线

客来说，它与滇藏或川藏线能够形成一条很棒的环形路线。

⑦ 新藏线——新藏公路，国道219线，拉萨到叶城约2900公里。

全程都在高海拔地区，尤其是新疆与西藏的分界线——界山达坂，其海拔高度与珠峰大本营基本一致。现在的新藏公路已经变成柏油路了，只要天气没问题，就非常好走。

新藏线起点位于拉孜，拉萨到拉孜是国道318线。由于该路另一端是新疆，行走它往往会把新疆旅游顺便加上，总时间至少1个月。

⑧ 黑阿线——黑阿公路，国道317线，那曲到狮泉河约1400公里。

这是很有诱惑力的一条路线。东起点那曲北侧40公里处（黑水河），西起点是阿里地区的首府——狮泉河镇，所以，这条路以前叫黑阿公路，网络上称为大北线。该路曾编号省道310线，如今规划为国道317线。途经班戈、尼玛、改则和革吉。这条路地广人稀，由于有双湖和古象雄王国遗址的存在，使得它更富内涵，也更刺激。

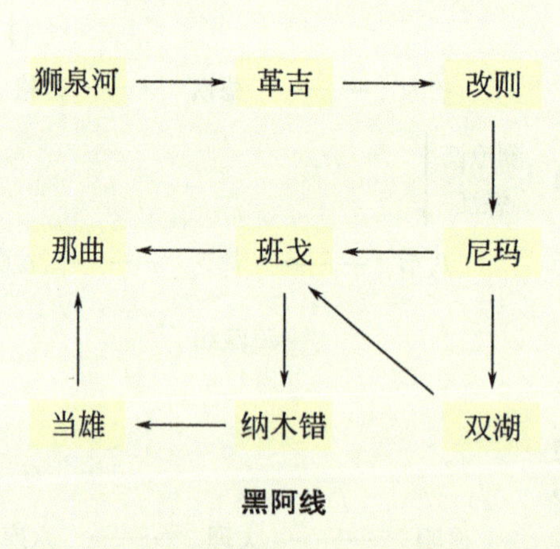

黑阿线

黑阿线因为路途遥远，游客远远少于川藏线。但在这里能让您感受到相对原汁原味的西藏。

（10）线路建议

① 滇藏线进藏，川藏南线出藏——适合南方游客。

② 滇藏新通道进藏，川藏北线出藏——适合二次进藏的南方游客。

③ 川藏南线进藏，川藏北线出藏——适合南方游客。

④ 川藏南线进藏，青藏西线出藏——适合北方游客。

⑤ 川藏北线进藏，青藏东线出藏——适合二次进藏的北方游客。

⑥ 川藏线或滇藏线进藏，新藏线出藏——适合时间宽裕的游客。

⑦ 川藏南线或滇藏线进藏，新藏线到狮泉河，黑阿线+川藏北线出

藏——适合时间宽裕的南方游客。

⑧ 川藏线进藏，新藏线到狮泉河，黑阿线+青藏线出藏——适合时间宽裕的北方游客。

作者体会

① 在土路、维修路段上，当看到前面有养路工人、居民、徒步者或骑行者时，请您放慢车速，否则，车子后面会扬起漫天尘埃。

② 有些藏民喜欢围观汽车或露营的营地，但没有任何恶意，您对其报以微笑即可，不必多虑。

③ 欲超车请先打左转向灯，川藏线上的大货车司机多数都很有礼貌，他们觉得可以超车，会打右灯示意。如果前车没让行，意味着此时不具备超车条件，请耐心跟车，一旦路况允许，他们会立即打右灯让您超车。

④ 出门在外，保持平常心极为重要。很多祸端都是内心浮躁、自以为是造成的。

参考实例

新疆绚丽的自然风景是其精华之一。与西藏不同，新疆多数地区一马平川，自驾游难度很低。最主要的，是要有充裕的时间。它的里程实在太长。

新疆维吾尔自治区内常规自驾游通常需要时间：12天（最短）。

从东部地区前往新疆，通常所需时间：6天（往返）。

新疆自驾游基本要领：限速异常严格，需加倍小心。

新疆自驾游季节选择：每年9月和10月，最好避开冬季。

（1）去新疆开什么车合适

如果只是沿着公路驾车在新疆游览的话，任何车都能胜任（电动车除外）。新疆自驾游唯一的问题是路远，需要长时间驾驶，不仅需要驾驶者的耐久性，更需要车辆的可靠性。有人以为新疆路途遥远，道路艰难，非高级越野车不可，其实是个误解。

新疆绝大多数地区海拔很低，地势平坦。海拔较高的路段主要有两段：

独库公路

喀什到红其拉甫

横穿天山，比如独山子到库车（独库公路）；帕米尔高原（从喀什到红其拉甫）。但这两段路路况很好，只要季节合适，驾驶技术没问题，行车很容易。

独库公路，全长500多公里，全程柏油路。因冰雪阻碍，北段每年夏季开放，具体开放时间以当年天气情况而定。关注当地交管部门的网站或公众号，就能在第一时间看到开放公告。

从喀什出发，前往塔什库尔干与红其拉甫，附近还有著名的瓦罕走廊。每年夏季和秋季最为理想。

（2）新疆是否安全

在我接触过的范围，当地人对游客相当热情且善意十足。近几年新疆加强了反恐保卫，安全系数更高。作为游客，我认为新疆很安全。

（3）新疆旅游价格

2007年，我从北京驾车到新疆旅游，共21天，总花费1.6万元（燃油费5200元、过路费1500元、住宿费3600元、餐饮费2400元、门票3300元），那次是4人同行，人均4000元。

2017年再去，历时15天，总花费1.23万元（燃油费5257元、过路费2203元、停车费150元、住宿费2845元、餐饮费1621元、门票200元），此次2人同行，人均6150元。

两次花费对比，可以看出，后一次的门票占比很低——因为多次前往新疆，对旅游景点没什么兴趣了。此外，南疆住宿与饮食价格非常低廉。喀什与库车相当于五星级的饭店，淡季房价每晚仅需300多元，这个价格在巴音布鲁克，恐怕只能住个帐篷旅馆。

吃饭更便宜。沿公路，许多村庄都有卖馕的摊档，买个馕，再买个西瓜，营养俱全。当然，更为多见的，是随便找个小馆子，来份拌面，物美价廉。晚餐时间富裕，可以尽情享受一番，比如羊肉串、大盘鸡，保证吃得心满意足，意犹未尽。

（4）新疆主要旅游景点

天山位于新疆中部，天山以南的东部地区，最出名的是吐鲁番，西部是喀什，两者之间是巨大的塔里木盆地。玄奘法师当年沿盆地北侧西行而去，回程走的是盆地南侧。处于盆地南北的和田与库车，都曾留下法师的足迹，是非常值得游览的地方。驾车围着塔里木盆地转一圈儿，上述地方便能一一走到。游览最佳时机是每年9月和10月，这两个月份早晚温差较大，白天烈日炎炎，需防晒，晚上则可能需要穿上外套。

天山以北，以自然风景为主，游览重点是喀纳斯、禾木、白哈巴。但美景仅限每年秋季，以9月下旬为最佳，时间较短，且需准备御寒衣物，比如带有抓绒内衬的冲锋衣。

天山以自然风景为主，最佳游览地是巴音布鲁克，附近的那拉提与巩乃斯也非常不错，这几个地方均以夏季前往最为适宜。不过，即使是夏季，如遇雨，早晚气温依旧可能降到10℃左右，最好备一件防水外套。

至于城市周边，比如乌鲁木齐附近的南山牧场与天山天池，伊宁附近的昭苏和赛里木湖，都是非常成熟的旅游目的地，夏季与秋季前往比较适宜。

（5）新疆公路

进入新疆的公路，一共有四条：连霍高速（连云港到乌鲁木齐，约3500公里）；京新高速（北京到乌鲁木齐，约2700公里）；国道315线（西宁到喀什，约2900公里）；国道219线（拉萨到叶城，约2900公里）。

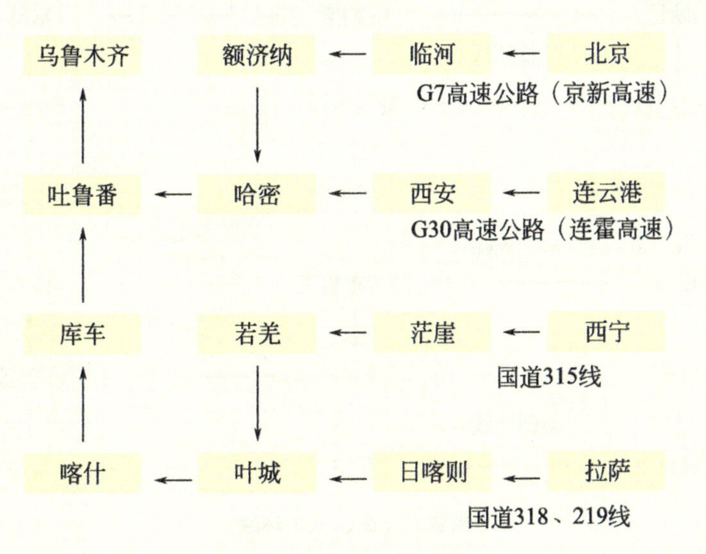

北线进南线出构成环线

其中，沿连霍高速进入新疆，是最传统的路线。这条高速公路与国道312线并行，基本上就是沿古代丝绸之路而行。

对于京津地区、河北北部、东北三省的游人来说，走新开通的京新高速，是最为便捷的一条路。这条路目前完工的路段，主要是内蒙古临河与新疆哈密之间，东段依旧是京藏高速，西段依旧是连霍高速。走这条路从北京到哈密，约2200公里，过路费868元（北京段35元，河北段70元，内蒙古段625元，甘肃段46元，新疆段92元）。

对于南方游客来说，走西宁进入新疆也许更合适。整段路车辆稀少，沿途经过大面积的荒滩，尤其是有许多风蚀地貌，很是壮观。比起车辆如织的连霍高速，走这条路是很棒的经历，有种回到地球初始阶段的感觉，犹如在冰岛自驾。

如果时间充裕，走新藏公路从西藏到新疆，将能成为人生中一段难以忘怀的记忆。这段路经过玛旁雍错与冈仁波齐，并拥有数个海拔超过5000米的垭口（最出名的是界山达坂），离开山区进入平原后，最大的城镇是叶城，从这开始有高速公路，通往喀什（中间有一段未完工）。从拉萨出发，四天可到喀什（游览时间另算）。

（6）新疆旅游路线

根据游览内容，新疆公路或许可以归纳为三条环线——南疆环线、北疆环线、天山环线。环线具体内容，在本书第3章有介绍。

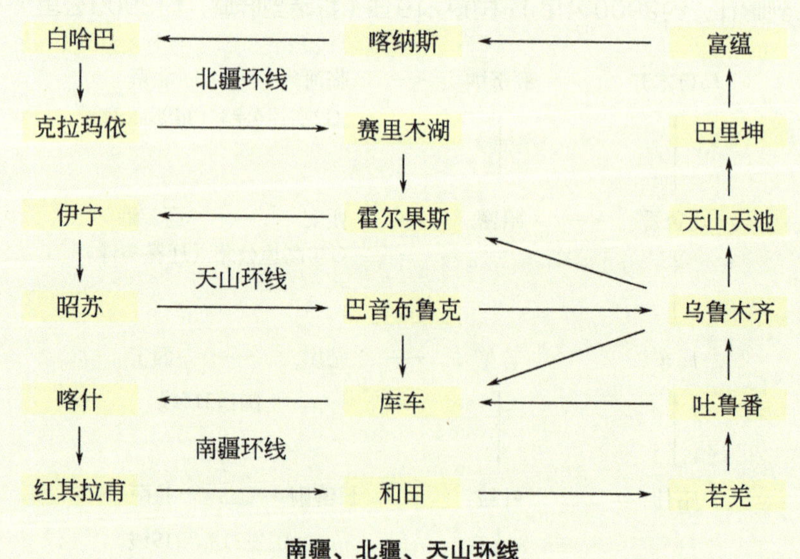

南疆、北疆、天山环线

如果时间不允许，可在南疆、北疆、天山3个环线里任选1个，单个环线大概需要10天左右，从驻地到新疆之间的时间另算。也就是说，东部地区的人们自驾游去新疆，至少需要2周。

如果第一次到新疆，希望看全一些，且时间预算在一个月左右的话，不妨把三条环线都走了。比如下面这个行程：南疆进—若羌—且末—民丰—和田—喀什—库车—巴音布鲁克—伊宁—赛里木湖—克拉玛依—喀纳斯—天山天池—乌鲁木齐—吐鲁番—鄯善—哈密—出疆。这一圈的里程约为5200公里。

（7）新疆驾驶千万小心

除了山区，新疆维吾尔自治区内多数公路的两侧，都是戈壁荒滩，车辆稀少，视野开阔，公路笔直得犹如机场跑道，让人有种拉杆起飞的错觉。在这种情况下，即使把时速提到100公里每小时，也没什么感觉，仿佛其他省份国道上的五六十公里每小时的样子。

或许是出于安全考虑，当地交管部门对限速管理异常严格。所以，在新疆自驾游，千万要小心，尽可能开慢一些，才能确保不会因超速被罚。

（8）新疆的时差

新疆与北京存在着两个小时的时差，只不过为了便利，全国通用北京时间而已。所以，当地人有可能10点上班，午饭是下午2点。

（9）学会微笑

新疆有很多民族，各民族有着自己不同的风俗习惯。作为游客，不可能全面了解，但请记住：微笑是最好的语言。尽管风俗不同、言语不通，一个善意的微笑，能说明一切，更能为您的旅行带来愉快的回忆。

我本人自驾游30年，从没向任何人打探过什么地方好玩，有什么推荐。到了任何一个地方，即使当地有朋友，也不会去打扰人家——毕竟每个人都有自己要做的事儿。仅仅因为自己想玩儿，就去给人家添麻烦，不应该。如果关系很好，至多是临走那天，约一下，见面吃个饭。

人生地不熟，有当地人指引不是很好吗？或许是。但前提是友人具备相关的经验与知识。所以，我的做法是，以前靠地图，如今靠导航。这两样都能很方便地解决问题。完全不必麻烦他人。

至于当地的游览，随便上网一查，所有信息都能获得。事实上，每个地方，都会有许多旅游景点，要不要去，应该以个人兴趣为导向。

看看景点的内容，符合自己的兴趣，就去，否则就不去。最好不要以他人评价为导向，因为每个人兴趣点不同。也没必要以景点有几个A为导向（我国对于旅游景点进行等级划分，从高到低依次为5A、4A、3A、2A、1A，评定的依据是服务、设施、管理等诸多内容）。如果这个景点的内容我不感兴趣，A再多，我也不会去。

1.5 会有哪些困难?

对自驾游的另一个担忧，是遇到困难怎么办。实际上，只要出门在外，难免会遇到大大小小的困难。不过，无论什么样的困难，其实都能解决。

旅途中，常见的困难主要是车辆、道路、食宿。比如，车辆出现故障，道路出现阻塞，恰遇旅游高峰，找不到合适的旅馆等。接下来，以我的经历与经验，为您逐一分析。

车辆故障

如今的车，由于采用电子管理，可靠性提高许多，昔日常见的无法启动等故障，已经很少见了。只要平日按时保养，旅途中出现故障的概率非常低。

在旅途中，仍可能遇到轮胎漏气、水温升高、灯泡不亮、无法启动等意外，在本书第2章，将详细为您介绍车辆方面的知识。

道路阻塞

在自驾游过程中，很可能遇到道路阻塞。比如，由于假日出行高峰产生的拥堵，由于交通事故产生的拥堵，由于天气、塌方等意外导致的拥堵等。如果不幸遇到，首先要牢记的，是心平气和。因为，此时无论您如何着急上火，也无济于事。前方的拥堵，根本不会因为您的焦急而减轻。面对这种情况，与其捶胸顿足，不如随遇而安。

其次，事先周到的准备是必需的。比如，饮用水、食品、御寒衣物。有了这三样，便没了后顾之忧。

最后，行程安排宽紧适度，无需风风火火地赶路，也是保证心平气和的前提。遇到意外，耽误了时间，应迅速把后面的行程加以调整。

参考实例

有一次，我驾车走丙察察线进藏，接近丙中洛时，遭遇塌方。头天晚上，现场滞留了大概30多辆车。到了第二天晚上，多一半车辆掉头离去。因为，有人车上没有食物，有人没准备睡袋，还有人，一直靠发动机取暖，油快用完了。

而我，躺在温暖的睡袋里，舒舒服服地看书。饿了，打开后备厢，支起桌椅，点上气炉，为自己烹制美食，反正车里有的是食物。

所以说，准备充分，是保障自驾游顺利的前提。

天气突变

季节更迭之时，或者是前往山区，尤其是高海拔山区，遭遇天气突变是完全有可能的。保暖内衣、厚外套、帽子、手套等物品，必不可少。

遭遇抢劫

这种事儿，恐怕是很少遇到的。但是，也不能因为它纯属小概率事件就不做准备。心理上有些准备，总有好处。

一位读者曾提问：如果夫妻俩带孩子自驾游，路上遇到拦路抢劫的，怎么办?

我的回答是：顺从，给他。

因为，我不想激怒歹徒，从而带来更大的伤害。

20世纪90年代后期，我第一次从成都前往拉萨时，在雅江住了几天，在当地结识了一位警察。那时候自驾车走川藏公路的人极为罕见。警察惊讶之余，请我吃饭。席间，他郑重其事地告诫我，黄昏之前必须赶到某个县城，必须住旅馆（他看到我带着全套的野营装备）。

如今，川西一带旅游业发达，公路完善，游人如织，安全保障也提高了太多。拦路抢劫的事儿很少听说。尽管如此，自我保护是必要的，那就是别走夜路。注意现金与银行卡分开放。

人满为患

每逢公共假日，许多旅游地区人满为患。对此，应该有足够的心理准备与计划安排。前者指的是会随机应变，后者指的是时间应充裕。

有一年春节，我中午驾车离开桂林，本打算前往广州。这段路程只有500多公里，按说六个小时就能到。不巧那天正好遇到返程高峰，加之途中有维修路段，在广西与广东省界附近，堵得密不透风，两个小时只走了几百米。见此情况，我决定更改行程，先奔南去梧州，以免把时间浪费在无穷无尽地等待中。就这样，我们当晚顺利抵达梧州入住，事后得知，那天如果不改变计划，我们很可能要在公路上待一个通宵。

作者体会

“没有克服不了的困难，只有克服不了的自我。”这是我的老师当年对我们说的一句话。这么多年，通过一次次实践，我对这句话坚信不疑。只要善于思考，自驾游遇到的困难，应该都是可以解决的。

1.6 需要哪些装备？

多年前，几十人结队自驾，沿国道219线，从西藏前往新疆。与如今的柏油路不同，当时那条公路十分坎坷。某一天，他们走散了。前车抵达预定地点，不见后车，电台呼叫没回音，派出寻找的车辆又抛了锚。他们的装备分车装载——所有帐篷在一辆车上，所有修理用具在一辆车上，所有燃油在一辆车上，所有食物在一辆车上。这意味着这辆车有帐篷没食物，那辆车有燃油但没有修车工具。就这样，来来回回折腾两天，最后差点向当地驻军求援。

在他们之后，我和一位伙伴也驾车来到那一带。我们是两辆车，也发生了好几次走散与车辆故障，但因为装备自成体系，走散也无所谓，各自想办法解决问题就是了。

那么，自驾游究竟需要准备哪些东西呢？

如果是短途自驾游，比如北京游客去北戴河，上海游客去扬州，广州游客去开平，车里带着饮用水和零食，备胎没毛病，购车时的随车工具都在，就足够了。前往山区的话，即使盛夏，也最好有套长衣长裤，要是防水的那种，就更理想了。如果是春秋季，甚至还得准备一身厚外套。

如果是中、长途自驾游，装备就应该齐全一些；要是行程中有越野路段，装备更得大幅升级才行。

参考实例

有一年国庆节期间，四川省康定市区西侧的折多山下雪，大批车辆滞留，有人因为车里没有水、没有食物，陷入困境。还有人因为没有厚外套，一直开着暖气，到最后，把油耗光了。

车辆方面的装备内容盘点

第一类：中、短途公路自驾游

灭火器——如果能在驾驶席下面固定一个小型灭火器，在发生意外时会比后备厢里的灭火器更有效。前提是能固定。无法有效固定的话，千万别把它搁在驾驶席下面，一旦急刹车，它很可能会窜出来，酿成灾祸。

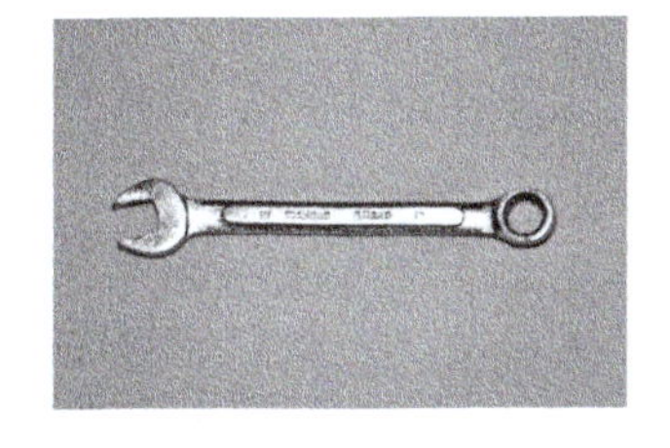

扳手

三角架——这是车辆必备的物品。因故障在应急车道或公路边停车，必须将其放置在车后几十米甚至几百米的位置上。

备胎与随车工具——每次进行例行保养时，请维修师傅顺便检查一下备胎气压，以便保证它随时处于有效状态。购车时的随车工具绝不能丢弃。

第二类：中、长途公路自驾游

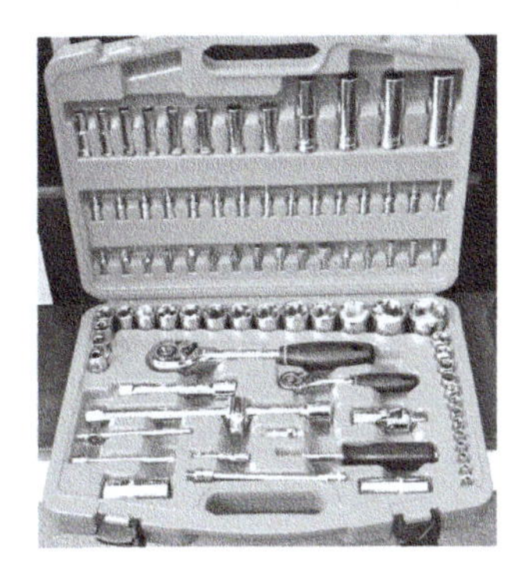

成套工具

工具——最低限度是一个8/10扳手，可以用来拆装蓄电池。其次，应该有鲤鱼钳、十字螺丝刀、一字螺丝刀、羊角榔头。如果具备一定的修车知识，还应准备一套扳手及内六角。其中，羊角榔头最好固定在驾驶席下，在极端情况下，或许能发挥作用。比如被困车内击碎玻璃逃生、充当自卫武器等。

胶带——任何捆扎、包裹，都能派上用场。比如，水管出现裂纹，将它与擦车巾配合进行包裹，能起到减少泄漏的作用。

备用水——后备厢里，最好放一瓶500毫升的蒸馏水、1升普通水。前者用于冷却液少量亏欠时的添加，后者作为不时之需。

备用机油——如果行程中有坎坷路段，或者本车机油消耗较大，最好带一桶1升装的备用机油。

手套——即使是最简单的更换备胎，有一副手套也是很有必要的。

作者体会

有一种急救包，内装拖车绳、电源线、反光背心、手套、多用途照明灯等器材。有一次将两根电源线并在一起借电，还是无法提供起动机所需的电流。所以，如果是长途自驾游，应该配备更靠谱的救援器材。

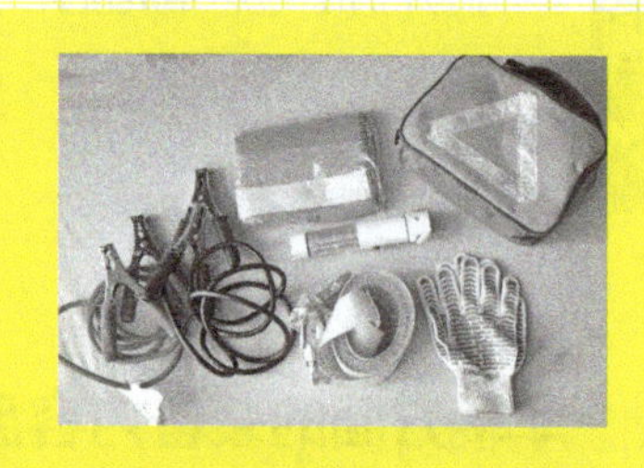

急救包

第三类：长途或带有浅度越野路段的自驾游

备胎——有些车为了节省后备厢空间，装备着小尺寸备胎，这种轮胎至多能应急，无法正常使用。如果行程较长且路况不佳，比如前往藏西北的阿里地区，最好能换成与装车胎尺寸相同的备胎。至于没有备胎的车型，此时更应腾出空间，带上一条备胎。

肥皂——最普通的肥皂即可。除正常洗涤之用，如果不慎将油箱磕裂，燃油泄漏，靠它能有效堵漏。

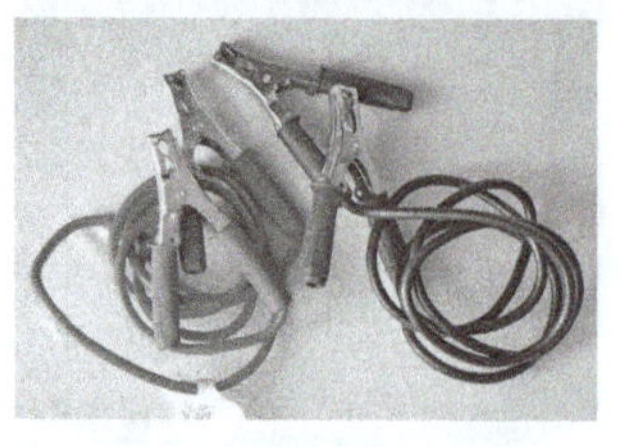

电源线

电源线——当蓄电池无电时，从旁车借电启动。

备用电源——它不是必需品。但在单车+蓄电池已经用了好几年的情况下，如果前往人迹罕至的地区，不妨预备一个，以防不测。备用电源像个充电宝，无处借电时，靠它可以启动发动机。早期，有人用缠绕电池充当备用电源，如今，越来越多的厂家推出锂电池备用电源。价格从200多元到700多元不等。如果能借到一个汽车蓄电池，搁在后备厢里，充当备用，也是个不错的办法。

保险丝与灯泡——买一些本车所用的保险丝，各种规格都要准备几个。至于灯泡，主要指的是刹车灯与转向灯所用的小灯泡。

普通拖车绳

电线——备一些2.5平方毫米的单股电线，当遇到保险杠外皮脱落、查找电路故障时，这种电线能起到很大作用。

拖车绳——普通的拖车绳，有些品质不高，很容易断裂。如果经常玩越野，最好备条吊装带，比如8吨或10吨的那种。吊装带的缺点是体积大、分量重，优点是可靠性高。吊装带两端还需配卸扣，卸扣根据样式分为弓形与D形，拆装则分为螺栓款与螺母款。以个人观点，弓形螺栓款最适合自驾游。

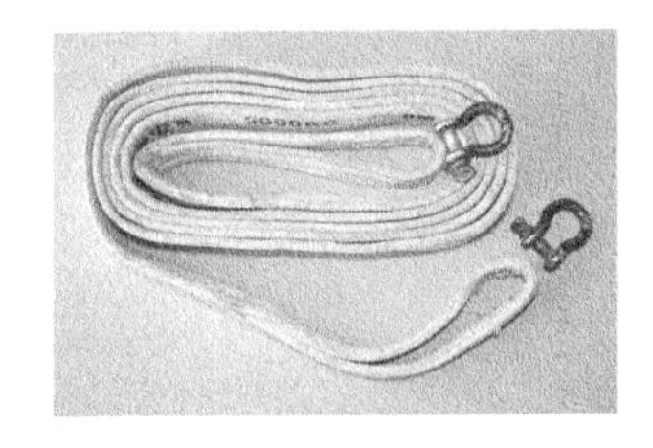

吊装带

拖车杠——由三节金属管构成，可以保证前后车硬连接。优点是更为可靠与安全，比如，被拖车辆没有制动，就只能用拖车杠拖车。缺点是体积大、分量重。

气泵与补胎用具——如果能准备一个体积小、品质好的气泵，当轮胎出现亏气时，能进行有效的自救。户外自行补胎的用具，主要是补胎液与胶条，前者使用很简单，但品质良莠不齐；后者效果不错，但操作时需要一定的技术。如果行程中有越野路段，最好能在出发前，找条废轮胎练习一下。以个人观点，德国原厂配的气泵与补胎液，品质很好，但价格较高，不怕花钱的话，可以考虑备一套。

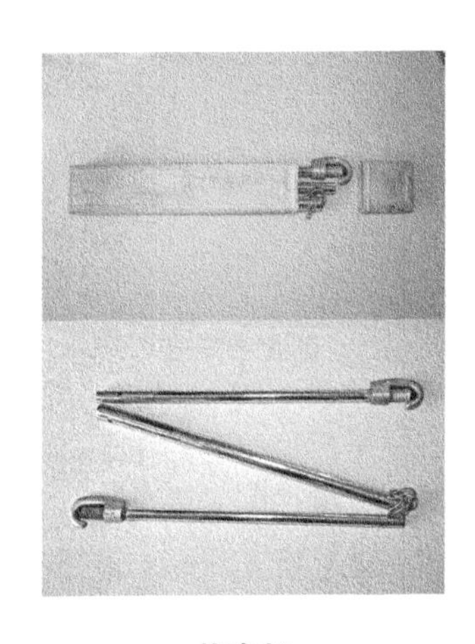

拖车杠

第四类：深度越野的自驾游

铁丝——粗细两种都准备一些，不用很多，有一小把就够，以应付可能出现的极端情况。比如悬架断裂之类的。

电工胶布——在绝大多数自驾游中，它几乎没什么用。但在深度越野时，偶尔能派上用场，比如水管破裂、电线扯断。

原厂配的气泵与补胎液

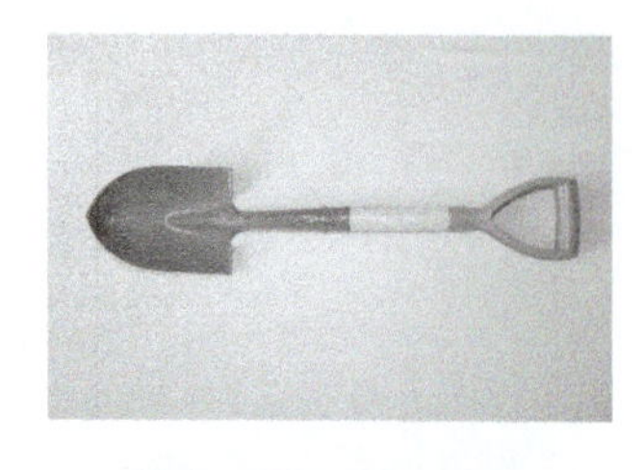

带有三角把的小铁锹

随车千斤顶

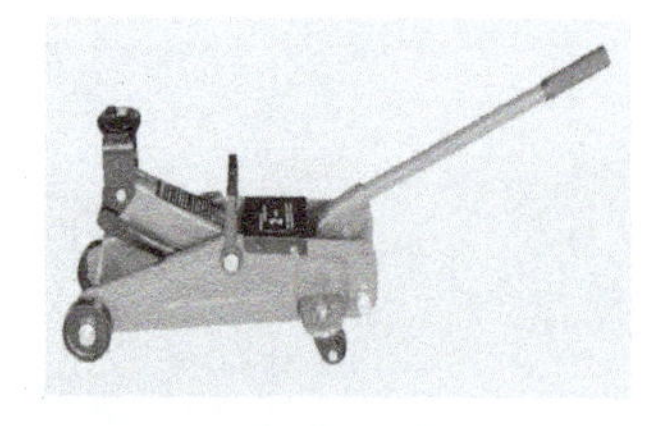

卧式千斤顶

头灯——在野外，无论日常扎营还是意外抢险，头上带着个照明灯，很有必要。

工兵铲与铁锹——车上带一把经典的205工兵铲，一般情况足以应付，但这种工兵铲是直把，不是特别好用。园艺商店有一种三角把的小铁锹，我认为用起来更顺手。至于比较常见的三折式工兵铲，不仅是三角把，还有一种带镐的。我只接触过此类民品，可靠性不高，听说军品不错，但我没用过。有些场合，建筑工地那种最普通的大铁锹，比任何一种工兵铲都实惠。比如，有一年冬季玩越野，遇到厚厚积雪，抡起大板锹，几下就开出一条路，要是换成小小的工兵铲，估计得忙活半天。

木板与脱困板——车里带几块厚木板，在冰雪、泥泞、沙地中特别有用，比如垫车轮、垫千斤顶等。有一次进藏，从北京出发时，忘了准备。过成都后才忽然想起。随后看到路边有盖房子的工地，便过去跟人家要了几块木板。后来，当我穿越羌塘时，遭遇陷车，这几块木板起了很大作用。至于脱困板，主要有直板式与履带式两种。从材质上分，有塑料和金属两类。廉价的脱困板不足50元，金属的比较贵，最贵的超过1500元。由于板子面积不大，有时能起作用，有时则根本没用。

千斤顶——随车工具里的千斤顶，大都是螺旋式，优点是轻便，缺点是可靠性不高，操作时需要用力。与之相比，液压千斤顶的可靠性更高一些，不用费很大力气，就能把车升起。液压千斤顶分为立柱式与卧式两种，前者占地面积小，价格便宜。但对于越野来说，卧式千斤顶往往更有效，因为它本身比较矮，触地面积大，适用范围大于立柱式液压千斤顶。比如，在不够平坦或者不够坚硬的地面，立柱式千斤顶很难将车升起，而卧式千斤顶有可能顺利完成任务。不过，卧式千斤顶体积太大，如果您有辆大型越野车，且经常玩长途越野，才应该考虑备一个。

猴爬杆与充气千斤顶——在越野中，如果遇到陷车，需要能将车升起的器材，除了千斤顶，还有“猴爬杆”与充气千斤顶。

猴爬杆是个立柱，主要有48英寸与60英寸两种。在坚硬地面，它的升车效果不错，但在越野时就难说了。因为它的底座只有300毫米×300毫米，首先，需要有个大木板充当基座，其次，它在松软地面上很难保证垂直，非常容易倒向车身。不过，越野时遭遇陷车，最要紧的是把车救出来，车身划伤已经无所谓了。如果实在心疼，可以用椅垫进行保护。

充气千斤顶是个大气囊，平铺在车底，与排气管相连，利用汽车尾气充气，将车身顶起。在沼泽陷车，它的效果往往十分显著。但通过多次试验，发现它的可靠性并不高。或因排气管高温将其烫坏，或因地面湿滑与坑洼，难以做到平铺。

电动绞盘——是深度越野的理想装备，比较常见的规格是1.2万磅，也就是说，它的拉力是5400千克力。有人喜欢把绞盘装在前保险杠处，事实上，如果车前与车后各有一个“快装”，需要时，可以立即把绞盘装在车头或车尾，恐怕比固定在车头更划算。毕竟，即使是1.2万磅的绞盘，配上26米钢丝绳，自重也得36千克力。

自制绞盘——电动绞盘虽然效率高，但使用机会并不多，价格也比较贵（现在国产绞盘越来越多，价格比进口的便宜许多）。如果为了省钱，且动手能力强的话，不妨自制一个“轮边绞盘”（买一对摩托车的轮圈，打孔后将其安装在车轮处，充当导轮，再找一些单根承重800千克力的绳子，随着车轮转动，就能把车辆从泥泞中拖拽出来。）不过，这种简易装置带有很大的局限性，效果并不理想，至多是偶尔用一下。

手扳葫芦——自制“轮边绞盘”需要有较强的动手能力。不具备的话，可以考虑买一个手扳葫芦。陷车时靠它脱困，效率非常低，但很便宜。

地锚——无论用电动绞盘、自制绞盘，还是手扳葫芦，首先得有个固定点。在旷野陷车，是根本无法找到固定点的，解决办法是打地锚。地锚在电力行业中会用到，像拧螺丝那样，把它拧进地里，就能获得一个固定点。

灶具、炊具及餐具——最简便的灶具和炊具是气炉+野营锅，这两样东西在许多户外店都有售，气炉价格相差很大，我本人买过一个最便宜的，100多块钱，用了10多年，至今完好。气炉所需的能源来自气罐。主要分为长罐与扁罐，后者比较耐用，10多块钱一个。只要不是顿顿饭都用，一个人历时10多天走趟

猴爬杆

充气千斤顶

自制绞盘

地锚

藏区，一罐气足够了。别忘了还要带必要的餐具。如果在海拔3000米以上准备煮饭，还应备有高压锅。

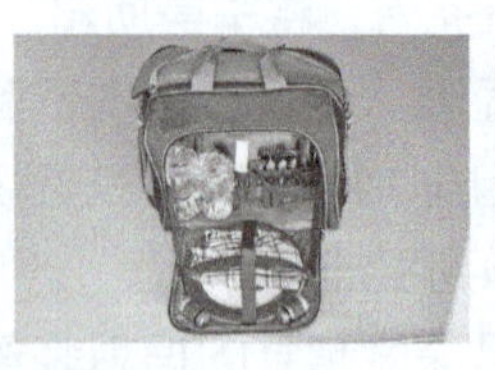

餐具与炊具

作者体会

如果只是沿着公路自驾游，无论前往西藏还是新疆，都没有必要自行烹制一日三餐。第一麻烦，第二浪费时间。即使沿人烟最少的新藏公路自驾，沿途乡镇也都有餐馆，且价格基本合理。至于川藏线与滇藏线，餐馆就更多了，价格也更为低廉。

事实上，自行烹制只适合两种情况：深度越野；特意户外扎营。当然，前往偏僻地区，车上带着一套炊事用具，以备不时之需，是有必要的。

露营装备——长途自驾游且深度越野的话，应该备有露营器材。起码有个帐篷。在藏北地区，有人害怕狼，不敢睡帐篷，想睡在车里。事实上，长途旅游车里基本都是满载，想睡觉还得卸车，挺麻烦。如果一定要睡在车里，可以考虑支起帐篷，将车里的行李卸下来，搁在帐篷里（食物必须放在车内，以免招来野生动物）。如果是休闲户外扎营，更应该携带齐全的装备，比如遮阳棚、桌椅、烤炉、冰箱等，才能得到更好的享受，才会有更多的乐趣。

露营器材

生活方面的装备内容盘点

水——在深度自驾游过程中，如果车内有足够的水，就没什么可担忧的。水分为两种：大包装饮用水更实惠，比如1升瓶装的那种；炊事/盥洗用水，不妨使用饮水机用的桶装水（如18.9升/桶），至少是每人每天5升。如果是长途穿越，沿途遇湖、河等，可以酌情补充。

食物——一般性自驾游，备些方便面、火腿肠、榨菜、面包、果酱，就足够了。在人迹罕至的地方，可以准备大米、肉类、蔬菜，以及各种调味品。比如我们每次穿越羌塘，都在拉萨采购许多耐储存的蔬菜：胡萝卜、圆白菜、大白菜、土豆。

我本人的习惯是，车内永远放着几瓶水和几包压缩饼干，定期更换。压缩饼干保质期长达三年，价格低廉（国内冠生园的很有名）。

灯——车门储物槽内，放一个小型手电筒（它应该是平时车内的必备品）。自驾游时，如果需要夜间行车，除了手电筒，再准备一个头灯，遇到意外时，比如更换轮胎，您会发现它比手电筒更有用。如果有露营的打算，再准备一个营地灯。

睡袋——无论是主动还是被迫在车内过夜，睡袋是很有必要的。夏季有个很薄的睡袋就行（80～150元左右），春秋季则需要厚实一些的睡袋（3000克左右的中空棉，500元左右），至于冬季，或者是前往寒冷地区，恐怕得需要充绒量很大的羽绒睡袋才行——我本人的6个睡袋中，最厚的一个充绒1800克（购置价2500元），曾用它在零下27℃的环境中露营。如果您偶尔出游，不愿意买睡袋的话，起码也应该带条毛毯备用。

窗纱——在车内过夜，春秋两季是最适合的，不冷不热。夏季在车内过夜，往往需要打开车窗，否则太热、太闷。为了防止蚊虫，准备窗纱很有必要。有了它，停车后，降下车窗，也不会有蚊虫飞进。窗纱在网上可以买到，我曾见过一家网店，出售各种车型都能适用的窗纱，18.9元一对，挺不错。其实这东西自己做的话也很简单——买块黑色的窗纱，按车门框外形剪裁，然后对折、缝制，其中一侧底部包上几块磁铁（用于与车门固定）就行了。

衣服及雨具——即使在夏季，行李里也至少应该有一套长裤长衫，如果前往草原、高原（内蒙古、云贵、青藏），还应该携带御寒的外套，比如，户外专用的那种防水透气的冲锋衣，正品的话，价格很贵，如果舍不得买，至少也应该带上日常的御寒衣服，以及雨具。

作者体会

有句老话，叫“饱带干粮热带衣”，对于自驾游来说，这句话应该奉为经典。这么多年，见过许多遭遇挫折的游客，基本上是自己没把装备带全。

自驾游出行，应该充分利用汽车运载量大的优势，携带足够多的装备，以防不测（表1-6）。

表1-6　自驾游装备

常规	中、短途公路自驾	中、长途公路自驾	长途或浅度越野	深度越野
驾驶证	备胎	工具	原尺寸备胎	铁丝及胶布
行驶证与保单	随车工具	胶带	肥皂	头灯
雨伞	灭火器	备用水	电源线与电线	工兵铲
瓶装水	三角架	备用机油	雨衣	木板及千斤顶
备用食品		手套	备用电源	炊具及食物
洗漱用品			灯泡	露营装备
手电筒			保险丝	脱困用具，比如猴爬杆、绞盘、手扳葫芦、地锚等
睡袋或毛毯			拖车绳	
御寒衣物			补胎用具	
个人物品			气泵	

1.7 出发前有哪些事需要落实？

要不要买意外伤害保险：有必要

工作中经常出差，生活中经常自驾游，对于这样的人来说，按年买意外伤害险，实有必要。比如，售价850元的一年期意外伤害险，保额为50万元一般意外、10万元的意外医疗、100元/日的误工津贴，以及800万元的航空保险、100万元的火车与轮船保险、30万元的汽车保险。

如果工作中很少出差，生活中只是偶尔自驾游，每年买一次意外伤害险，必要性似乎不大。在这种情况下，可以购买短期意外险。也就是说，当决定要出门自驾游时，根据出游天数进行投保。比如，一份保额50万元意外伤害险、5万元意外医疗、100元/日误工津贴的短期保险，每天保费是21.5元。

结伴出游的利与弊：不是知根知底的关系，最好三思后行

约几个朋友，结伴出游，好处是热闹，遇事能够相互帮助。坏处是有可能相互牵制、降低速度，弄不好，还有可能产生矛盾。所以，要不要结伴出游，视自身情况而定。

比如，您的自驾游有明确的目的，自身有较强的能力，单人单车，能够提高效率。举个具体的例子：有一次，我驾车从北京出发，途经湖北、湖南，然后到云南，把诸多抗战遗址走了一遍——张自忠将军牺牲地、石牌保卫战发生地、芷江洽降地、史迪威旧居、李庄旧址、七十二拐、南洋机工纪念碑、松山抗战遗址、国殇墓园、远征军长官部、惠通桥、驼峰航线飞机残骸等，最后返回北京，全程用时十五天，如果是几辆车、一群人，恐怕很难有这样高的效率。

但是，纯粹休闲性质的自驾游，或一家人、一群友人结伴而行，大家在一起说说笑笑、吃吃喝喝，这种性质的旅游，就不适合单人单车了。

结伴出游，有几个问题，需要事先想清楚，并做好相应的思想准备。

费用问题

旅游过程中，产生的费用，比如燃料费、过路费、停车费、餐费、住宿费等，按人头均摊，即所谓的AA制，恐怕是最合理的。有人提出，乘车者应该向车主支付相应的磨损费。这种情况是否合理、费用如何界定，恐怕只能由当事人具体商议，很难一概而论。如果是长途旅游，如果我是搭车人，我起码会为车主承担一次例行保养的费用。

责任问题

驾车出行，如果出现意外，比如交通事故、人身伤害、车辆损失等，由此产生的费用，比较公平的解决办法，是由参与者共同承担。当然，此事应该事先讲明，以便让每位参与者有足够的心理准备。

事实上，无论财产还是人员，都有足够多的商业保险，才是最稳妥的，因为它

能够在一定程度上避免意外是由于某个人的过失所导致，让全体人员担责不太公平的尴尬。当然，保险也不是万能的。比如轮胎，在长途自驾游中，没准儿就会遇到被扎等情形，但这种破损不属于保险的保障范围，只能自掏腰包。

其他问题

不太熟悉的人，凑在一起结伴出游，也许更容易出现纠纷。比如兴趣点、行程节奏、生活习惯等。尤其是前往青藏高原，在高海拔环境中，有人会出现情绪难以控制的情况，更容易爆发纠纷。解决的办法，主要是自控与宽容，没有更好的办法。除非从一开始，就不要和不熟悉的人结伴出游。

作者体会

与其他旅游方式相比，自驾游是最自由、最无拘无束的。如果仅仅因为惧怕，或者仅仅因为希望节省，就草率地招募同行者，导致纠纷不断、败兴而归，那就太遗憾了。从这个角度看，选择与家人或挚友出游，才是最靠谱的。

路线现状究竟如何：万无一失不大可能，大脑更为重要

自驾游过程中，路况是非常值得关注的。如果遭遇公路关闭、道路施工，就会给旅游带来不便。所以，出发前，应该对行走路线进行一些了解。比如，进入公路与交管部门的网站，查看近期公告。通常来说，某条路如果有施工，施工范围与施工日期，在当地公路部门的网站会有发布。偶然出现的意外，比如断路、管制等，在当地交管部门的网站或公众号里，往往也会有实时发布。在这方面，我的体会是，查看官方消息，比在网上询问，更靠谱一些。网友发布的消息，有时比官方发布更快速，但多数不成系统，内容凌乱，有时甚至会形成误导。

路况出现意外，对于自驾游来说，并不罕见。对此，应该有足够的心理准备，以及足够强的应变能力。比如，2018年9月，我驾车从成都出发，计划沿川藏南线、丙察察线等公路到拉萨，随后沿川藏北线返回成都，总行程十二天。当我从亚丁前往迪庆时，遇到塌方，浪费了几乎一整天。临近丙中洛时，再次遭遇塌方，滞留到第二天晚上，仍然没有开通迹象。由于总行程十二天无法改变，我详细计算了里程，并给自己制定出“关门时间”：再等一天，到第三天下午仍未开通，就原路退回，走滇藏公路进藏，放弃丙察察。幸运的是，第三天下午，抢修完毕，公路开

通，我顺利沿丙察察线进入藏区。

顺便说一句，进行上述规划时，最好有张纸质地图，可以从宏观角度，非常清楚地了解自己周边的公路情况。这一点，手机里的电子地图，有时是很难做到的。

参考实例

一位朋友渴望自驾车走独库公路，终于到了能成行那一年，从春天开始，就一直处于紧张状态。先是纠结车辆。开轿车舒服，但担心路况不好，保险起见，决定开越野车去。然后纠结路况。因为独库公路的北段冬季是关闭的。他隔三岔五，就到当地交管大队网站查询消息，然后叹气："怎么还不开放？"

看到他过于紧张，我安慰道："不用担心，您不是计划8月出发吗？现在才4月，天山高处还是冰雪，公路关闭很正常。"

到了8月，他出发了。没多久就回来了。

回来后继续叹气："网上那么多人说独库公路很难走，可实际上，是条很好走的柏油路而已，我看是个车就能走，两天就能走完。"

这位朋友是因为有了亲身经历，才说出这样的话。所以，不要太过依赖于网络上的信息。

即使在出发前，反复了解过路况，实际行走时，也还是有可能遇到意外。在这种情况下，一个冷静与理性的大脑，是最关键的。根据所面对的情况，迅速找出对策，就能"逢凶化吉"。

最近的天气怎么样：尽量避开不良天气

天气的变化，能够直接影响旅途顺畅与否。比如，有一年我驾车行走国道318线，一路顺利，仅用三天便从成都开到拉萨。之后不久，我的同事走这条路，刚出成都，便遇到大雨，堵在路上，十多个小时过去，连二郎山都没到。可见，选择合适的季节，尽可能避开恶劣天气，尤为重要。出发前，如果天气预报显示目的地状况不佳，就应该考虑更改甚至取消行程。

有一年冬季，我计划自驾车行走晋陕大峡谷。那段日子，天气晴朗，温度适宜。可到了出发前一小时，天气预报忽然报出，未来几天，我国中西部大范围降雪，且强度较大。由于降雪范围正好位于我的行走路线，我立即更改计划，驾车奔东，跑到辽东地区转了一圈。

再比如，刚才提到的丙察察线，这条路线因为人烟稀少而受到越野爱好者的关注。有人将其称为“身在地狱、眼在天堂”。可实际上，如果天气良好，用一天时间从丙中洛走到然乌，不是什么难事。但如果遇到大雨或大雪，就难说了。一般来说，每年5月和9月在藏区自驾车，比别的月份更保险一些。有位朋友3月走丙察察线，垭口堆满了冰雪，实在难以通过，只好从察瓦龙往北，绕道左贡。

作者体会

选择合适的季节，尽量躲开不良天气，不仅是为了行车顺利，同时也是为了赏景。那些美丽至极的宣传图册，往往是摄影师在最佳的季节，反复推敲，精心创造出来的。如果以为只要前往，就一定能欣赏到图册里的美景，也许会以失望告终。

预定住宿的时间把握：视情况而定

一般来说，预定住宿比抵达后在现场寻找，更具效率。如今，在线预订住宿，非常便利，点点屏幕，就能在手机上完成。但预订时间的把握，可以分成几种情况，视情况而定。

第一，如果是休闲性质的旅游，比如前往一个风景优美的地区度假，应该尽可能提前预订，一方面能够保证房间，另一方面能够拿到更适宜的价格。

第二，如果是观光性质的旅游，时间能够确定，且沿途遭遇意外的概率比较低，同样应该提前预订。尤其是旅游热门地区，提前一两天才下单，有可能遭遇满房。

第三，如果无法确定时间，比如早晨出发，路上还要游览，很难确定晚上能够抵达何处。在这种情况下，无法提前预订住宿。解决办法是，下午甚至黄昏，当能够确定今晚抵达何处时，再上网预订住宿。

预定住宿经验分享：充分利用网络优势

早期，我通常是找旅行社订房。自从有了携程网之后，我发现它虽然在价格方面不见得有优势，但更为便捷，非常适合自驾游这种行程较为随意、随时可能出现变化的旅游方式。于是，我开始改为通过网络订房。

无论是携程，还是Booking，在线订房都是非常简单的事儿。在网页上，饭店的位置、设施、餐饮、停车等信息，一目了然。还可以查看外观、大堂、客房等照片，以及住客们的评价。信息如此全面，寻找自己满意的饭店，不是什么难事。至于价格，很难一概而论，经济型旅馆、青年旅社自然比较便宜，比如，有一次在即将抵达大阪时，我在Booking上查询，找到一家价格很低的旅社，每晚折合人民币70元，公共卫生间。如果是饭店，即使是二星级+偏僻+淡季，通常也不会低于120元；更常见的价格，往往在200～300元，至于三星级及三星级往上的饭店，价格还得再高一些。

参考实例

我们一家人在泰国自驾游，计划自驾车从曼谷往南，走到苏梅岛。其中，第一天肯定能到华欣，第二天能到什么地方，不好估计（因为想看看沿途的几处风景）。于是，我只预定了华欣的饭店。第二天黄昏时，来到码头，可没能赶上最后一班渡轮，上网查询，看到码头附近有一家简易旅馆，三人间折合人民币100元，评价很高。由于旅馆距离我们当时所处位置只有几百米，就没在线下订单，而是直接前往，顺利入住。

有一年寒假期间，带孩子从北京出发，自驾车前往海南。因为想一路走一路玩，根本无法确定每天能到哪儿。于是，我们全程都是每天下午，能够确定今晚休息地之后，才上网查询，并下订单。由于我在驾驶，这项工作便由女儿完成。一路走下来，她从陌生变成熟练。以至于后来同学要出去玩，都向她咨询如何订房。

我和女儿在希腊旅游时，也是全程未事先订房。反正不着急，慢慢走，随心所欲地围着伯罗奔尼撒半岛游逛。一天下午，经过一座小镇，景色特美。我们决定不走了，就留在这儿享受一晚。此时，看到街的转角处有家咖啡馆，正要进去歇会儿，一抬头，发现楼上是家旅馆，看上去很漂亮，进去打探，价格合理，我们便入住了。从决定在这停留，到完成入住，只用了几分钟。更让我们感到意外的是，店家只收了几个欧元的早餐费用，可次日端上来的餐食，丰富得令我们倍感惊讶。反复劝店家别再上，根本吃不了。店家却拿来几个大纸袋，让我们带在路上吃。

有一年春节，我们前往法国度假，女儿主要想看巴黎，我想看卢瓦河谷里的那些城堡。可假期一共只有9天，来回路程还得各占1天。于是，我们相互妥协——抵达后直奔卢瓦河谷，做一个为期3天的自驾游，剩下的4天都在巴黎。行程确定，我便提前预订了在巴黎的住宿，因为定得早，价格很合适。

作者体会

在自驾游途中，如果对行程没有把握，就别事先预订住宿。以免由于某种原因，无法到达住宿地。即使必须预订，也最好订那种可以无条件取消的。

这些年我听过许多人抱怨，为了赶到住宿地，不得不快马加鞭，连夜奔走。这样做，难免会把人弄得很疲劳，降低了旅游质量。此外，连夜赶路，增大了危险系数。一旦有个闪失，得不偿失。

自驾游的最大优势，是交通工具由自己掌控，应该充分利用这个优势。把旅游尽可能安排得舒服一些。

车辆检查：有必要

车辆自购置以后，始终按保养手册规定，进行保养。在日常使用当中，从没发觉有不妥之处，每次年检都能顺利通过。这样的车，即使是上万公里的长途自驾游，通常也不会有什么问题。至多是看一下轮胎，胎侧没有明显裂纹，备胎气压在规定值范围内，随车的三角架与灭火器都在，就行了。

如果车况不佳，或者是感觉车子有不对劲儿的地方，出发前，应该到专业门店去做个“体检”，以防隐患。

作者体会

如今的车，可靠性越来越高。即使是几万块钱的经济车，跑上几千公里、上万公里，绝大多数都不会出问题。但是，最起码的技能，比如认识仪表盘中的各种图标、更换轮胎、检查与更换保险丝、更换灯泡、添加冷却液、添加机油、添加玻璃水等，还是应该掌握的。

第2章
车辆/驾驶篇

自驾游的基础，

不仅在于有一辆汽车，

更得具备健康头脑、动手能力、驾驶技术。

本篇与您分享的内容是：

车辆选择——适合自驾游的车；

选车买车——建议与购车流程；

熟悉车辆——关键时刻很有用；

驾驶基础——获得安全的前提；

不同路况——驾驶应有对策；

适当练习——驾驶技术比车更重要；

心平气和——保证安全的基础；

路况判断——尽可能避开不利局面；

车辆意外——审时度势想办法；

出发前——车辆的最后准备。

2.1 车辆选择——适合自驾游的车

时常能见到这样的询问：我的车能去西藏吗?

事实上，无论川藏公路还是青藏公路，都是一条与您家门口的柏油路相似的路，除了海拔高，没有其他区别。也就是说，只要车况良好，什么车就能去西藏，当然，同时还包括人与天气的状况。按重要程度进行排序的话，我认为第一位是人，天气排第二，车是第三位。

您也许不信，那可是世界屋脊呀，排量小的车，动力不足，爬不上去吧?

网上有各种说法——非大排量涡轮增压的车根本无法进藏，进藏必须开“霸道”……弄得没去过的人不知所措。

北京刚开始有人玩越野的那几年，几个爱好者驾车沿河谷穿越，当他们费尽移山填海之力，终于把车开到一个好像人迹罕至的地方，感觉已达巅峰，无人可比。陶醉间，忽见不远处停着一辆破旧的小货车，几个人正在往车上装石头。满脸问号地过去询问是否另有路至此。小货车司机指着河谷说，打这儿上来，一天两次。

川藏公路上的养路工

川藏公路上有位养路工，以很便宜的价格，买了辆排量0.8升的二手奥拓，与三位工友一起，每天从海拔2000多米的驻地，来到海拔4000多米的垭口干活。

我想说的是：没有不行的车。

为什么这么说?

首先，这些年我国公路建设很不错。2000年藏区那些难行的公路，比如川藏公路、新藏公路，到了2015年，不仅全程铺了柏油，途中的一些高山，还打通了隧道。对于游客来说，藏区行车艰难，已经成为历史。

其次，我国公路的坡度，是有统一标准的。即使最险峻的山区，等级最低的公路，纵向坡度也不会大于9%。与之相比，动力最差的小车，爬坡能力通常也能达到30%。可见，只要行驶在公路上，无论排量多小，也不必担忧。至多是打算以最快速度超车时，可能没那么轻松——其实这也许是好事，盘山公路强行超车，本身就存在一定危险，不值得提倡。

2017年我驾车前往新疆，出发前，有两辆车任选：帕杰罗与劲炫。前者是货真价实的越野车，空间大、性能好；后者是辆经济车，而且是合资车里最便宜的紧凑型SUV，售价10万元出头儿。为了节省油费，我选择了劲炫。

这个选择，引来友人疑问。在许多人的心目中，去新疆开帕杰罗非常合适，但我考虑的是费用——劲炫的油耗比帕杰罗低多了。事后统计，那次出游的总里程为1.2万公里，加油花费5257元，折合每公里0.43元，百公里平均油耗约7.1升。这个成绩令我很满意。旅程中经历了许多坎坷（比如帕米尔高原上的瓦罕走廊）、攀爬了许多山峦（比如海拔4700米的红其拉甫），在塔克拉玛干沙漠与吐鲁番盆地接近50℃的气温中，空调从早到晚“火力全开”。如此条件下，还能有这么低的油耗，对于自驾游来说，当然是好事。如果我选择的是帕杰罗，油费至少增加1倍。可问题在于，新疆的公路状况很好，完全没必要开越野车。

所以，如果您只是偶尔自驾游，家里有什么车，就开着去吧。无论去西藏还去新疆，都没必要为了这么一次旅游，单独买辆车。

参考实例

2002年，我驾驶一辆车况较差的BJ2020S去西藏。那辆车的动力原本就不算大，只有75马力，车里还载有大量装备，基本满载。当我来到平均海拔4000多米的阿里地区时，动力衰减严重。临近狮泉河，遇到一座山，我挂上低速1挡，把油门踩到底，走之字形，车子才勉强往上爬。此时，当地一辆“霸道”，走直线，轻快地直奔山头。

75马力、满载、车况差、自然路、人迹罕至。五个不利因素凑齐了。居然还能顺利地跑遍阿里，穿越羌塘，最后返回北京。如今的车，即使是1.2升排量的宝骏310，都有82马力；如今的路，别说川藏公路与新藏公路，即使是羌塘，也已经铺了柏油。可见，自驾游进藏，车不是问题，主要问题在于人。

作者体会

无论大排量还是小排量，对于自驾游来说，都不是最关键的问题。当然，排量大的车，不仅动力更好，在其他方面，同样具有优越性——乘用车的排量与舒适度往往成正比。1.6升排量的车，通常都属于紧凑型；而3.0升排量的车，往往是中大型、甚至大型。级别不同，带来的驾乘感受自然不一样。

适合自架游的车的特征

我认为，适合自驾游的车，应该具备以下五个特征。

故障率低，品质口碑好

什么样的车故障率低，其实是个很难回答的问题。我相信，不少人的心目中，都会有几个自己喜欢的汽车品牌。但品质如何，作为个人，恐怕无法做出准确判断。因为，个人往往是通过朋友或网络进行了解，所得信息，不可避免地带有局限性。

毫无疑问，只有拥有海量的调查样本，汇总出来的数据，才具备参考价值。在这方面，美国《消费者报告》每年一度的新车品质排行较为资深。在它的榜单中，雷克萨斯、丰田、马自达、现代、起亚、本田、奥迪、宝马、奔驰、别克、大众等品牌，都处于不错的位置。经常位于榜单后面的，是沃尔沃、吉普、道奇、克莱斯勒、菲亚特、路虎。

由于美国市场上的汽车，与我国并不完全相同，有人据此认为，这份榜单对咱们毫无意义。但是，这些年我在工作中，对汽车品质的了解，与上述排行榜有一定的相似之处。也就是说，榜单上那些排名靠后的品牌，在品质方面的负面消息，明显多一些。

我国自己的汽车，进步很大，价格低廉、配置丰富的车型越来越多。就拿2019年年底出现的几款新车——广汽传祺GS4、上汽荣威RX5、长城魏派VV5、长安欧尚X7来说，平顺性处理得相当不错。事实上，即使是几万块钱的经济型车，头几年的状况也都不错，开着它旅游，完全没问题。

对于汽车品质，应该有这样的心理准备：人无完人，车无完车。任何一辆车，不管它多么昂贵，总会有出故障的那一天。就拿咱们身边比较常见的大众汽车来说，它的部分车型机油消耗比较大，是延续多年的问题。我手头就有这么一辆，购车10多年，行驶超过20万公里，除了机油消耗大，没有其他任何问题。所以，我随时在车里带一瓶备用机油，经常检查，一旦发现亏欠，自行添加便是。

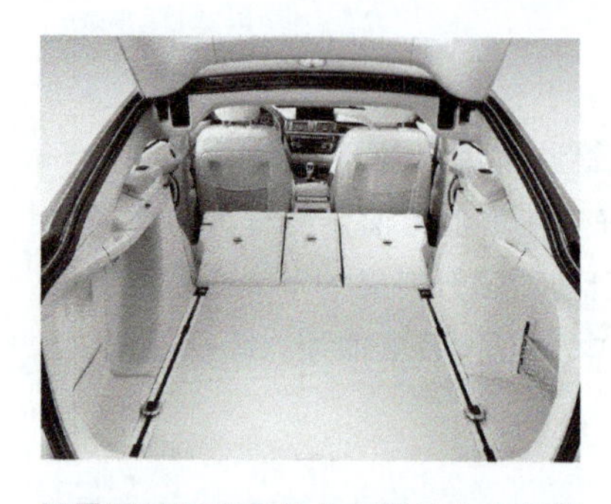
折叠后地板平整的车辆最适合自驾游

后部空间大，座椅能折叠

SUV、MPV、旅行款、两厢车，都是非常适宜旅行的车，因为它们的后排座椅都能折叠，空间具备可塑性——可以根据需求，或打开、或收起。尤其是两人自驾游时，后排座椅折叠，不仅能放置更多行李，甚至能在车内过夜。

与SUV、MPV、旅行款相比，两厢车后部空间最小，但由于后排座椅可折叠，拓展之后的空间也还不错。比如，福克斯三厢后备厢容积526升，福克斯两厢后备厢容积385升，后座折叠，容积上升为1245升，超出三厢车一倍有余。事实上，不仅是福克斯，其他两厢车也是如此（表2-1）。

表2-1 两厢车与三厢车的容积对比（数据仅供参考）

车型	两厢车后备厢容积	座椅折叠后容积	三厢车后备厢容积
波罗	250升	952升	420升
赛欧	248升	1215升	370升
瑞纳	375升	1210升	454升
标致207	245升	1130升	384升
宝马1系	330升	1150升	370升
福克斯	385升	1245升	526升
世嘉	385升	1260升	481升

如果打算在车内住宿，仅看后部容积还不够，主要观察以下两点：座椅折叠后地板平整，犹如一张双人床，才更适合在车内住宿；后部长度至少有1.7米，如果能达到2米左右，是最理想的（表2-2）。

表2-2 部分车型后部长度（数据仅供参考）

车型	级别	后部全长	地板情况
雪佛兰赛欧两厢	小型轿车	1480毫米	平
大众POLO	小型轿车	1265毫米	较平
雪佛兰沃兰多	紧凑型轿车	1890毫米	平
别克英朗两厢	紧凑型轿车	1580毫米	较平
长城哈弗H3	小型SUV	1670毫米	不平
东南DX5	小型SUV	1650毫米	平
长安CS15	小型SUV	1550毫米	平
长安CS35	小型SUV	1500毫米	较平
江淮瑞风S4	小型SUV	1660毫米	不平
别克昂科拉	小型SUV	1600毫米	较平
别克昂科拉GX	紧凑型SUV	1700毫米	较平
长城魏派VV5	紧凑型SUV	1680毫米	较平
广汽传祺GS4	紧凑型SUV	1650毫米	平

续表

车型	级别	后部全长	地板情况
长安欧尚X7	紧凑型SUV	1950毫米	平
大众探岳	中型SUV	1850毫米	较平
丰田汉兰达	中型SUV	2090毫米	平
斯巴鲁傲虎	中型SUV	2000毫米	平
凯迪拉克XT6	中大型SUV	2030毫米	平
马自达CX-8	中大型SUV	1880毫米	平
别克昂科旗	中大型SUV	2060毫米	平

参考实例

普拉多与帕杰罗都是中大型越野车，但是，由于座椅设计不同，导致后部长度差异较大。普拉多后排座椅是椅背向前放倒，放倒后地板很平，最大长度1.92米。帕杰罗的座椅折叠有两个步骤，先是椅背放倒，然后是座椅整体掀起，往前翻转。由于占用空间大，故座椅折叠后，地板长度仅为1.5米，是很难睡觉的。当然，也不是没有解决的办法，可以在出发前，把后排座椅整体拆掉（所有汽车的座椅都是靠几根螺栓固定，将其拆下，是很容易事儿）。

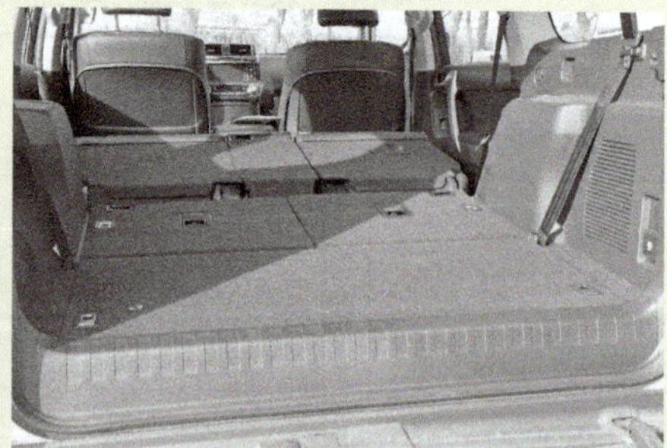

普拉多

安全配置齐全，具备驾驶辅助功能

汽车安全有两个内容：主动安全与被动安全。前者包括各种辅助设备，比如车身稳定控制、车道保持、自动刹车、行人提醒、疲劳提示等。它们的作用是尽可能防止事故发生。后者指的是安全带、结构设计、气囊、头颈保护等，它们的作用是当事故发生时，尽可能保证车内人员的生命安全，同时尽可能降低车外人员的受伤程度。

选择自驾游用车，在价格近似时，应该把注意力放在安全配置而不是享受配置上，追求自动刹车比追求真皮座椅更划算。

在安全方面，最好具备如下配置。

车身稳定控制——它能在一定的前提下，把汽车控制在安全范围内，尽最大可能防止失控的发生。该项配置目前已经比较普及，无论七八万元的经济型车，还是十多万元的紧凑型车，大多数都有配备。

后视镜电加热——雨中，外后视镜一片水雾，电加热可以保证驾驶者有清晰的视野，是雨天最能保证安全的配置之一。这项配置的构造很简单，仅仅是在镜片后面贴了一层电热膜。但并非所有车都具备。某款合资中型SUV，即使在30万元那一档，都没有配备。

有无电加热的后视镜对比

自适应巡航——路况好时，开启它，驾驶会变得轻松一些。前方如果有情况，而驾驶者碰巧走神时，它能自动减速、甚至停车。此外，按限速设定车速，能有效避免超速。

车道保持——这功能有两类，一是预警，二是干预。前者只是提醒，后者能将车辆控制在本车道内，更有利于安全。不过，车道保持目前分为两种：第一种无法将车辆控制在车道正中，只能走之字形；第二种，能主动把车辆保持在车道里走直线。很显然，后者更为先进，对自驾游更有利。

车载导航——导航的指引与提前告知，其实是一种安全辅助，因为它可以让驾驶者更专心驾驶。在内容丰富程度与操作便利性方面，车载导航比不上手机导航。但它也有胜过手机导航的地方。比如，无需充电，能够长久工作；画面较大，有利于以较大的视角，观察行走路线。所以，对于自驾游来说，车载导航与手机导航同时具备，一个看宏观、一个看微观，更为可靠，值得提倡。

经常深度自驾游，底盘离地间隙要大

长途自驾游，难免遇到烂路，底盘离地间隙大一些，就能比较轻松地驶过。通常情况下，轿车底盘离地间隙为120 ~ 150毫米，城市型SUV底盘离地间隙为130 ~ 200毫米，至于越野车，底盘离地间隙都在200毫米以上。

MPV的空间较大，比轿车更适合自驾游，但其底盘离地间隙与轿车基本相同，所以，它的通过能力与轿车也是相同的。具体数据见表2-3 ~表2-6。

表2-3　部分MPV通过性一览（数据仅供参考）

车型	离地间隙	接近角	离去角	轮胎
景逸	150毫米	17°	17°	195/65R15
众泰M300	165毫米	17.5°	35°	195/60R15
和悦RS	170毫米	20°	18°	205/55R16
普力马	160毫米	18°	16°	195/55R15
骊威	165毫米	17°	19°	185/65R15
威麟V5	164毫米	17°	21°	205/55R16
比亚迪M6	150毫米	19°	18°	215/55R17
途安	110毫米	15°	20°	205/55R16
逸致	127毫米	14°	20°	205/60R16
奥德赛	126毫米	15°	19°	215/60R16

表2-4　部分紧凑型SUV通过性一览（数据仅供参考）

车型	离地间隙	接近角	离去角	轮胎
哈弗H6	190毫米	26.0°	22.0°	225/65 R17
奔腾X80	190毫米	30.8°	25.6°	215/60 R17
比亚迪S6	190毫米	23.5°	22.0°	225/65 R17
思威	135毫米	20.0°	19.0°	225/65 R17（低配）
标致3008	178毫米	16.0°	26.0°	225/50 R17
途观	160毫米	18.0°	25.0°	215/65 R16（低配）
RAV4	190毫米	27.6°	14.5°	225/65 R17
逍客	201毫米	20.0°	25.0°	215/65 R16（低配）
奇骏	212毫米	28.0°	20.0°	225/60 R17
劲炫ASX	195毫米	19.2°	30.1°	215/65 R16（低配）
途胜	195毫米	28.2°	31.9°	215/65 R16（低配）
ix35	170毫米	24.2°	26.9°	215/70 R16（低配）
狮跑	185毫米	28.1°	29.3°	215/65 R16（低配）
智跑	146毫米	22.7°	28.2°	215/70 R16（低配）

表2-5 部分中型、中大型SUV通过性一览（数据仅供参考）

车型	离地间隙	接近角	离去角	轮胎
旗胜V3	195毫米	23.0°	22.0°	225/65 R17
传祺GS5	180毫米	17.2°	22.0°	225/60 R17
奥迪Q5L	179毫米	23.0°	22.0°	235/60 R18（低配）
汉兰达	203毫米	18.0°	17.0°	245/65 R17（低配）
冠道	203毫米	16.0°	18.0°	245/55 R19
途观L	220毫米	24.0°	16.0°	235/55 R18
锐界	195毫米	22.0°	23.0°	245/60 R18
大切诺基	207毫米	25.0°	19.0°	265/60 R18

表2-6 部分越野型SUV通过性一览（数据仅供参考）

车型	离地间隙	接近角	离去角	轮胎
北汽骑士S12	200毫米	31.0°	27.0°	225/70 R16
北汽域胜007	200毫米	30.0°	29.0°	225/70 R16
哈弗H5	200毫米	22.0°	27.0°	235/70 R16（低配）
江铃驭胜	225毫米	29.0°	26.0°	235/65 R17
猎豹CS6	225毫米	30.7°	21.7°	265/65 R17
陆风X6	220毫米	27.4°	24.2°	245/75 R16
特拉卡	205毫米	30.0°	25.0°	255/65 R16
吉姆尼	210毫米	37.0°	49.0°	205/70 R15
牧马人	223毫米	35.0°	28.0°	245/75 R17（低配）
兰德酷路泽	245毫米	29.0°	20.0°	285/65 R17（低配）
普拉多	215毫米	31.0°	32.0°	265/65 R17（低配）
FJ酷路泽	245毫米	34.0°	31.0°	265/70 R17
途乐	275毫米	35.0°	26.0°	265/70 R18
帕杰罗	215毫米	36.6°	25.0°	265/65 R17

参考实例

2007年9月，我驾驶途安从新疆返回北京，由于去程走的是国道312线，本着不走回头路的原则，返程我选择了国道315线。途中，遇到新疆若羌与青海茫崖之间全线施工。过往车辆，只能走临时路。临时路仅仅是因为施工车辆来回走，形成的一条路，是条自然路。

途安底盘离地间隙小，由于满载，底盘距地最低的地方，估计只有100毫米。面对凹凸不平的地形，我只好放慢车速，小心翼翼。虽然花费大半天时间，才开了200多公里，但毕竟安全抵达茫崖。

放慢车速通过不平路面

2017年，我驾驶劲炫又一次前往新疆，从巩留去特克斯的路上，遇到几十公里的施工路段。劲炫虽然很普通，但底盘离地比较高，面对坑洼，无需担忧，照常驾驶即可。路上的轿车们，则像我当年开途安一样，缓缓而行。

可见，开轿车自驾游，没什么问题，至多是遇到烂路，减速而已。

最好是全尺寸备胎，备胎安置以吊装为佳

有些车，为了节约空间，装备小尺寸备胎，还有些车，干脆将备胎取消。小尺寸备胎虽然可以保证继续行驶，但行车速度必须降低，遇到坎坷时必须加倍小心——在某些情况下，它损坏的概率非常高。所以，小尺寸备胎至多是应急，如果您在人烟稀少的地区换上它，心里肯定忐忑不安。

对于自驾游、特别是长途自驾游来说，不仅应该携带备胎，而且应该携带全尺寸备胎，以防不测。

多数车的备胎，安置于后备厢地板下面。有些SUV或越野车，将备胎竖立在后备厢尾门上。在长途自驾游中，这两种方案都不理想。

备胎在地板下面，长途自驾游时如果要换胎，很麻烦。因为，此时后备厢里一定是满载，打算取出备胎，就得先把所有行李卸下。

安置在尾门上看着很气派，拿取也很方便，但如果遇到持续颠簸的路况，存在隐患。在越野路段上，我甚至见过备胎从尾门上脱落的个案。

所以，最佳方案是吊装在底盘上。既能避免颠簸带来的隐患，又能很方便地取出。对于自驾游来说，这是最棒的设计。

据我所知，在市场上的SUV中，备胎吊挂在底盘上的车型，主要有荣威W5、江铃域胜S350、比亚迪S6和S7、英菲尼迪QX60和QX80、雷克萨斯LX570、丰田普拉多、丰田汉兰达、丰田兰德酷路泽、讴歌MDX、沃尔沃XC90、马自达CX-9、双龙雷斯特、别克昂科雷、雪佛兰科帕奇、现代胜达、起亚霸锐、起亚索兰托、三菱欧蓝德、日产途乐。

备胎吊装在底盘上

选择自驾游车的常见问题

为您分析了适合自驾游车辆的五个基本特征，再讲述一下常见的四个问题。

自驾游必须SUV吗——不是

SUV是非常好的车型，特别适合自驾游。但并不是说只要自驾游，就必须开SUV。事实上，这个问题的答案，取决于您的自驾游频次。

如果经常自驾游，且前往地区大多为山区，建议买辆SUV。

如果经常进行富有开拓性的自驾游，建议买辆越野车。

如果偶尔自驾游，且主要沿公路行驶，任何车辆都能胜任。

- SUV的底盘高、后部空间大。

SUV即运动型多功能车，它的外形与越野车很相似，但实际上，大多数SUV从轿车改造而来，与轿车最大的区别是底盘离地间隙有所增加，后部空间比较大。对于绝大多数自驾游来说，这两个变化，前者足以应付可能遇到的不平路面，后者则能携带更多装备或在车内住宿。

上面谈到，如果经常前往山区自驾游，建议考虑SUV，不是因为它更适合爬山，而是在山区旅游时，难免遇到不平路面，SUV底盘高，因而更适合。比如，沿川藏公路（国道318线）前往拉萨，过金沙江之后有一段路，时常破损，轿车虽然也能走，但必须放慢车速，以免磕底盘。驾驶SUV的话，就不用为此过分担心。

2012年，我驾驶一辆性能非常出色的越野车前往藏西北的阿里与羌塘，一个多月跑下来，差速器锁、低速四驱等卓越的越野设备，一点儿没用上。在返回北京的路上，我一直在想：这些配置究竟是给什么样的地形预备的?

事实上，只要不是发烧友，城市型SUV足以满足日常所需。越野车在普通自驾游中，很难有机会展示它的真功夫，除非特意寻找某种地形。

- SUV与越野车存在差异。

越野车从卡车演变而来。SUV综合了越野车的通过性与轿车的舒适性，本质上偏向于轿车。所以，虽然如今的汽车分类，将越野车归属于SUV范畴，但实际上，两者之间还是存在差异的。只不过这种差异对于多数人的自驾游来说，并不明显。

如果您不愿意循规蹈矩，喜欢到人迹罕至的地方，自行开拓更多的路线，有一辆品质好的越野车，很有必要。

● 轿车也可以满足长途自驾游。

如果您打算为了长途自驾游买辆车，确实可以把SUV放在主要考虑的位置。如果您只是偶尔玩一趟，或者说，不太可能去偏远地区，就没必要一定追求SUV。毕竟，在动力、配置相同的前提下，SUV售价贵，油耗也比轿车高。

事实上，绝大多数人的自驾游，都是沿着公路行驶。长距离、长时间离开公路的可能性微乎其微，所以，轿车完全没问题。它唯一的不足，是很难在车内过夜（特指三厢轿车），除非一个人，凑合着躺在后排座。相比之下，在三厢轿车基础上衍生出来的旅行款轿车（也称旅行车），更适合自驾游。

● SUV的动力不一定是最棒的。

有人看到SUV外形高大，便想当然地认为它的动力强，这是个误解。如果一个汽车厂家既生产轿车又生产SUV的话，它们的发动机往往是一样的。而在发动机一致的情况下，轿车的动力表现如提速，往往会胜过SUV，因为它的自重轻一些。比如，从思域与思威（CR-V）、途观L与帕萨特的对比就能看出，轿车具有售价低、油耗低、比功率高的优势（表2-7）。

表2-7 同级轿车与SUV对比

项目	东风本田		上汽大众	
车型	思威	思域	途观L	帕萨特
级别	紧凑型SUV	紧凑型轿车	中型SUV	中型轿车
入门价	16.98万元	12.99万元	22.18万元	18.49万元
动力	1.5T	1.5T	1.4T	1.4T
整备质量	1501千克	1271千克	1535千克	1455千克
综合油耗	6.6升/百公里	6.0升/百公里	6.8升/百公里	5.6升/百公里
比功率	0.070千瓦/千克	0.077千瓦/千克	0.055千瓦/千克	0.057千瓦/千克

注：比功率是汽车最大设计质量与额定功率之比。

● SUV的性能很普通。

由于SUV车身高，重心会随之升高，由此会出现两个问题。

●● 在前提一致的情况下，爬坡性能有可能输给轿车。

城市型SUV的驱动方式与轿车相同，都是前驱车。上坡时，后轮承受更多重量，作为驱动轮的前轮，由于负载较轻，一旦摩擦力不足，就会打滑，导致爬坡失败。与轿车相比，SUV重心高，更容易出现这类情况。

当然，如果坡度太大，轿车也会败下阵来。因为它的接近角小，通常只有14° 左右，遇到陡坡，刚要爬，车头底部就会碰到地面。而SUV的接近角相对大一些，通常不会有这种情况发生。

●● 在前提一致的情况下，弯道性能有可能输给轿车。

由于重心高，过弯的速度会受到一定程度的牵制。比如，开轿车能以每小时80公里的速度过弯，换成SUV就得略微慢一些。我没有这方面的实际测试数据，只能参考国外同行的麋鹿测试成绩。尽管数据有限，但依旧可以看出，SUV由于重心高，在同等条件下，它的性能往往会低于轿车（表2-8）。

表2-8 轿车与SUV麋鹿测试成绩对比

轿车时速	SUV时速
标致208 73公里	标致2008 70公里
奥迪A1 77公里	奥迪Q2 70公里
丰田Auris 75公里	丰田RAV4 72公里
日产Pulsar 78公里	日产Qashqai 78公里
奔驰C220 73公里	奔驰GLC 71公里
宝马320 74公里	宝马X3 71公里
沃尔沃V90 76公里	沃尔沃XC90 70公里

注：麋鹿测试是项针对汽车紧急避险能力所进行的测试。具体内容是在维持原车速的情况下，紧急打轮变线，以此考察底盘性能。由于SUV重心高，多数情况下，它的成绩低于同级轿车。

● SUV中真正的越野车并不多。

市面上的多数SUV，都是城市型。越野型SUV、更准确地说，真正的越野车其实并不多。这种车的核心价值是用于非铺装路。典型特征是扭矩强大，底盘厚重，通过能力强，讲究实用，具有铁血硬汉般的外表。比如路虎卫士，售价高达70多万元，虽然内饰特别简单，甚至有些粗糙，可它是路虎家族中唯一真正的越野车。由于市场上对越野车的需求并不高，再加上我国近年来对排放管理日趋严格，市面上的越野车越来越少，常见车型为哈弗H9、日产途达、三菱帕杰罗、丰田普拉多、吉普牧马人、铃木吉姆尼、奔驰G。

有人把SUV称为吉普车，这是个错误。“吉普”是商标，1987年被克莱斯勒汽车公司收购，但克莱斯勒已经破产，并于2014年与菲亚特合并。能够被称为吉普的，只有它旗下的牧马人、自由客、指南者等。路虎卫士、奔驰G，虽然也都是真正的越野车，但不能称为吉普车。

作者体会

在川藏公路上，时常能看到一些自驾游的人，开着高大的越野车或SUV，风驰电掣，以很高的车速行驶。事实上，这样做是有风险的。以我个人所见，整个藏区，弯道护栏大概半数以上有撞击痕迹，或许能够证明，有太多人没有掌控好入弯车速。其中，自认为车的性能好，恐怕是原因之一。

实际上，即使有四驱的帮助，即使有车身稳定控制的介入，当车速达到一定程度后，仍然会出事儿。在藏区，我曾目睹一辆普拉多因为车速过高，在弯道处失控翻车。

自驾游必须要大功率吗——不是。

有人或许担心，功率小，行吗?

如果了解一下汽车的性能，就会发现没什么值得担忧的。

在表2-9中，列举了10款车——5款微型/小型车，5款紧凑型车，对比它们的最高时速就能发现，微型车虽然排量小，但最高时速并没有逊色太多，起码完全够用——我国高速公路限速每小时120公里。

表2-9　5款微型/小型车与5款紧凑型车

车型	入门价	排量	最高时速	车型	入门价	排量	最高时速
奔奔	4.09万元	1.4升	175公里	思域	11.99万元	1.0T	200公里
宝骏310	3.68万元	1.2升	160公里	英朗	11.89万元	1.0T	180公里
悦翔	4.99万元	1.4升	180公里	卡罗拉	11.98万元	1.2T	180公里
金刚	4.79万元	1.5升	165公里	速腾	12.88万元	1.2T	200公里
瑞纳	4.99万元	1.5升	170公里	朗逸	11.29万元	1.5升	190公里

小排量发动机肯定不会有“动力澎湃”的表现，这类车追求的是够用即可，以满足日常驾驶为目标。就拿时速0 ~ 100公里加速成绩来说，1.2升排量的宝骏310约13.6秒，与之相比，思域11.2秒，1.2T速腾11.3秒，英朗和朗逸都是12.1秒。至于排量较大的车，君威2.0T是7.2秒；迈腾2.0T低功版8.2秒，高功版7.5秒；奥迪A4L 2.0T低功版9.2秒，高功版6.5秒。

通过上述几个数字可以得知，2.0T高功版的奥迪A4L，比1.2升排量的宝骏310，加速性能高了一倍。但是，不考虑经济能力，忽视购买成本与使用成本，单纯追求大功率，实在没必要。只要不是竞速，慢点儿就慢点儿吧。至于满载时动力下降，那是很正常的现象，通过降低挡位就能解决。

汽车动力有两个常见数据：功率和扭矩。

功率指的是发动机在单位时间内做的功，单位是千瓦，还有个单位称为马力，但它不是法定计量单位；扭矩指的是发动机输出的力矩，单位是牛顿·米，简称牛·米。汽车提速的快慢，与上述两个因素均有关系。

在一定范围内，功率与扭矩和发动机转速呈正比，当扭矩达到最大值时，往往就是“最有劲儿”的时候，发动机最大扭矩什么时候出现，标注在汽车说明书里。比如，某台发动机最大扭矩出现在每分钟4800转，通常来说，只要达到每分钟3500转，最大扭矩的90%就会出现，此时换挡，自然能让汽车飞快提速。如果每分钟2000转换挡，扭矩还处于比较小的阶段，提速就会比较慢。

最大扭矩出现的转速比较低，持续时间比较长，显然是有好处的。比如，某款发动机的扭矩指标为220牛·米（发动机转速范围为每分钟1750～3500转）。意思是说，这款机器的最大扭矩，从每分钟1750转开始，一直保持到每分钟3500转。这个转速正好处于日常驾驶中最常用的区间，因而它的动力表现或许会好一些（也不是绝对的，与功率、油门设定、变速器也有很大关系）。

部分车型的动力对比见表2-10。

表2-10 部分车型动力对比

车型	排量	最大功率	最大扭矩
宝骏310	1.2升	60千瓦（每分钟5600转时）	116牛·米（每分钟3600～4000转时）
悦翔	1.4升	74千瓦（每分钟6000转时）	135牛·米（每分钟3500～4500转时）
飞度	1.5升	96千瓦（每分钟6600转时）	155牛·米（每分钟4600转时）
POLO	1.5升	83千瓦（每分钟6000转时）	145牛·米（每分钟3900转时）
朗逸	1.5升	83千瓦（每分钟6000转时）	145牛·米（每分钟3900转时）
艾瑞泽5	1.5升	85千瓦（每分钟6150转时）	141牛·米（每分钟3800转时）
思域	1.0T	92千瓦（每分钟5500转时）	173牛·米（每分钟2000～4500转时）
英朗	1.0T	92千瓦（每分钟5600转时）	170牛·米（每分钟2000～3600转时）
速腾	1.2T	85千瓦（每分钟5000～6000转时）	175牛·米（每分钟1500～4500转时）

续表

车型	排量	最大功率	最大扭矩
卡罗拉	1.2T	85千瓦（每分钟5200～5600转时）	185牛·米（每分钟1500～4000转时）
沃兰多	1.3T	120千瓦（每分钟5500转时）	230牛·米（每分钟1800～4400转时）
奥迪A3	1.4T	110千瓦（每分钟5000～6000转时）	250牛·米（每分钟1750～3000转时）
宝马1系	1.5T	100千瓦（每分钟4400～6000转时）	220牛·米（每分钟1400～4300转时）
帕萨特	1.4T	110千瓦（每分钟5000转时）	250牛·米（每分钟1750～3000转时）
君威	1.5T	125千瓦（每分钟5600转时）	252牛·米（每分钟2000～4000转时）
传祺GA6	1.5T	124千瓦（每分钟5000转时）	265牛·米（每分钟1700～4000转时）
凯美瑞	2.0升	131千瓦（每分钟6000转时）	210牛·米（每分钟4400～5200转时）
昂科拉GX	1.3T	121千瓦（每分钟5600转时）	240牛·米（每分钟1500～4000转时）
奕歌	1.5T	125千瓦（每分钟5500转时）	250牛·米（每分钟2000～3500转时）
思威	1.5T	142千瓦（每分钟5600转时）	243牛·米（每分钟2000～5000转时）
宋pro	1.5T	118千瓦（每分钟5200转时）	245牛·米（每分钟1600～4000转时）
荣威RX5	1.5T	124千瓦（每分钟5500转时）	250牛·米（每分钟1700～4300转时）
凯迪拉克XT4	2.0T	177千瓦（每分钟5000转时）	350牛·米（每分钟1500～4000转时）
欧蓝德	2.0升	122千瓦（每分钟6000转时）	201牛·米（每分钟4200转时）
宝马X3	2.0T	135千瓦（每分钟5000～6500转时）	290牛·米（每分钟1350～4250转时）
探岳	2.0T	137千瓦（每分钟5000转时）	250牛·米（每分钟1750～3000转时）
汉兰达	2.0T	162千瓦（每分钟4800～5600转时）	350牛·米（每分钟1700～4000转时）
昂科旗	2.0T	174千瓦（每分钟5000转时）	350牛·米（每分钟1400～4000转时）

对于自动挡汽车来说，厂家为了适应排放政策，通常都会把转速保持在比较低的水平，比如每分钟1500～2000转。而这样的转速在满载+爬坡时，有可能动作迟缓，甚至有力不从心之感。此时，如果把挡位置于“S”挡，或将驾驶模式设定为运动模式，立刻就能感觉到“有劲儿”了——其实是降低了一个挡位，发动机转速提升了。

作者体会

对于手动挡汽车而言，如果您时常感觉动力不足，请先检查一下自己的驾驶方式是否正确，如果车速刚刚加速到每小时40公里，挡位就已经处于最高挡了，汽车显得“没劲儿”是很正常的。如果把换挡时间往后延迟一些，比如从之前的每分钟2000转换挡，改为每分钟3000转甚至每分钟3500转换挡，就会立刻“有劲儿”了。

用比功率衡量动力性。

汽车的比功率是衡量汽车性能的一个指标。比功率越大，动力性越好。普通车的比功率，通常为0.04～0.06，如果能达到0.08以上，就相当不错了。在副驾驶车门的门框上，有个小牌子，上面标着最大设计质量（最大允许总质量）和额定功率（发动机最大净功率），把这两个数相除，就能知道您的车比功率是多少。

铭牌

如果对提速，尤其是中、后段提速比较在意，不妨找辆比功率大的车（表2-11）。

表2-11 部分汽车的比功率

车型	类别	排量	比功率
金刚	小型轿车	1.5升	0.047千瓦/千克
Polo	小型轿车	1.5升	0.051千瓦/千克
赛欧	小型轿车	1.5升	0.053千瓦/千克
宝骏310	小型轿车	1.5升	0.055千瓦/千克
卡罗拉	紧凑型轿车	1.2T	0.048千瓦/千克
蔚领	紧凑型旅行款轿车	1.4T	0.052千瓦/千克
宝马2系	紧凑型旅行款轿车	1.5T	0.052千瓦/千克
英朗	紧凑型轿车	1.3T	0.068千瓦/千克
传祺GA6	中型轿车	1.5T	0.062千瓦/千克

续表

车型	类别	排量	比功率
雅阁	中型轿车	1.5T	0.072千瓦/千克
亚洲龙	中型轿车	2.5升	0.074千瓦/千克
奥迪RS4	中型旅行款轿车	2.9T	0.143千瓦/千克
宝骏510	小型SUV	1.5升	0.045千瓦/千克
标致2008	小型SUV	1.2T	0.060千瓦/千克
途铠	小型SUV	1.4T	0.071千瓦/千克
缤智	小型SUV	1.5T	0.072千瓦/千克
奥迪Q3	紧凑型SUV	2.0T	0.065千瓦/千克
思威（CR-V）	紧凑型SUV	1.5T	0.070千瓦/千克
海马8S	紧凑型SUV	1.6T	0.070千瓦/千克
凯迪拉克XT4	紧凑型SUV	2.0T	0.082千瓦/千克
汉兰达	中型SUV	2.0T	0.062千瓦/千克
途昂X	中型SUV	2.0T	0.063千瓦/千克
锐界	中型SUV	2.0T	0.073千瓦/千克
中华V7	中型SUV	1.8T	0.081千瓦/千克
帕杰罗	中大型SUV	3.0升	0.046千瓦/千克
普拉多	中大型SUV	3.5升	0.072千瓦/千克
奔驰G	中大型SUV	4.0升	0.098千瓦/千克
揽胜	中大型SUV	5.0升	0.130千瓦/千克

参考实例

便宜的小车虽然动力很普通，但开着它跑趟西藏，毫无问题。早在2001年，川藏公路到处坑坑洼洼时，一位江南奥拓车主，就开着它走了全程，最后甚至跑到珠峰大本营。满载时动力下降是必然的，通过延迟升挡、让发动机转速升高就能解决。

自驾游必须要四驱吗——不是

如果沿公路驾驶，有没有四驱，并不重要。如果走在湿滑路面上，或者是非铺装的山路上，四驱的价值有时就会显现出来。

四轮驱动有三种模式：全时四驱、分时四驱、适时四驱。

象征功能大于实际意义——全时四驱。

顾名思义，四个车轮随时随地都有动力。但是，在状况良好的柏油路上，全时四驱没有多少用武之地，显得有些浪费。唯有湿滑路况，或过弯车速过高，才会彰显一些作用。也就是说，对于日常驾驶而言，全时四驱并不像传说的那么有价值。有人以为全时四驱更有劲儿，加速更快，其实恰恰相反。就拿大众探岳来说，它的2.0T两驱时速100公里加速成绩为8.7秒，而2.0T四驱是8.9秒；再比如，别克昂科旗2.0T两驱加速成绩8.6秒，2.0T四驱是9.1秒。

当然，如此评价仅仅是从经济角度出发，如果不考虑成本，只追求性能，全时四驱还是相当棒的。

玩越野的利器——分时四驱。

分时四驱是越野车中最常见的配置方式。它的前后轴之间有个分动器，驾驶者根据需要，接通或断开，从而实现两驱或四驱。此外，分动器还有高低挡之分，因为越野时需要的不是高车速，而是大扭矩。挂上低速挡，扭矩成倍扩大，有利于越野。对于越野爱好者来说，分时四驱是一把利器，没有它，越野就无从谈起。对于绝大多数驾车人来说，由于不具备相应的车感，很难将其性能充分发挥。所以，分时四驱只能满足极少数越野爱好者的需求。

根据需要自动控制——适时四驱。

适时四驱既能减少全时四驱的“浪费”，又能避免当有需求时，没有四驱的尴尬。在城市型SUV里的四驱车型当中，绝大多数都是适时四驱。日常行驶以前驱为主，遇到打滑，前后车轮转速不一致时，系统会自动介入，把一部分动力分配给后轴。这种结构最初效果很一般，如今已经发展得相当不错了，比如瑞典的瀚德。但比起分时四驱，它的性能还是逊色一些，毕竟，它不是为“真越野”设计的。

一般来说，两驱与四驱之间，至少相差1万元。比如，欧蓝德两驱致行版是18.28万元，四驱致享版是19.48万元；汉兰达两驱精英版是24.88万元，四驱精英版是25.88万元。当然也有例外，比如宝马X1两驱尊享版是29.68万元，四驱尊享版是33.98万元，差得更多。

有人认为，自驾游时，或遇到烂路、或遇到冰雪、或上青藏高原，必须是四驱才有保证，才更安全。其实没有四驱，也不必担忧，可以靠轮胎弥补。

我曾驾驶汉兰达2.7前往黑龙江，仅仅是因为更换了冬季胎，在冰雪覆盖的柏油路、砂石路，以及冰封的江面上，累计行驶4000多公里，一路顺畅。还有一次，我驾驶普拉多，单人单车行走藏北-羌塘，那辆车虽然是顶配，拥有数个强大的越野功能，但我一个没用，就顺利走完了。

没错，在野外，有四驱当然比没有四驱要强得多。但也不是绝对不行。与四驱相比，同等重要的、甚至可以说更重要的，是轮胎。关于轮胎的话题，后面还会再次讲述。

MPV空间更大，适合自驾游吗——适合

由于GL8等车型的影响，有人将MPV误解为商务车。其实，这种车的核心价值是家用。它是货真价实的家庭车，驾驶感与轿车基本一致，并拥有轿车所不具备的超大空间与良好视野。对于自驾游来说，它非常合适。

许多MPV有6个或7个座位，一家老少三代集体出游，靠一辆车就能实现。虽然多数车型的第三排座椅间距很窄，乘坐并不舒服，但对于身材瘦小的人来说，还算过得去，起码比多开一辆车强。何况，紧凑型轿车后排座椅的中间位置，同样很不舒服。也就是说，MPV的优点，轿车并不具备。有人将其称为休旅车，意思是休闲+旅行，我认为这个名字不错，比MPV这个英文名，表达得更精准。

MPV座椅分布情况

SUV的意思是运动型多功能车；MPV的意思是多功能车。它们共同特征是多功能。区别在于SUV同时强调了“运动”两字。

从车型看，它们都是两厢造型，因而都具备空间的可塑性，但是，它们的多功能含义并不相同。SUV的多功能主要体现在通过能力，这就是所谓的“运动”，MPV的多功能主要体现在空间利用。

在多数情况下，即便是两驱的SUV，通过能力也比轿车高。原因很简单——底盘离地间隙大。由于底盘离地间隙以及前后悬的长度设定，它的接近角、离去角及纵向通过角，比轿车占优。这是它具有不错的通过能力的根本原因。

凡事有利就有弊。SUV为了获得通过性，车身被抬高，车内空间必然被压缩。与之相反，MPV底盘离地间隙与轿车是一样的，而上半身的高度与SUV差不多，所以，这种车的内部空间，往往胜过SUV。再加上多数MPV的座椅具有可变功能，因此造就了MPV空间利用价值比较大。无论乘坐还是载物，MPV都具有轿车、SUV难以媲美的优势。

表2-12中的数据，是源于同一标准的实际测量值。由于车型时常有变化，这些数字仅供参考。列举在此的意义是，如果非常喜欢自驾游，打算时常远足，挑选时就应该把后部空间作为一个考虑内容。

表2-12 部分SUV、MPV后备厢数据（数据仅供参考） 单位：毫米

车型	舱内进深	舱内宽	舱内高	折叠后长度	折叠操作及地板情况
海马8S	900	1145	750	1800	操作简单，地板不平
奇瑞瑞虎5X	800	980	845	1640	操作简单，地板不平
中华V5	1010	830	500	1580	操作一般，地板较平
哈弗H6	1000	1060	840	1570	操作不易，地板不平
哈弗H3	1040	1070	860	1670	操作较易，地板不平
奔驰GLK	870	950	770	1750	操作容易，地板平整
奥迪Q7	1180	1160	720	2180	操作容易，地板平整
奥迪Q5	920	1040	760	1800	一键操作，地板平整
奥迪Q3	900	990	445	1650	操作容易，地板平整
兰德酷路泽	1210	980	965	1700	操作容易，地板平整
普拉多	950	1100	860	1940	操作一般，地板平整
汉兰达	1075	1160	795	2090	操作容易，地板平整
RAV4	920	1090	935	2090	一键操作，地板平整
科帕奇	1010	970	820	1840	操作容易，地板平整
3008	840	1030	750	1650	操作容易，地板平整
酷威	1085	1060	715	1930	一键操作，地板平整
菲跃	1030	1060	720	1940	操作容易，地板平整
新胜达	1060	1110	780	1930	一键操作，地板较平
途胜	750	1010	770	1650	操作容易，地板平整
傲虎	1050	1090	750	2000	折叠容易，地板平整
森林人	840	1070	810	1820	操作容易，地板较平
斯巴鲁XV	800	1070	665	1600	操作容易，地板平整
奇骏	1060	1100	815	1750	操作容易，地板平整
昂科拉	756	1040	770	1600	操作一般，地板平整
凯迪拉克XT6	1200	1095	900	2030	一键操作，地板平整
奔驰ML	1015	1030	850	1710	操作较易，地板平整
大切诺基	840	1050	775	1910	一键操作，地板平整
别克GL6	980	1000	730	1840	操作较易，地板平整
途安	1030	1040	990	1940	操作不易，地板不平
别克GL8	620	1185	1020		座椅无法折叠
奔驰R	480	1230	770	1100	操作较易，地板平整

作者体会

有人选车，总是纠结，这种心情可以理解。

我的建议是，根据自身经济能力定出花费（别忘了日后养车与用车的花费，比如停车费、保险费、燃料费、保养费、维修费），然后在设定好的价格区间里，选一辆能让自己一见钟情的车。

有人担心品质。没有任何一辆车，可以做到永远不出问题。当然，有的车可能出问题次数多些，有的车可能很少出问题。据我个人观察，这里似乎没什么规律，总之重在使用和保养得当。

对于自驾游来说，物色一辆空间够用、外观与内饰看着顺眼的车，就行了。与其操心它能否胜任长途自驾游，动力与操控性能是否足够强，不如锻炼一下自己的驾驶技术。

2.2 选车买车——建议与购车流程

选车的主要因素，是品牌、品质、外观、内饰、配置、价格、动力、空间等。不过，这几个因素的排列顺序，因人而异，并无一定之规——只要自己喜欢，怎么排列都可以。

如果买车主要是为了长途自驾游，在价格能够接受的前提下，我建议的排列顺序是：空间、配置、品质、动力、外观、内饰。

下面讨论几个常见话题。

普通车与豪华车的选择——以经济能力为导向，切勿勉强

豪华车能吸引许多目光，它的细节处理确实非常好，设计讲究，工艺精湛，驾驶起来很顺手。但也应该清楚，任何一款豪华车都会有故障，都能找到瑕疵。此外，没必要为追求豪华而不顾自身的经济能力。

汽车同质化越来越严重——供应商就那么几家

汽车厂家所用的零部件，绝大多数都是采购来的。大型零部件供应商全球屈指可数，其客户范围涵盖各个汽车制造商。所以，汽车同质化现象很普遍。比如，博世公司的ESP与日本电装的火花塞行销全球。这些供应商的产品，在30万元的奥迪里能见到，在3万元的奥拓里也能见到。当然，不同厂家的采购标准存在差异。

再有，各个汽车制造商相互模仿、借鉴，价位相近的车，内在的材质与工艺，没有多大差异，如果某个特点被重点突出，十有八九是在另一个地方进行了节省，因为，成本总额是无法改变的。

手动挡还是自动挡——谁更合适?

很多车都有手动和自动两种变速器可选。通常，自动变速器的车会比手动变速器的车贵1万元，双离合变速器（比如DSG）的车比手动变速器的车贵1.4万元。单纯想省钱的话，应该买手动变速器的车；预算充足应该买自动变速器的车。

手动变速器的车不仅购买成本低，使用成本也低，而且，在施展某些驾驶技能时很占优势。自动变速器的车在购买和使用中多花了一些钱，换来的是驾驶轻松，不用频繁踩离合器踏板，在拥堵路段比较有优势。手动挡与自动挡优缺点对比见表2-13。

表2-13 手动挡与自动挡优缺点对比

项目	手动变速器	自动变速器
优点	购买成本低 使用成本低 山区驾驶有优势 节省燃油 更易掌控汽车	使用便捷 拥堵路段有优势 无级变速器和双离合变速器的效率高
缺点	需要相应的驾驶技术 频繁起步时稍微麻烦些	购买成本高 换油频率较高 误动作时后果可能较严重

驾驶技术不佳的人，对于自动变速器尤其要谨慎。曾经一位驾驶者在收费站停车时，打开车门探出身子，捡拾自己掉的东西，右脚不知怎么踩下油门，车子猛然起步向前，车门撞上护栏，这位驾驶者瞬间被挤死。此外，错踩油门把汽车开进水库、冲下山坡、撞向行人的事故，屡见不鲜。

有人抱怨开手动挡在拥堵路段太辛苦。确实，自动挡肯定比手动挡轻松很多，但说到手动挡“太辛苦”，恐怕略有夸张。这里有两个原因：驾驶时间短，没有养成习惯；踩离合器踏板的方式不对。正确的方式是整条腿运动，但有人以脚踝为轴心，脚掌往下踩踏板，这么做肯定比较辛苦。

前驱车还是后驱车——谁更高级？

汽车自1886年出现以后，一直是后轮驱动，直到1934年，才诞生了前轮驱动车。所以，后驱车高级的说法，并没有什么根据。前驱车后来被广泛应用，原因是其造价低、油耗低，加上小型车设计成前驱，可以使车内地板变得平坦一些，有利于增加乘坐的舒适度。前驱车的缺点是前轴负载大，难免头重尾轻，以较快的车速转弯时，容易出现转向不足的现象。

有人认为后驱车更有驾驶乐趣，那是因为后驱车比前驱车更容易把汽车操控得出神入化。车手可以根据前、后轴重心的变化，用油门控制汽车，以极短的时间滑过弯道。不过，在湿滑路面上，驾驶后驱车容易出现转向过度。在一次皮卡试驾活动中，因为地面较滑，一位没有驾驶后驱车经验的驾驶者，一脚油门到底，车子从车位窜出，走了个U形，撞在相邻车位的车上。

买车之前必须弄明白一件事——自己的需求是什么？

我曾写过一本《私家车车主手册》，书中根据汽车的核心价值，把市面上的汽车划分为：开的车、玩的车、坐的车、用的车。

简单理解，开的车是追求驾驶感、追求速度的车，比如跑车或轿跑车；玩的车是追求通过能力的车，比如SUV；坐的车是追求舒适的车，比如中大型车和大型车；用的车分成两类，第一是追求经济实惠的车，比如微型车、小型车、紧凑型车，第二是追求功能强大的车，比如MPV。

这些都是汽车的核心价值，它所对应着的，是人们对汽车的需求。购车需求通常有五种——代步需求、谋生需求、居家需求、旅行需求和速度需求。

代步需求

上下班、接送孩子、假日郊游——这是最为普遍的购车需求。对于这种需求来说，最合适的，是紧凑型轿车。比如自主品牌中的比亚迪F3、奇瑞艾瑞泽、长安逸动、吉利帝豪等，售价在5万～8万元之间。合资车的常见车型是大众速腾、丰田卡罗拉、日产轩逸、雪佛兰科鲁泽、别克英朗、本田思域等，售价在10万～18万元之间。

经济条件好的话，应该考虑中型车，因为它的空间与材质，比紧凑型车上了一个台阶。比如丰田凯美瑞、本田雅阁、大众迈腾、别克君威、雪佛兰迈锐宝、奥迪A4L、奔驰C级、宝马3系等，售价在20万～40万元之间。

希望尽量少花钱，或者是家中人口少，不妨考虑小型车或微型车。比如，自主品牌中的长安悦翔、名爵3、吉利金刚等，售价在4万～6万元之间。合资车当中，主要是本田飞度、斯柯达晶锐、大众POLO、丰田致炫、现代瑞纳等，售价在6万～10万元之间。

小型或紧凑型轿车

谋生需求

自己做买卖，汽车是生意中必不可少的运输工具，一辆大空间的车子是必须的。比如，五菱宏光、东风小康等。这类车被称为“小面”，虽然不够精致，但功能很棒，售价低廉，花四五万元买一辆，能解决许多问题，堪称物美价廉。就拿五菱来说，上市10年售出300万多辆，比起西方国家的经典车型——福特T型、甲壳虫之类的，毫不逊色。

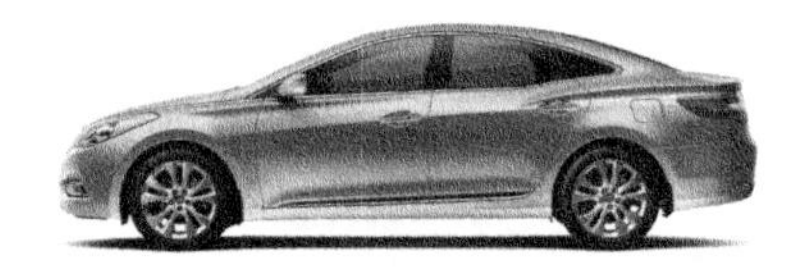

中型轿车

客货两用

从中可以看出一个道理：什么是最好的车？什么是最经典的车？这个答案不管是在德国、美国，还是在中国、日本，都一样：价格低廉、故障率低、性能可靠，能满足多数人对汽车的需求，就是最好的车；能够经受得住时间的考验，就是经典车。

还有一种谋生需求，主要是出入生意场合，甚至包括迎送客人，买一辆中大型车是最合适的。有人将中大型车称为商务车，实际上，真正意义上的商务车，指的是上汽大通G20、江淮瑞风之类的车。在轿车方面，中大型车主要是奥迪A6L、奔驰E级、宝马5系，售价在40万～90万元之间。

居家需求

紧凑型轿车与中型轿车的共同缺憾，是以乘坐为主，功能单一。对于居家过日子来说，肯定存在着各种各样的运输需求。比如，假日里带着烧烤炉、遮阳棚、折叠桌椅、保温箱，到青山秀水中享受一番；再比如，周日到城乡接合部的批发市场采购。

能够满足这些需求的车，只有一种——多功能车，英文缩写为MPV。由于MPV空间大，同样也非常适合长途自驾游。不过，因为多数人对MPV并不接受，故这种车型在我国比较少。自主品牌当中，主要是比亚迪宋MAX、广汽传祺GM6、吉利嘉际，售价在8万～12万元之间。合资车主要是别克GL6、大众途安、本田奥德赛、丰田普瑞维亚，售价在15万～60万元之间。

轿车旅行款

在我国认知度较高的SUV

旅行需求

如果主要沿公路旅游，轿车旅行款非常适合。它在油耗方面具备与轿车几乎同等的经济性，同时又拥有比轿车更大的空间。该车型在欧洲比较流行，但在我国接受度较低。

在我国认知度较高的，是SUV。与轿车相比，SUV在后部空间与底盘离地间隙方面，更占优势。

SUV有大小之分。其中，小型SUV更适合单身或两口之家，比如宝骏510、长安CS15、别克昂科拉、本田缤智、大众途铠、丰田奕泽等。

如果是三口之家，紧凑型SUV更合适些。比如哈弗H6、吉利博越、大众途观、本田皓影、别克昂科拉GX、日产逍客、丰田荣放等。

如果希望空间更大些，可以考虑中型或中大型SUV，前者主要是丰田汉兰达、凯迪拉克XT5、福特撼路者，后者主要是别克昂科旗、凯迪拉克XT6、奥迪Q7、宝马X5、奔驰GLE等。

速度需求

追求速度的车有三类，第一类是跑车，第二类是轿跑车，第三类是改装车。这三类车的核心价值是速度和操控，至于汽车的其他因素，比如空间、舒适性、油耗，都会排在比较靠后的位置。需要明确的是，这些车虽然特别适合竞速爱好者，但有这个需求的人是极少数，更多时候，这类汽车的外观与个性被视为重点，所以，有个性需求、表现需求的人们，同样非常适合购买这类车。

跑车大都只有2个座位，车内空间狭窄，驾驶视线不佳，尽管如此，它的价格不便宜，动辄百万元，比如法拉利与保时捷。50万元以下的，主要是雪佛兰科迈罗、马自达MX5、英菲尼迪Q60与斯巴鲁BRZ。此外，50万元左右的宝马Z4、奔驰SLC，也是比较便宜的跑车，但有人将其归入轿跑车的范畴。

与跑车通常只有2个座位不同，轿跑车大都有4 ~ 5个座位，舒适性向轿车靠拢。比如奥迪TT、大众尚酷、标致RCZ、宝马2系。

改装车指的是某款车的高性能版，比如，大众高尔夫的GTI版、福特福克斯的ST版、奥迪的RS系列、奔驰的AMG系列、宝马的M系列等。这类车不仅发动机的功率与扭矩都被调成最高，内饰与外观也进行了运动化处理，比如筒形座椅、方向盘下面有换挡拨片等。玩这种车，一脚油门下去，提速极快，燃油消耗也极快。

弄清楚自己的需求，选车就容易多了。下面，用表格的形式，为您推荐一些适合自驾游的车型。需要说明的是，市面上车型很多，有许多车的品质与性能都很棒，推荐的这些，仅仅是其中一部分（表2-14）。

表2-14 几款适合自驾游的车

车型	类别	指导价	最低排量
宝骏310	小型两厢轿车	4.58万元起	1.5升
本田飞度	小型两厢轿车	7.38万元起	1.5升
日产骐达	紧凑型两厢轿车	9.99万元起	1.6升
大众蔚领	紧凑型轿车旅行款	11.39万元起	1.5升
雪佛兰沃兰多	紧凑型两厢轿车	11.49万元起	1.3T
大众高尔夫嘉旅	紧凑型两厢轿车	12.88万元起	1.6升
本田杰德	紧凑型两厢轿车	12.99万元起	1.8升
宝马2系	紧凑型轿车旅行款	21.98万元起	1.5T
大众蔚揽	中型轿车旅行款	24.38万元起	1.4T
奔驰C	中型轿车旅行款	35.58万元起	1.6T
奥迪A4	中型轿车旅行款	39.28万元起	2.0T
比亚迪宋MAX	MPV	7.99万元	1.5T
别克GL6	MPV	13.99万元起	1.3T
长安风尚X7	紧凑型SUV	7.77万元起	1.5T
三菱欧蓝德	紧凑型SUV	15.98万元起	2.0升
本田皓影	紧凑型SUV	16.98万元起	1.5T
凯迪拉克XT4	紧凑型SUV	25.97万元起	2.0T
捷途X95	中型SUV	9.99万元	1.5T
日产途达	中型SUV	16.98万元起	2.5升
五十铃游牧侠	中型SUV	17.88万元起	1.9T
丰田汉兰达	中型SUV	23.98万元起	2.0T
福特撼路者	中型SUV	26.58万元起	2.0T
大众途昂	中型SUV	30.09万元起	2.0T
凯迪拉克XT5	中型SUV	32.97万元起	2.0T
吉普牧马人	中型SUV	42.99万元起	2.0T
别克昂科旗	中大型SUV	29.99万元起	2.0T
三菱帕杰罗	中大型SUV	34.98万元起	3.0升

续表

车型	类别	指导价	最低排量
凯迪拉克XT6	中大型SUV	41.97万元起	2.0T
丰田普拉多	中大型SUV	43.58万元起	3.5升
奥迪Q7	中大型SUV	68.38万元起	2.0T
宝马X5	中大型SUV	75.9万元起	3.0T
奔驰G	中大型SUV	158.8万元起	4.0T
林肯领航员	大型SUV	109.8万元	3.5T
雷克萨斯LX	大型SUV	129.1万元	5.7升
凯迪拉克凯雷德	大型SUV	148.8万元	6.2升

买车途径——主要是特约经销商（4S店）

在数种购车途径中，最主要的，是特约经销商（4S店）。汽车厂家的车，基本上都是首先卖给他们，再由其零售。除了特约经销商，还有各种规模的汽车市场，这种综合性的大卖场，由于更加灵活，故同样比较普遍。在地级市以下地区，能见到许多小规模的零售店，尽管有些店家也是单一品牌，但他们并非4S店，仅以销售为主，保养与维修能力或者比较弱，或者根本没有。网络销售，也是汽车销售的途径之一，但目前处于鱼龙混杂的局面，购买需谨慎。

车价为何会有浮动？

一款新车上市时，厂家公布的价格，叫厂商指导价。但在零售环节，该价格可能会有变化。比如，供大于求时，商家就会打折促销；供不应求时，商家就会要求消费者加价提车。

在一年当中，价格浮动有何规律，消费者何时买车最划算？事实上，车价的浮动，取决于销售情况，而不是季节。比如，到了年底，经销商如果压力大，有可能加大优惠幅度。但如果人家已经完成当年销售任务，就没必要继续优惠。

落地价如何算？

在口头话中，有两个词：裸车价与包牌价（落地价）。因为买车后，还有缴纳车辆购置税与车船使用税、购买强制险及商业保险、上牌照等一系列花费。在这些花费中，延续数年始终未变的，是办理上牌时，支付给车管所的125元。

通常来说，根据店家有无附加条件，裸车价乘以1.12，就是最终的落地价。

作者体会

上牌照本身，是一件很简单的事儿，只要手续齐全，一会儿工夫就能全办好。但商家毕竟得盈利，有时在车价上给与了优惠，通过代办上牌，挣点儿服务费，无可厚非。何况，有人不喜欢自己跑腿，愿意花钱找人代办。

2.3 熟悉车辆——关键时刻很有用

买车之后，首先应该熟悉它，比如如何保养，仪表盘上的标志是什么意思，保险丝在哪儿，拖车钩怎么装，轮胎如何换等。市区驾驶，这些问题没弄明白，问题不大，花钱请救援就是了。身处郊外，能够掌握一些基本技能，不仅是为了省钱，更主要的，是为了别把自己晒在那儿。

如何保养——以本车保养手册为准

时常看到有人在网上问：某某车机油多久换一次？某某车火花塞什么时候换？

事实上，这些问题，根本没必要四处打探。买车时，随车会有一本保养手册，凡是需要定期更换的项目，都以表格的形式，清晰地写在手册里。作为车主，遵照执行即可。

通常来说，需要定期更换的项目是机油、机油滤清器、燃油滤清器、空气滤芯（以上简称三滤）、空调滤芯、火花塞、变速器润滑油、制动液、冷却液、正时皮带。不过，有些发动机使用正时链条，这种犹如自行车链条一样的金属制品，多数情况下无需更换。

更换的期限，通常会有里程与时间两种。比如，要求每隔5000公里或半年更换一次机油与机油滤清器，以先到者为准。也就是说，半年之后，即使还没开到5000公里，也得更换机油和机油滤清器。

对于没有做出明确要求的项目，则不必理会。在这方面，最好养成看文字的习惯，而不是听谁说。绝大多数情况下，厂家制定的保养内容，已经经过周全考虑，没必要因为某个人的口头建议，便缩短保养间隔。无论怎么说，厂家也比店家更了解这款车。

仪表盘上的图标是什么意思——看说明书

除了保养手册，购车时，还会有一本使用说明书。购车之后，至少应该翻看一遍，不一定背下来，起码有个印象。此外，说明书应该放在车内而不是放在家里，以便随时查阅。

仪表盘上的图标，主要有三种颜色。

● 红色——警告灯。

看到红色图标，仍然不理不睬的话，没准儿就能造成一定的不良后果。比如，机油压力警告灯点亮，说明发动机润滑油已经少得可怜，再不停车的话，发动机恐怕就要送去大修了。当然，凡事都不是绝对的。比如，冷却液警告灯点亮，有可能只是轻微亏欠，如果路况好，继续行驶问题不大，前提是水温表指示值没有上升。

● 黄色——提示灯。

当某个系统有故障时，它会点亮，通常可以继续行驶，但应尽快找地方检修。比如，气囊异常、刹车防抱死（ABS）异常、电子防盗异常、发动机工作状态异常、尾气排放异常等，都会点亮黄灯提示。

● 绿色——指示灯。

当转向灯、大灯、雾灯等开启后，仪表盘上会显示绿色图标。

如何更换灯泡——看说明书

与汽车大灯相比，小灯损坏的概率可能要高一些。比如示宽灯、转向灯、制动灯、倒车灯。它们用的都是12伏的小灯泡（部分车型为LED光源），多数都是5瓦。这种小灯泡很便宜，有“单丝平脚”与“双丝高低脚”之分，根据本车情况，买上一盒备用，足够了。

至于更换方式，在说明书里通常有介绍，有的说明书还有详细的图解。

如何更换备胎——看说明书

在日常使用中，备胎经常被忽视。但在自驾游时，应该明确地知道本车备胎存放位置、拿取方式、千斤顶使用方式、拆卸轮胎方式。这几条，在随车说明书里都有详细图解，翻开看看，就能知晓。如果能在出发前，实际动手操练一下，是最靠谱的。

轮胎的寿命不低于六年，备胎由于存放环境较好，橡胶老化速度低于使用胎。但很难明确它的具体寿命。至多是每次例行保养时，顺便检查一下备胎的气压。

如何检查保险丝——看说明书

某个电器突然停止工作，比如车灯、雨刮器、电子扇、音响、喇叭，很可能是这一路的保险丝熔断所致。汽车的许多电器，都单走一个保险丝，保险丝通常布置在两个地方，第一是面对发动机舱的右侧，蓄电池旁边的黑色塑料盒内，第二是方向盘的左下方。部分车型在盒盖背面印有电路图，告诉您每个保险丝的作用。此外，盒里通常会有几个备用品，如果某个保险丝熔断，用备用品更换即可。需要注意的是，每种保险丝的电流值不一样，用颜色区分，原来是哪一种，更换时必须同色。如果换上新的保险丝依然熔断，说明电路有故障，只能请修理人员检查。

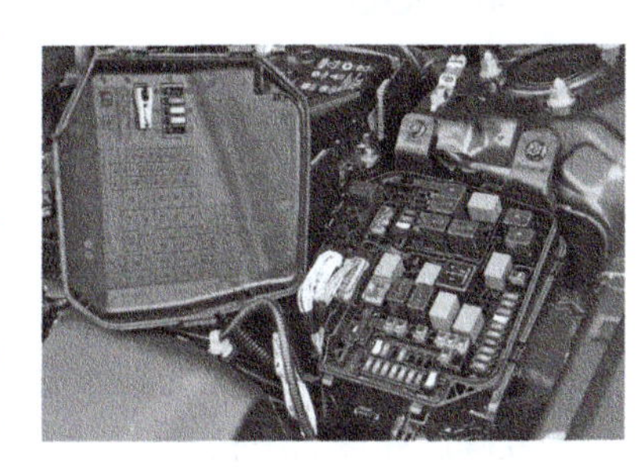

保险丝与继电器位置

参考实例

在川藏公路上，曾遇到一位车主，站在路边请求援助。原来，他的车水温持续升高，但冷却液不亏，不知何故。我停车帮他看，发现电子扇不转——散热效果随之下降。打开保险盒，看到电子扇的保险丝已经熔断，换上新的保险丝，问题便解决了。

拖车工具在何处——看说明书

多数汽车的前后都有拖车装置。拖钩主要有两种，其一是固定式（固定在底盘处），其二是活动式。活动式的拖钩放在后备厢内，用时安装，拖钩的螺纹通常是反扣，需逆时针旋拧，才能把它拧进去。

拖车有两种工具：拖车绳与拖车杠。相对而言，拖车杠更为安全，即便后车无刹车也能拖带。不过，拖车杠体积大、分量重，多数私家车车主不会购买这样的装备，至多准备一根轻便的拖车绳。使用拖车绳时，最好从车内取出一个脚垫，搭在拖车绳中部。这是应对拖车绳断裂、反弹伤人的有效措施。

拖车钩通常与备胎、千斤顶、轮胎扳手等，放置在一起

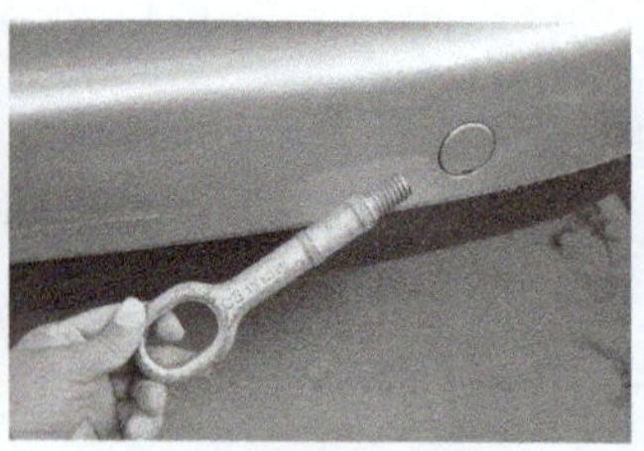

多数汽车的前、后保险杠处，都会有个小盖子，打开它，就能装上拖车钩

拖车钩的螺纹，通常是反扣，需逆时针旋拧，才能把它装进去

拖车时，前车需缓慢起步，让绳索慢慢绷直，再逐渐加油。行驶过程中务必保持匀速。油门不稳，意味着车速不稳，车速不稳，就会导致拖车绳会一会儿松弛、一会儿紧绷，很容易断裂。

只要不是正时皮带断裂或发动机进水，后车驾驶者应上电、挂挡，让发动机处于被动运转状态，从而使刹车助力及转向助力处于工作状态。如果拖带自动挡车，首先要确认变速器没有故障，润滑油不亏，且不能长时间拖带。拖车时，前后车都要开启双闪灯。

何时更换雨刷片——视情况而定

每种车更换雨刮片的方式不一样，在随车说明书中，对本车的具体更换方式有详细的图解。有的车是抬起、旋转90°，便能将雨刮片取下；有的车则是直接插拔；还有一些车，雨刮器收回在机舱盖下，需要在熄火后拨动一下雨刮器操作杆，雨刮器就会升起，便于拆装。

更换频率方面，没有具体要求，根据使用情况而定。当风挡玻璃刮得不干净时，就该更换了。

左侧为新片，右侧是已经磨得很薄的旧片

何时更换刹车片——取决于踩刹车的频率

刹车片的更换频率，取决于路况和驾驶技术。经常跑长途，刹车片就会很省，驾驶技术好，刹车片也会很省。可以做到10万公里甚至20万公里才更换一次刹车片。反过来，经常在拥堵路况下驾驶，刹车片就会比较费，驾驶技术不好，一脚油门一脚刹车，刹车片会更费。没准儿才开了2万公里，就得换刹车片了。

由于刹车片的更换并无一定之规，可以在例行保养时，顺便看看刹车片的磨损程度，当发现已经磨得很薄时（约

2毫米），就应更换了。更换应该是左右车轮同时换，前后车轮则没必要同时换。

何时更换轮胎——观察胎侧与胎冠

与刹车片一样，轮胎同样没有固定更换里程或时间，什么时候换，以磨损程度而定。第一，胎冠花纹间有个小方块，它就是磨损标志，当它的高度与花纹高度很接近时，就意味着该换胎了。第二，胎侧如果有裂纹，也应该更换，以防万一。

有位车主用车很少，到了第九年，才跑了不足5万公里。从胎冠看，距离磨损标志还很远，可从胎侧看，已出现很多裂纹，为了安全，这样的轮胎自然不应该继续使用。

轮胎是个比较耐用的部件。在我接触的范围内，一条轮胎用上六七年、行驶超过10万公里，不是什么新鲜事儿。

轮胎花纹间，有个小方块，它是磨损标志

当磨损标志与花纹基本平齐时，就该更换新胎了

何时更换蓄电池——毫无规律可言

一般来说，原车的蓄电池非常耐用，通常可以用上五六年。但如果频繁启动，每次启动后都是短距离行驶，或者停车后还长时间开着冷气及大灯，就有可能缩短蓄电池寿命。有人买车才两年多，蓄电池就没电了，没准儿就是这类原因。

如果启动发动机时，感觉起动机运转不如往日那么干脆利索，很可能是蓄电池的电量太低，快要更换了。如果正值打算外出自驾游，出于保险起见，最好提前更换，以免把自己搁在半路。如果近期没有出游打算，不妨先用着，到了无法启动那一天，在线下单，人家就会按照约定时间，带着新蓄电池上门更换。

是否需要增加保养——没必要

每逢节假日，在媒体上总能看到一些文章，建议车主出游前，把车送到4S店仔细检查一遍，以防不测。归来后，再去一趟4S店，彻底检查一遍，有利于养护汽车。

我认为，大可不必。

只要您的车按保养手册的要求，定期保养，就完全没必要为了一次自驾游，单独增加保养。汽车没那么娇贵，它原本就是个奔跑的机器。

发动机能连续转多久——很久

在网上见到很多次提问：我想开车出去玩，一天开800公里的话，发动机受得了吗?

事实上，只要散热与润滑没问题，发动机就能一直连续运转。它不像人，跑一段还得休息一会儿。一位测试工程师告诉我，试验台上的发动机，连续运转N多小时，一点儿事儿都没有。我本人也经历过很多次长时间连续行驶，时间最长的一次，是从北京到川西，历经26个小时，除加油外没熄火。

出租车行业当中，经常是两个司机轮流跑，歇人不歇车，发动机每天从早到晚转个不停，更是鲜活的例子。

长途自驾游是否很毁车——不必多虑

有人认为，自驾游跑趟西藏，车的磨损很严重，更有甚者，认为跑这么一圈之后，车基本就废了。

很显然，这是没去过西藏的人的想象。

无论是川藏公路、青藏公路，还是新藏公路，都是与您家门口一样的柏油路。当地人天天驾车来回跑都没事儿，怎么您跑一趟，车就废了?

至于爬山，也不是西藏的专利，全国许多地方都有山，就连北京，都有一段很崎岖的霞云岭公路。刚才说了，汽车是个奔跑的机器，让它马不停蹄地行驶，比经常停放、偶尔用一用更好。

频繁短距离行驶的车，车况不一定好，因为发动机磨损最严重的阶段，是刚启动时的冷车阶段。出租车跑百万公里都能安然无恙，就是因为它不停地跑，始终是热车。所以，长途自驾游不仅不会毁车，反而要比平时上下班那种短距离行驶，对发动机更有利。

2.4 驾驶基础——获得安全的前提

对于这个题目，有人可能不屑一顾。但据我观察，没能很好遵守最基本的驾驶要领的人，并不罕见。有人在选车时非常注重安全。事实上，安全，不仅在于车辆，更在于驾驶。

开阔视野——将驾驶席尽量升高，让整个头部，高出方向盘

如果您注意观察，不难发现，有些身材并不高的人，也经常把座椅调到最低，导致双眼所处位置，仅仅略高于方向盘。从外面看过去，犹如无人驾驶。

绝大多数汽车的驾驶席，高低都是可调的。一味把座椅降到最低，导致驾驶视野不够开阔，对安全显然是不利的。

驾驶视野与安全行车，有着直接的关系。在驾驶中，除了前面，还应该随时观察自己的左、右、后，座椅调得太低，就会影响视野。比如，一位身高1.65米的驾驶者，坐在轿车、MPV、SUV当中，由于座椅高低的不同，视野差异会很大（表2-15）。

表2-15　轿车、MPV、SUV视野对比　　单位：毫米

项目	奔驰C级	途安	昂科威
座椅最低时头部空间	160	220	200
座椅最高时头部空间	100	150	110
座椅最低时视线高于方向盘	40	50	30
座椅最高时视线高于方向盘	120	130	130
座椅最高时眼部距地面	1100	1300	1350

从这些数据可以看出，对于身材较矮的人来说，座椅调到最低位置，眼睛仅仅高过方向盘30 ~ 50毫米，视野实在太狭窄，很难在第一时间敏锐地观察到前后左右的情况。

如果身高在1.75米左右，根据上述测试，视线会高出方向盘80 ~ 110毫米，视野稍微好一些，但完全可以做到更好——把座椅调到最高点。因为，即使升到最高，头部距离车顶仍有50 ~ 100毫米。也就是说，对于轿车来说，驾驶席升到最

高，头部也还有三指宽的富裕空间，至于MPV（途安）以及SUV（昂科威），头部富裕空间就更多了。

有人担心，座椅升得太高，头顶距车顶太近，会不会不安全？我认为这种担忧没必要。开车首先得系安全带，人员与座位连为一体，遇到坑洼，有些颠簸，人与座位同步上下，碰头的可能性不大。至于特别剧烈的颠簸，恐怕只有越野时才会遇到，且车速都会比较低。

安全驾驶的基础之一是观察，早一两秒发现危险，也许就能化险为夷。不止一位历经车祸的人，都将责任归结于事发突然。其实，仔细且全方位地观察，往往就能消除相当一部分“突然”。观察必须有良好的视野。为了安全，还是尽可能把座椅升高一些吧。我认为，对于多数车型来说，身高在1.7米左右的人，都应该把座椅升得比较高或升至最高点。

将座椅调整到一个合适的高度，以整个头部高出方向盘为宜

前后调节——双臂伸直，以手腕刚好搭在方向盘上缘为准

有人喜欢把座椅尽量往前移，身体与方向盘太近，给旁人的感觉是抱着方向盘开车。其实，这种做法很不安全。身体距方向盘太近，手臂的活动空间就会受限，打轮动作受阻。

双臂往前伸直，手腕刚好搭在方向盘上缘

有人走向另一个极端。喜欢把座椅尽量往后，以宽松的姿态驾车。而身体距方向盘太远，会影响打轮速度与幅度，从而降低操控的敏捷性。此外，踩刹车的动作也会受到影响。

驾驶者距方向盘最合理的距离，是双臂往前伸直，以手腕刚好搭在方向盘上缘为准。这个距离，不仅有利于灵活地掌握方向盘，同时有助于踩油门与踩刹车。

双手握方向盘——左右手分别握在3点钟与9点钟的位置上

双手握方向盘，是安全驾驶最基本的要领。只有这样，才能让施加在方向盘上的力量最均衡，无论往左还是往右打轮，都能很好地控制汽车。尤其是遇到突发事件时，比如前轮爆胎，采取这样的驾驶方式，能尽最大可能避免汽车失控。

左右手分别握在3点钟与9点钟的位置上

全神贯注——一心无法二用，稍一走神，没准儿就会酿成大祸

驾驶时必须全神贯注，绝不能走神儿。比如看手机、点烟、聊天，哪怕只耽误了1秒，也会影响到驾驶安全。假设时速只有60公里，1秒就能行驶16.67米。如果走神了1秒，采取措施的距离就缩短16.67米。成功避开与不幸相撞，也许就在这16.67米。

正当我写到这一段时，看到一则新闻报道：一位驾驶者在行驶过程中，居然低头捡拾掉在地板上的东西。等到捡完东西再抬头，发现车辆已经跑偏，冲着路旁的行人冲了过去。结果是，无辜的行人不幸遇难，驾驶者赔款+入狱。

眼观六路——驾驶时，必须随时全方位观察

在驾驶过程中，不能只看前方。要利用车上的三个后视镜，随时掌握左、右及车后的状况。只有时时保持对周围的交通状况了如指掌，才能确保真正的安全驾驶。有人特别担心突然窜出自行车或行人。事实上，除了个别情况，多数交通意外都是有先兆的，就看您能不能及早发现了。

后视镜的角度

有文章介绍，后视镜的调整，应该是本车车体占四分之一。我认为，如果这样做，后视镜里的视野就会被压缩，不如把镜片尽量往外调，让车体仅仅位于镜片的边缘。因为，通过后视镜需要了解的，主要是身后的情况，视野越大越好。

后视镜视野越大越好

后视镜里的盲区

任何后视镜都会有盲区。为了避免盲区导致事故。建议往左变更车道时，身体略微前倾，如果后视镜盲区里有车辆，通过这个方法就能观察到。

把身体略微前倾，就能发现，实际有辆车

A柱往往会阻碍视线

左转弯时，A柱往往会阻碍视线，最好在即将左转时，通过左侧车窗观察自己的左侧及左前方。

右转弯的观察

右转弯时，一是看车外后视镜，二是看车内后视镜，两者均未观察到后方有车驶近，才能打轮右转。如遇情况复杂路段，甚至应该转身回头观察，才更周全（有些国家将这一条列入必须事项）。

深色太阳膜对安全不利

有人怕晒，左右车窗均贴有太阳膜，如果是深色膜，每遇外界光线较暗时，观察视线受阻，于安全不利，此时，最好降下车窗。毕竟安全才是最重要的。

深色膜让观察视线受阻时，最好降下车窗

变道别害人——变更车道前，必须先开转向灯

任何一辆车侧后方45°左右，都会有盲区。不开转向灯就贸然打轮变更车道，显然是不安全的。为了自己的安全，也为了别伤害他人，变更车道前，至少两次观察后视镜，同时开启转向灯，闪三下之后，再缓慢打轮。

越来越多的汽车，将转向灯设计成拨一下操作杆，自动闪三下，就是这个道理。

切勿疲劳驾驶——注意力下降往往是祸端的诱因

每个人的精力不一样，能够持续驾驶的时间各不相同，究竟何时会疲劳，很难一概而论。只能依靠自我感觉。当感到有些疲乏，就应尽快停车休息。因为，人在疲劳状态下，注意力和反应速度都会下降，如果恰遇意外，没准儿就会发生事故。

绝不能猛打方向盘——遇紧急情况，应该踩死刹车，而不是猛打方向盘

前车急刹车、前方突然出现人或物体，有人便不假思索地猛打方向盘，试图躲避。而这样做的后果，很可能是失控。

每当遇到前方有突发状况，首先必须踩刹车。如果事态紧急，就用全身最大力量踩。所谓最大力量，第一是将右腿伸直，第二是上半身微微抬起往前压，从而使右腿有更大的力量。即使您的车时速高达100公里，急刹到静止状态，仅仅需要40米左右的距离即可，这个过程耗时极短。

踩死刹车之后，如果需要，观察一下后视镜，确认相邻车道无车，且自己的车速已经降低到一定程度，才能打轮躲避。

紧急状态下打轮技巧——“推”比较安全

车速较高时如果必须打轮，请切记要“推”，而不要“拽”。比如，高车速状态下往左变更车道，应该用右手“推”方向盘，而不要用左手“拽”方向盘。右手“推”方向盘之后，左手跟着往回“推”，让前轮回正。因为，“推”的力量较小，不容易导致汽车失控。“拽”的力量较大，掌控不好，很容易导致打轮过量，汽车因此失控。

方向有延迟——打轮与回轮的技巧

上段内容中谈到，在车速较高的状态下，要用“推”轮的动作，一只手“推”

轮之后，另一只手跟着往回“推”。也就是说，“推”轮必须是连续的。请记住，打轮动作与汽车实际反应之间，存在时间差。打轮必须有个提前量。就拿转弯来说，如果转弯已经完毕，车头已经对准新的行驶方向，您才开始回轮，那就晚了。还得左右修正，才能让车保持正确方向。

事实上，无论高速还是低速，哪怕是停车场内比走路还慢的蠕动，只要是转弯，回轮都应该有个提前量，才能让行车轨迹漂亮、顺畅。

眼看去路——过弯驾驶要领

不仅回轮需要掌握恰到好处的提前量，目光也是如此。每当快速过弯，尤其是狭窄路况中的弯道，您的眼睛应该注视着即将要前往的那条弯道，而不是眼前的直道。当然，前提是已经确保有足够安全的空间。

驾车时如果只看眼前，不懂得让目光有个提前量，一方面不安全，另一方面行车轨迹僵硬，影响车速。

转弯前先开转向灯，再看后视镜，安全后才能转弯。转弯时，首先观察前方路况，然后将目光投向即将前往的地方

学会看后视镜——判断与后车的距离

后车处于车内后视镜的不同位置，说明了它与您的远近。

后车位于车内后视镜中间位置，表示它距离您比较远。只要前、后车的速度大体一致，前车没减速，变更车道很安全。在高速公路上，如果车速较快，变更车道时，应该首先确保后车位于您的车内后视镜中间位置。

高速路上变更车道时，应确保后车位于车内后视镜中间位置

后车位于车内后视镜的边缘，此时它与您的距离有所缩短，大概在10米左右，约为两个车身长度。在普通公路上行驶时，只要没减速，这个距离可以安全地变更车道。

在普通路上行驶，只要没减速，后车位于车内后视镜边缘，可以保证安全变更车道

后车在车内后视镜里只有一部分车身，说明它距离您非常近，大概只有一两米的间距。如此短的距离，通常只有在市区拥堵道路上，前、后车的速度都比较慢，才能安全地变更车道。在普通公路及高速公路上，这么短的距离最好不要贸然打轮变道。

后车在车内后视镜里只有一部分车身，变更车道不安全，除非是拥堵路段

任何汽车的后视镜都有盲区。变更车道前，应多观察几次。如果只是草草看一眼，就立刻打轮变道，运气不好的话，没准儿就会出事故。

当前、后车处于某一角度时，前车后视镜里，根本看不见后车

超车后何时往回打轮——看被超车辆前轮

超车后，驶回原车道，应以不影响被超车辆正常行驶为准。最安全的做法是，超车后，右侧外后视镜中可以看见被超车辆的两个前轮，才能打轮驶回原车道。

超车后，外后视镜中能够看到被超车辆的两个前轮，才能往回变更车道

如果刚刚超完车，才看见被超车辆的一个前轮，就打轮变更车道，虽然由于车速快，多数情况下不会剐蹭，但也是很不安全的举动。

超车后，外后视镜中只能看到被超车辆的一个前轮，变更车道不安全

如果在高速公路上，应等到被超车辆出现在车内后视镜中间位置，再往回变更车道，才是最安全的。

转向不足——抬起油门

汽车失控最常见的两种情况：第一是转向不足；第二是转向过度。

转向不足：特指汽车没能沿路过弯，而是依旧往前冲，有冲出路面的趋势。出现转向不足的原因，通常是进入弯道的速度太快。相对来说，前驱车更容易出现转向不足。纠正转向不足很容易，只要抬起油门，让车速下降，很快就能夺回控制权，重新掌控车辆。

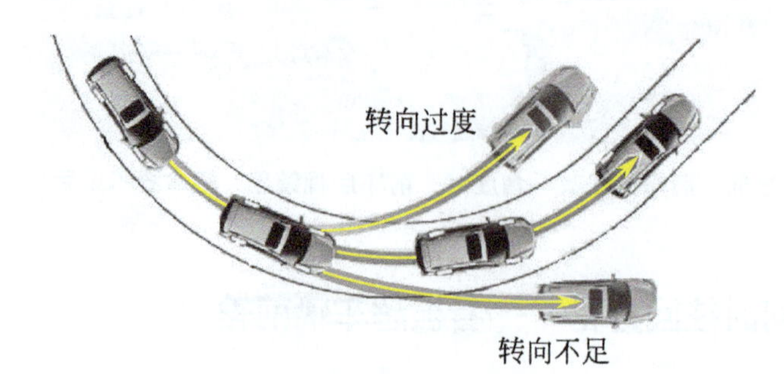

转向不足与转向过渡

如何避免转向不足?

当直道即将结束时，减速，让车以适宜的速度入弯，就不会出现转向不足。如果入弯前没减速，进入弯道后意识到车速太快，才慌忙踩刹车的话，结果往往会很糟，甚至有可能失控。当然，每种车能以多大的速度过弯，无法一概而论。它取决于车身重心、轮胎等诸多因素。假设其他因素一致，轿车过弯速度往往大于SUV，因为后者重心高。

如果想快速过弯，操作方法是入弯前减速，弯中加速。尤其是手动挡前驱车，入弯后，大概在弯道中心，降至2挡，大脚给油，车子能以很漂亮的姿态，急速过弯。

转向过度——打反轮、抬油门

或湿滑路面、或打轮过猛，就有可能出现转向过度，也就是俗称的甩尾。相对来说，后驱车比较容易出现转向过度。

在路上，转向过度往往意味着要出事儿。此时，立刻打反轮——车头往左，您就往右打轮，同时抬油门，让车速下降。如果速度不高，打一次反轮就够了。如果速度高，第一次打反轮之后，车尾会甩向另一侧，此时您也要随之第二次打反轮。“抢”几把轮之后，就能将车控制住。

整个过程，充其量是几秒的事儿，务必记住：速度大时，先别踩刹车；打轮幅度取决于车身漂移幅度；抢轮时要干脆利索，打轮动作慢，就会“抢”不过来，甚至起反作用。

打反轮是个技术活儿，首先需要沉稳的心态，其次是良好的车感与娴熟的技术。如果条件允许，最好能进行一些训练，遇到意外才不会惊慌失措。

2.5 不同路况——驾驶应有对策

驾驶最基本的一条，是精力集中。您必须全神贯注地注视着前面。有人说不敢把车开得太快，怕突然出现意外停不住。事实上，这种说法并非绝对正确，因为它与观察是否仔细有很大关系。有一部分意外，其实是有先兆的，比如前面有个骑车人，不远处左侧有个路口，此时您要格外注意骑车人的举动，因为他很可能突然拐弯。

驾驶技术的高与低，不在于能把车开多快，而在于对路况的判断。如果只按眼前的情况驾驶，将永远处于被动；如果能按几秒之后将要出现的状况去驾驶，就占据主动了。

我的父亲是一位汽车工程师，在我小的时候，他就告诉我，要学会在瞬间判断路上的任何一种情况。我按家父的话去做了，效果显著。在拥挤的公路上，我可以比别人先一脚踩刹车，先一脚踩油门。事实证明，准确地判断对于提高驾驶技术，相当有用。

现将几种不同状态下的驾驶要领，以及车灯使用须知，汇总如下。

高速公路驾驶要领

进入高速路——赶紧提速

刚进入高速公路时，切勿直接往内侧并线。进入高速公路时，通常都会有条较长的匝道，它的作用之一是提速。在这条匝道上，要深踩油门，以最短时间把车速提高到与主路车速基本吻合的程度，就能很轻松地汇入主路。

事实上，无论哪种路，只要车流密集，变更车道时，不应该减速，而是加速。这跟进入高速公路立即提速，是一个道理。

驶离高速路——提前并线

出口标识

高速公路上的出口标识，是2000米（2km）、1000米（1km）、500米（500m）。看到距出口还有2000米的标识时，开启转向灯，逐渐向右变更车道，确保距出口500米时，已经行驶在最外侧车道里。进入服务区，也应采用相同的驾驶方式。

切忌：忘记提前变更车道，已经来到出口处，便不顾一切地打轮往外变更车道，这是极为愚蠢的举动，千万别做。如果忘记提前变道，已经来到出口处，宁愿继续往前，从下一个出口掉头回来，也别在出口处强行往外并线或者停车犹豫。至于沿应急车道倒车往回退，更不可取。

行驶——不要随意变更车道

每当遇到前车减速，您的第一反应是随之减速，而不应该立刻打轮变更车道。如果前车减速幅度很大，意味着前方有可能出现了意外，此时您应一边踩刹车，一边赶紧按下危险报警闪光灯（俗称双闪灯），以警示后车，防止追尾。

减速过程中，如果能够确认后方无车，再开启转向灯，变更车道。

● 一定要双手握方向盘。或许您认为这样做比较辛苦，但为了安全，只能如此。因为，一旦遇到爆胎、积水等意外，双手握方向盘，可以最大限度地保持平稳，避免跑偏。

● 随时注意观察路上的标识。高速公路的标识非常完善。方向、距离等各种信息，经常会有提示。通过它们，驾驶者可以做到心中有数。

● 每次变更车道，务必观察两次以上后视镜，确认安全，再开启转向灯，闪三下后，缓慢打轮。如果车辆较多，只要您没减速，右侧外后视镜能看到后车的两个前轮，便可开启转向灯，然后打轮变道。也就是说，在拥挤状态下，变更车道不应减速，而是加速。只有加速，变道才会比较容易。

● 超车后，被超车辆出现在车内后视镜中间位置时，再开启右转向灯，往回变道。除非前方有障碍，否则不要刚刚超车，就立即打轮往回变道，打轮太早，很可能会把对方吓一跳。

● 确保与前车的有足够的安全距离。如果前车出现意外，您有足够的反应时间。安全距离的长度，通常以时速而定。比如，时速100公里时，安全距离不应低于100米。

● 如果出现意外，比如发动机熄火、轮胎漏气甚至爆胎，利用汽车惯性，将车靠边，停在应急车道里。除非万不得已，千万别在高速公路上停车。请牢记，在高速公路上就地停车，基本上等同于“自杀+杀人”。

将车靠边停下后，关电，开启双闪灯，将三角警示牌放在车后150米处（在雨雪雾等天气中，需放置在车后200米处）。随后，人员翻过护栏，撤到路肩以外地区。

● 每当快要超越右侧车道里的车辆时（尤其是快要超越大货车时），看一下后视镜，如果有车快速逼近，最好抬油门、留出空间让其超越（或者提速，将“缺口”堵住）。

● 我国高速公路上的车速探头，密度逐年递增，区间测速也越来越多。长途自驾游时，切记控制好车速。

充分利用行车辅助功能

长途自驾游，最好开启车道保持功能。这项功能起到很好的辅助作用。万一走神，车辆跑偏，它能自动将车控制在本车道。

在车辆密度不算大的情况下，开启自适应巡航，也是一个很有效的安全辅助措施。尤其是夜间，它的雷达功能，有时会胜过肉眼观察。事实上，即使只有普通的巡航定速，在长途自驾游时，也比一直踩着油门节省体力。

正是因为车道保持与自适应巡航的辅助作用很显著，如果经常长途自驾游，购车时，就应该将其列入考虑范围。

服务区

● 高速公路上，每隔30 ~ 70公里，会有一个服务区，小型服务区有卫生间、商店和加油站，大型服务区还会有餐厅、旅馆和维修站。沿高速公路自驾游时，每隔一段时间进服务区休息一下，很有必要。

● 多数情况下，刚刚驶入服务区，右侧是维修区。车辆有问题，比如需要补胎，在这里通常都能解决。继续往里走，是小车停车区与加油站。

● 服务区的餐厅，通常会提供自助餐与快餐。比较常见的价格是，早餐自助餐15元/人，正餐自助餐30元/人，快餐15～30元/份。城市人群更易接受的餐饮服务，比如麦当劳、肯德基、星巴克等，在我国的服务区很少见，纵观全国，只有极少数的服务区里有。

● 部分服务区设有旅馆，比较常见的价格是每晚120元/双人标准间，房间设施与经济型连锁饭店很相似。

● 车子空间大的话，将车停在服务区里，在车内睡觉是个很好的选择。冬季出行应该备有睡袋，夏季出行应该备有纱窗。

● 有人担心在服务区过夜，下高速时，会因超时而多交钱。我不知道高速公路管理部门是否真有这样的规定，起码在过去20多年中，我本人在服务区睡过N多次，最长的一次，在服务区睡了8小时，也没遇到所谓的“超时”。

● 节假日期间，服务区可能会非常拥挤。遇此情况，如果需要加油、用餐、去洗手间，不如在前方出口下高速。通常来说，出口附近，上述需求很容易解决，比在服务区排大队省时。

普通公路驾驶要领

● 留意突发状况——普通公路会经过许多村镇与小路口，每当此时，需加倍小心突然窜出的车或行人。

● 留意靠边停车——您前面的车如果靠边停下，超越它时需小心，防止那辆车的车头处，突然窜出一位要过马路的行人。尤其是公交车，这类情况比较常见。

● 留意左侧路口——每当前方左侧出现路口，而右侧慢行道上有拖拉机、农用车时，您就要提防它有可能突然左转。

● 留意限速——即使在荒郊野外，普通公路的限速也会比较低，只能耐着性子慢慢走。

● 留意罚款——公路上经常出现速度很慢的拖拉机与农用车，不超越的话，长时间跟着比较难受；超越的话，弄不好就会被警察拦下处罚。

● 留意行人——普通公路会穿越许多村、镇、城，这些地方的交通秩序往往比较混乱，驾驶经过时，需要特别谨慎，遇事尽量忍让。

山区公路驾驶要领

● 一定要行驶在自己的车道里。山区普通公路会有许多弯道，在过弯时，应始终走在自己的车道里。这一点看似简单，可确有不少人，在弯道中，自觉不自觉地侵入对向车道。此举十分危险。

路面有中心线的话，不管对面是否有车驶来，都应该规规矩矩行驶在己方车道里。即使路面没有中心线，也应该尽可能贴着路右侧过弯，以防对面突然有车冒出。

不要占两条车道，应始终行驶在自己的车道中

● 上坡乏力时，不妨降挡。长途自驾游，多数都是满载。重车上坡时，如果有乏力之感，适当降挡。即使是自动挡车型，也可以人为干预，降低挡位，从而提高发动机转速。只要转速上来了，比如从每分钟2500转升到了每分钟3500转，立刻就会感觉有劲儿了。

● 连续下坡，适当利用发动机制动。对于手动挡车型来说，无论上坡还是下坡，都可以根据实际情况，选择最佳的挡位。对于自动挡车型来说，长距离连续下坡，有可能会闻到烧煳的味道，虽说并无大碍，但出于安全考虑，最好手动降挡，利用发动机制动的效果，取代部分甚至全部踩刹车的动作。

● 遇到慢车，保持平常心，如果前方没有足够长的直道，切不可轻举妄动，强行超车。事实上，长途公路上的一些职业大货车司机，往往更有素质，当他们发现身后有小车时，只要具备超车条件，用不着小车催促，就会主动靠边并开启右转向灯，示意小车超车。

● 遇到弯道，提前减速。关于这一点，越是所谓的“好车”，越要更加谨慎。因为“好车”提速快、噪声低，很容易让驾驶者忽略速度，以高速进入弯道。但基本的物理原理，不会因为“好车”而改变，该失控还得失控。

● 狭窄路面的连续弯道，第一是尽可能靠边，第二是临近弯道时鸣笛，第三是关闭音响，以免听不到对向来车的鸣笛声。

● 在狭窄路面上，对向有车驶来，第一反应是迅速判断什么地方略宽一些，并将车停在那里，等待对方，以便安全会车。如果不管不顾，鲁莽地继续往前，很容易陷入困境。

游客为了拍照，把车停在弯道处，给过往车辆带来不便

● 山区路停车，一定要寻找直道，并紧贴路肩。弯道处及弯道的前后，都不要停车，以免发生事故。大概在10多年前，北京至承德的国道上，一位货车司机，就因为这样停车，被后面来车当场撞死。

城镇道路驾驶要领

● 自驾游过程中，会经过诸多城镇。对于大中型城市来说，如果没有游览计划，尽可能别进入市区，因为那样做会浪费许多时间，沿环城公路擦边而过更好。即使住宿，也应在城市边缘寻找适宜的旅馆。

● 如果打算进入市区游览，比如杭州、南京、成都、重庆、广州、北京之类的城市，最好的办法是把车停在旅馆，乘地铁出门，无论经济方面还是时间方面，都比自驾车划算。

● 开启导航。如今智能导航功能较全，应充分利用。事实上，即使是熟悉的地方，开启导航，也能对安全起到辅助作用。

● 谨慎驾驶。某些城镇交通秩序欠佳，对于自驾游游客来说，初来乍到，难免有些生疏，更要加倍小心，谨慎驾驶。

● 起步慢半拍。遇红灯在路口停车时，如果左右两侧有较为高大的车辆，比如公交车等，起步时千万不要太迅速，最稳妥的办法是保持与旁车同步，驶过路口之后再加速。因为，没准儿会有行人或骑车人，抢在变灯前最后一刻跑过来。而身旁的大车，会阻挡住您的视线。如果恰好遇到，您这边起步太快，一冒头，很容易撞上行人或骑车人。

● 切勿随意打轮。每当遇到前车忽然减速或踩刹车，切勿盲目打轮、试图超越前车。因为，前车的减速，很可能是由于行人、骑车人等导致，后车如果贸然打轮强行，极有可能发生交通事故。

● 遇到窄路提前停车。在狭窄路段，对面有车驶来，应寻找较宽之处迅速停车。冒冒失失地驾车继续往前走，直到两车会面，然后千方百计地往边儿上靠，不仅会浪费许多时间，还有可能谁也过不去。

● 遇到大型车变更车道，下意识地立即躲闪或踩刹车，不见得就是正确的。比如，当您行驶在内侧车道，右前方有公交车出站——多数情况下，人家只是驶入道路外侧车道而已。在这种情况下，观察它的前轮角度，而不是车身，是以最快速度获悉对方行驶意图的有效办法。

右侧有辆大客车“压”了过来，似乎快要蹭上了，但从前轮角度就能知道它的下一步动向，所以无需害怕

湿滑路面驾驶要领

在湿滑路况中，有可能出现侧滑，驾驶技术不娴熟的话，弄不好就会失控。解决这个问题，有两个办法：第一是选一辆主动安全技术比较全面的汽车，让系统辅助您，尽可能避免失控；第二是努力提高自己的驾驶技术。

● 什么样路属于湿滑？雨天、雪天、结冰、砂石、泥泞，都属于湿滑路况。在这些路面上，轮胎与地面的摩擦力（俗称抓地力）会下降，当四个车轮的转速不一致时，没准儿就会失控。

● 主动安全技术越全越好、版本越高越好。已经成为我国汽车标准配置的刹车防抱死系统（ABS），其作用相当于昔日老司机们在湿滑路面上的“点刹车”，防止车辆侧滑。如今，有越来越多的车辆，装备了车身稳定控制系统，这种装置能衍生出许多功能，目的只有一个，都是为了保持车辆的稳定性。

● 做到“轻”与“柔”。打轮要轻，别猛打，以防跑偏。踩油门要柔，一点一点地加油，加油太快，容易出现打滑。比如在冰雪路面上，只有轻轻给油，才能让车子缓缓起步，如果给油大了，车轮就会空转。事实上，有些自动挡车型的雪地驾驶模式，也是这个道理。

● 顺着滑动方向打反轮。如果出现轻微侧滑，适当地轻微地打轮修正，足以把问题解决。打轮方向与车头侧滑方向相反。也就是说，感觉车头有往右去的苗头，就略微往左“修轮”。

不良天气驾驶要领

在不良天气中，雨、雪、冰等，已在湿滑路况中谈过，此处单纯指的是雾天。雾天视线不佳，正确做法是降低车速，开启车灯，紧盯着前车的尾灯，并保持合适的距离。此时所开的车灯，特指雾灯、小灯。在大雾天气里，开启远光灯是错误的，浓雾犹如屏幕，把强光反射回来，反而什么也看不清。

雾、雨、雪、沙尘、冰雹等低能见度情况下，在高速公路行驶时的开灯规定如下。

● 能见度小于200米时，开启雾灯、近光灯、示廓灯和前后位灯，时速不得超过60公里，与同车道前车保持100米以上的距离。

● 能见度小于100米时，开启雾灯、近光灯、示廓灯、前后位灯和危险报警闪光灯，时速不得超过40公里，与同车道前车保持50米以上的距离。

● 能见度小于50米时，开启雾灯、近光灯、示廓灯、前后位灯和危险报警闪光灯，时速不得超过20公里，并从最近出口尽快驶离高速公路。

夜间驾驶要领

● 提前开灯。每当天色变暗，就应开启车灯，起码是小灯。因为车灯的作用不仅是照明，同时还有告知的效果。

● 及时关灯。夜间如果开启了远光灯，对面有车驶来，应及时改成近光灯。高速公路的上下行车道之间，通常会有栏板，将对向来车的光拦截住。普通公路大都不具备如此完善的设置。故夜间行车，尤其在狭窄公路上夜间行车，应尽早关闭远光灯。

● 紧盯着自己的右侧。如果对面灯光刺眼，建议您紧盯自己的右前方。在车灯照射下，以路肩为准（如果靠近路肩的地方画着白线，就更容易观察了），把稳方向。这样，即使在窄路上且对方没有关闭远光灯，也能实现安全会车。

● 除非不得已，尽可能不要在夜间行驶。毕竟夜间视线较差，出于安全考虑，最好避开。

参考实例

一次，在国道上夜间行车，迎面驶来一辆大货车。快要会车时，我隐约发现它的车厢体型似乎特别大，于是往右靠了靠。会车瞬间，才清楚地看到，它满载着树木，车尾处的枝条向外探出一米多。幸亏提前避让，否则我的车身将被狠狠地抽打。

汽车灯光使用要领

车灯不仅起到照明作用，同时还能起到警示作用。为了自己的安全，同时也为了不要威胁到他人，需合理使用车灯。

● 拂晓时分、黄昏时分、白天进入地下车库、白天进入隧道，这四种情况需开启车灯。

● 转弯、起步、靠边停车、变更车道，首先开启转向灯，至少闪三下后再打轮。

- 不是雾天，不要开后雾灯。
- 会车时，尽早关闭远光灯。

越野路段驾驶要领

绝大多数人的自驾游，是不会遇到“真越野”路段的。充其量有一段砂石路或土路，虽然不如柏油路平坦，有些颠簸，但起码还是路，与“真越野”——完全没有路，需要自己想办法开路，不可相提并论。

在砂石路或土路上，需要注意的是湿滑，控制好车速即可。在“真越野”的环境中，不仅需要车的性能，同时需要人的素质。前者主要指的是车辆通过性与适宜的轮胎，后者包括但不限于人的技术、经验、耐力、胆识、体魄。有时候，人比车更重要。

坡度基本知识——大多数人都会出错

野外驾驶，经常遇到爬坡。由于生理等原因，许多人面对坡度，会产生错觉，会把18° 的坡当成30° 。

汽车的爬坡性能无明确要求，但多数民用小车的爬坡能力是30%。注意汽车爬坡能力不用角度计量，而是指道路纵向坡度是斜坡起止点的高度差与水平距离的比值。比如，坡度30%，意思是说往前行驶100米，高度上升30米。坡度与角度的对比见表2-16。

表2-16　坡度与角度的对比

坡度	角度	坡度	角度
8.7%	5°	57.7%	30°
17.6%	10°	70.0%	35°
26.8%	15°	83.9%	40°
36.4%	20°	100%	45°
46.6%	25°		

按照国家标准，高速公路最大纵向坡度是5%，一级公路最大纵向坡度是6%，四级公路最大纵向坡度是9%。截止到目前，我听说过的全世界最陡的铺装路纵向坡度是35%（新西兰）。

公路在弯道处，通常会陡一些。假设弯道处的坡度增加至3倍，对于四级公路而言，也不过27%，还没到小汽车30%的爬坡性能限值。何况，这个30%指的是满载状态下。

根据我个人的测试，许多两驱SUV都能爬上46%的铺装坡，部分城市型四驱

SUV还能爬上57.7%的非铺装坡，有的甚至能在坡上起步。

参考实例

我再一次自驾车前往珠峰大本营时，特意带上测量仪，从而得知较陡的路段坡度在12%左右。要知道，任何一辆小轿车的爬坡能力都能达到30%。即使把动力下降的因素考虑进去，也还是绰绰有余的。

珠峰虽高，但前往珠峰大本营的公路已经全面重筑，昔日的陡坡彻底消失

上坡要领——慢慢“拱”

分时四驱的车型，面对陡坡，提前挂四驱，稳住油门，走直线，慢慢往上“拱”。这是比较安全的上坡方式。

前驱车在坡道中，因为后轮负荷较大，导致前轮与地面摩擦力下降，有可能会出现爬坡失败的情况。对于驾驶技术精湛的人来说，此时可以挂倒挡，用倒车的形式爬坡——变成后驱车。

有人喜欢用冲坡的方式，不是不可以，但前提必须是探明路况，特别是坡后的情况。也就是说，在特别陡的坡前，最好能事先查看一遍，制定行车路线，才算得上稳妥。

在非铺装坡道上，只要坡度大于57%（约30°），坡中停车再起步往往是比较困难的。除非四驱性能较好，地面干燥且坚硬。

越野经验之一：爬坡失败怎么办？

用最大力气踩住刹车，确保不溜车。

挂倒挡，松刹车，稳住方向盘，让车子直线倒车，退回到坡底。

坡上倒车的要点是保持直线，一旦跑偏，后果难以预料。

越野经验之二：坡上倒车时车子自行跑偏怎么办？

在野外的陡坡倒车，时常会出现车身不受控制地偏移——驾驶者明明没打轮，可车却自己慢慢横了过来，极为危险。当然，出现这种危险状况，主要是非铺装路面，如果是铺装路面，很少出现，除非有冰雪。

车身为何会自行偏移呢？陡坡倒车，后轮负荷大，前轮负荷小。而此时驾驶者一定会用力踩刹车。刹车制动力分配是前大后小。也就是说，此时前轮处于负荷小+制动力大的情况，故非常容易抱死。一旦抱死，就有可能导致车身跑偏。

知道原因，就能找到解决方案。解决方案有两个。

第一是靠点刹车，恢复对方向的控制。但这一条说着容易，做起来有些难，主要是心理障碍太大。从前风挡看出去，只有蓝天，身体大幅度后仰，绝大多数人会死死踩住刹车，不敢松脚。

第二是靠手刹控制。手刹作用于后轮，拉手刹意味可以单独对后轮施加制动——在倒车时，后轮相当于前轮，因而可以避免车轮抱死的情况出现。

根据我的个人经验，在野外陡坡倒车，最佳办法是在手刹控制下，慢慢往后退。如果坡太陡手刹刹不住，可适当辅助脚刹，但需掌握踩刹车的力度，不要用力过大。

当然，在不太陡的坡上，比如36.4%（20°）左右的坡，这样做还比较容易。坡度很陡时，首先需要克服的是心理障碍。

参考实例

北京以北、河北省境内，临近坝上的地方，有个好汉坡，很受越野爱好者的青睐。有一次，一位驾驶者爬坡途中，不知什么原因停车了，由于无法再次起步，故开始倒车，看样子是要退回到坡底。但在倒车时，汽车出现偏移，最终失控下坠。下坠过程中，两人跳车，其中一人遇难。

面对这起事故，人们猜测驾驶者为什么要在倒车时打轮，因为打轮是导致事态扩大的主因。据我判断，驾驶者当时很可能根本没打轮，车身偏移的原因，就是上面所说的，刹车制动力分配前大后小，倒车时，前轮由于负荷小且制动力大，非常容易抱死，一旦抱死，就有可能导致车身跑偏。

或许有人会质疑，刹车防抱死哪去了？车身稳定控制哪去了？事实上，任何电子辅助装置，都有一定的作用范围，超出范围，无论多高级的车，也无济于事。

下坡——充分利用发动机制动

相对于上坡，下坡比较简单，只需踩住刹车，把握住方向即可。为了提高安全系数，将挡位设置在一挡或低速挡，靠发动机的制动作用，吸收一部分能量。

特别陡的下坡，比如坡度大于57%（约30°），最好事先查看路况，根据路况制定行车路线，做到心中有数。下陡坡时应该走直线，坡上打轮是很危险的事儿。

部分车型具备陡坡缓降功能，如果有，应该加以利用。

涉水与沙地——紧过沙子慢过水

遇到沙地，比较简单的办法是加速，只要达到一定速度，即使沙子很松软，汽车靠惯性也能冲过去。当然，此举只适用于偶尔遇到的沙地。如果特意进入沙漠，

稳住油门，涉水并不困难

就应该事先准备好相应的轮胎。

如果沙地面积较大，还没冲完，汽车速度就已经越来越慢，最终彻底停住了，可以通过适当放气，加大轮胎触地面积的办法，让车子重新走起来。前提是要有气泵，以便脱困之后，重新打气。此外，放气得悠着点儿，放得太多，轮胎没准儿就会从轮圈上脱落。

与“冲沙地”相反，过水是越慢越好。遇水塘，自然是能绕就绕。遇河流，通常无法绕，只能涉水。比较稳妥的办法，是先徒步走一遍，探明水底情况，制定一条最安全的行车路线。一般来说，只要是鹅卵石之类的河床，就能把车开过去。如果是泥沙，最好别轻举妄动，不妨换个地方过河。

进气管没有经过改造的车辆，涉水深度大致在一个车轮左右。因为越野车进气口距地面为900 ~ 1000毫米。也就是说，当水淹没车轮时，意味着已经逼近进气口，故此时需稳住油门，以特别缓慢的车速，驶过河去。如果车速不稳，没准儿就会导致涉水失败。

水中熄火，请立即关闭电门，采用拖车的方式，将其营救上岸。然后检查进气管、空滤等，再拆下火花塞进行检查，之后才能再次启动，没有经过上述检查就直接启动，往往会造成事态扩大。

陷车——先升车，再铺路

在泥泞、冰雪、沙地中陷车，切勿加大油门，试图一跃而出的愿望是好的，但基本上不可能实现。绝大多数情况下，加大油门只能适得其反，越陷越深。

在湿滑地形中，如果感觉车速降低，往往是陷车的前兆。此时，不妨选择停车、挂倒挡，原路退回。通常情况下，这是简单、有效的解决办法。

如果发生轻微陷车且无法起步，不妨左右打轮，没准儿轮胎能在某个角度得到足够的摩擦力。但记住，加油一定要特别柔和，因为此时轮胎与地面摩擦力特别低，油门大了，轮胎就会打滑空转，故让扭矩越小越好。某些越野车有“蠕动”功能，基本原理也是如此。

泥泞中陷车，先升车，再铺路

在单车情况下，如果彻底陷住、动弹不得，唯一的解决办法是升车+铺路。第一步，依靠木板与卧式千斤顶、充气千斤顶等装备，将车身升起；第二步，用石块、树枝、杂草等物品，铺设一条道路。

参考实例

2002年7月6日，我们一行两车四人，历经1000多公里的无人区穿越，来到纳木措，此处距109国道很近。此次羌塘之旅，即将结束。晚上，在湖边扎营，同行者木头回首无人区，满脸眷恋：竟然这么顺，连车都没陷过，就走完了？

次日，拔营离开湖边，向远处大山驶去，翻过山，就是109国道上的当雄。

没开多远，发现地面上的车辙，有直行和左转两条（如今已经有公路了），停车观察，发现直行才是上山的方向，于是直行而去。后来得知，这是一次误判。这一错误导致我们要在此地耽搁整整一天，但也给这次自驾游带来了有趣的回忆。

往前走，泥塘开始增多。也没多想，挂上四驱继续走。过了一会儿，完全走不动。下车一看，四个车轮已经陷入泥塘。

陷车了

木头的车在后面，赶紧用对讲机叫他停车。几个人试着推了推，无效。木头为了提高效率，回去开车，试图拖车。但开到距离我陷车100米的地方，也陷住了。

随后的几个小时，我们动用了各式救援工具——充气千斤顶、手扳葫芦、沙锚。两个充气千斤顶开始很不错，但就是无法持久，反复试，终于有一次，突然爆开；自制的沙锚无论插在哪儿都不结实，套上手扳葫芦拉，车一点儿没动，沙锚倒是被拉了出来。

想了想，只能用普通千斤顶顶起车轮；在车轮下垫起石头；用小石头铺出一条路。

这个工作需要足够的耐心。此时车底盘基本与地面贴合，千斤顶不可能像正常情况下那样，放在底盘下顶起车体，而是需要先用几块宽大的木板做地基，然后用千斤顶顶住轮圈外缘，小心翼翼地往上升。每升起一点儿，就得迅速把一块块小石头塞进车轮下面。重复很多次，车轮才能慢慢恢复到正常高度。

那几块木板是出发时从垃圾站捡来的。与那些“高、大、上”的户外装备相比，它们显得极为简陋。但此时，它们比任何户外装备都要管用。

铺路也是一项很不容易的工作，大量的小石头得去四处寻找，然后用脸盆、塑料袋等运输工具，一点一点把它们运到“施工现场”，用锤子把它们夯实。那一天，我们每个人都感觉，把这辈子的石头都拣完了。

下午5点多，木头的车率先脱困。开到距我车30米的地方，试图拖，但他的车轮始终打滑，我的车纹丝不动。改用葫芦，我的车依旧不动，他的车反倒是在移动。

只好回到老办法，继续用石头拯救汽车。四个人一起动手，效率提高，晚上7点半时，我的车终于也开出了泥塘。此时开始下雨，我们很幸运——要是陷车时下雨，要是陷车的附近没有大量石头，结果恐怕会更糟。

我们不止一次地听说，有人在这一带，陷车数日。

翻过一个海拔5000多米的垭口，再往前，看见一片辉煌的灯火，那是当雄。这是我们一个月前离开拉萨以后，见到的最辉煌的灯火。这灯火放在东部，也就是个小村子，但此时我们感觉这灯火简直可以跟节日的长安街媲美。我们十分激动，加大油门，向着辉煌驶去。此时，电闪雷鸣，大雨倾盆如注，高速旋转的车轮压到一个个水坑，水花四溅，很有气势。我从反光镜里注视着身后黑黝黝的念青唐古拉山，心中默念：下回见，羌塘。

航迹记录与目标设定

在野外，遇复杂地形时，开启GPS的航迹记录功能，能防止迷失方向，清楚地知道自己身在何处。特别是遇到障碍、难以确定行驶方向时，能根据来时的航迹，原路退回，重新制定行驶路线。

越野过程中，无论手机导航、还是车载导航，全部形同虚设。最有效的手段是，出发前，确定目的地坐标，并输入GPS。在行驶过程中，随时确保车头方向，对准预设好的坐标即可。

参考实例

2012年，在藏西北，我从尼玛驾车前往双湖，走到一半，天黑了，但因时间所限，不得不继续行驶。这段路是自然路，GPS上的双湖坐标，是我决定驾驶方向的唯一依据。途中，在一次渡河过程中，因躲避石头，数次转弯，结果找不到河对岸了，最终是依靠手持GPS里的航迹记录，原路退回，重新渡河。

如果没有事先做标定，没有记录航迹，我是不可能连夜把车开到双湖的。

2.6 适当练习——驾驶技术比车更重要

我曾参与过一个驾驶体验营的活动，其中有个特别简单的体验项目——在直道上，把油门一脚踩到底，将时速提高到100公里，然后一脚急刹车。这个项目的初衷，是让来宾感受一下该车的性能。然而，令我们大吃一惊的是，那天来了几十人，多数没能按要求完成，而他们全部拥有私家车，驾龄都在5年以上。

日常生活中驾驶技术差一些，问题不是很严重。但对于自驾游来说，驾驶技术太差，不仅对自己不利，同时也可能给他人带来威胁。所以，自驾游的前提，是拥有不错的驾驶技术。

什么样的驾驶技术，才算得上“不错”呢?

第一是车感，第二是预判。

所谓车感，指的是对车的感觉。坐在驾驶席上，脑海中有一副清晰的本车立体图，准确地知道车的四角位置、速度与姿态，知道自己与周边环境的关系。

所谓预判，指的是驾驶要有预见性。能够预知几秒后将要面临的情况。并根据预判结果，决定自己的驾驶行为，或加速、或减速。

如果您希望自己拥有这些技能，不妨按照如下建议，进行五个科目的训练。

对速度的认知

高速公路上，左车道有许多小车，右车道有辆较慢的大车，有人为了快一些，走右车道逼近大车，在最后一刻往左变线。这种行为，首先需要对三方车速有精准把握。如果不具备这种本领，就会出现这样的情景：一脚油门冲到前面，却发现间距不够，想往回变线，已经没那么容易了，结果是反而更慢，还不如踏踏实实跟着走。

小时候，每天晚饭后，跟着父亲出去散步，后边传来汽车声响，他便让我根据声音判断汽车离我还有多远。当汽车驶过后，恰好对面有车驶来，又让我判断它俩将在哪个位置会车。

儿时的训练，使我对速度有着准确判断。为日后的驾驶，奠定了良好基础。

建议您，也有意识地对自己进行一些这方面的训练。比如坐车时，心里不断计算着与对向来车在哪一点会车。

有了这方面的训练，便可以不用低头看仪表盘，不用背诵90° 弯道时速60公里，180° 弯道时速40公里之类的条文了，全凭感觉，通过感觉就能知道自己的速度是多少，知道这样的速度能不能安全驶过前面的弯道。

对车体的认知

在比较窄的路上，时常看到有车行驶在正中，压着线不说，会车时还得减速。而事实上，它的右侧离路肩至少还有两米以上的距离。也就是说，它完全可以走在自己的车道里，根本用不着把半个车身侵入对向车道。

这种现象的出现，源于对车体没有清楚的认知，不知道本车的车身究竟在何处。通过一些场地训练，或许就能解决这个问题。

如何知道自己的左右

像靠边停车那样，把车靠近路肩，停稳。从前风挡望出去，观察眼前的路肩，处于哪个位置。通常来说，它会位于前风挡的正中间，大概是中控台的位置。车感不好的人，在窄路上，总是不敢贴着右侧行驶，生怕撞上路肩。每当对面来车，就会很麻烦。可实际上，即使眼前的路肩已经处于前风挡中间位置，您的右侧还是有一些空间，并不会撞到路肩。

与右侧路肩的位置关系

再找个不碍事且有标线的地方，把车靠左沿线停稳（别在路上这么做，逆向停车是违法行为），观察标线在前风挡的位置。车感不好的人，通常也拿不准左侧的剩余空间。即使路肩已经处于仪表盘的边缘，车辆与左侧路肩仍然有一点儿距离。

与左侧路肩的位置关系

在上述两个训练中，您会发现，无论左侧还是右侧，它的实际空间，都比想象的要大。有了这样的认知，再遇到很窄的路，心里就有底了。既不会过分偏向右侧、也不会过分偏向左侧，而是把车恰到好处地控制在车道居中位置。

居中行驶时情况

如何知道自己的前后

有人抱怨看不到车头，无法准确把握前部的剩余空间，比如跟车遇到红灯，究竟何时停车才合适。对于车感差的人，初期可以用一些笨办法——看不到前车车轮时、看不到前车保险杠时，但这些办法不一定准。

更靠谱的办法，是建立感觉。凭着感觉，就能准确地了解自己的位置，从而解决这个问题。随便找个物体，比如一堵墙、一辆车、一棵树，在旁人的帮助下，驾车朝该物体驶去，当车前剩余空间非常小时，才停车。反复练习，直到不用旁人照看，自己就能一下子把车停在非常近的地方。下一步，把车倒过来，用倒挡重复上述动作，锻炼对车尾的感觉。

加速与制动的训练

如果能找到一个大空场儿，不妨训练一下加速与刹车。练习的方式很简单，首先要确保直线行驶，不要转动方向盘，然后一脚油门到底，让车持续加速，把时速加到100公里左右，踩刹车，最好用最大力量踩，让车在最短的距离内停住。可以循序渐进，比如一开始只加速到时速30公里或40公里，然后踩刹车。

这种训练带有风险。务必以安全为重。

让驾驶者敢于在安全的前提下，在最短时间内，把车速提起来，在日常驾驶中其实很有用。比如，进入主路时，都有一段加速车道，只有把车速升到一定水平，与主路内车辆的速度基本一致，往里变更车道才安全，也容易。打算变更车道时，如果车速较低，您会发现，身旁的车飞梭式地掠过，根本找不到空隙变更车道。所以，变更车道不是减速，而是加速。

制动也是如此。驾驶技术不佳的人，对踩刹车踏板的力度与制动距离毫无概念，以至于离红灯还有百余米，便一直踩着刹车。如果进行一番踩刹车的练习，就能大致了解用最大力气踩刹车踏板，汽车制动距离是多少。

窄路驾驶训练

如果能找到一个合适的场地，不妨进行一下窄路驾驶训练。进行此类训练，需要有二三十个桩桶，桩桶在网上可以买到。比较矮的桩桶，高度300毫米，大概5～8元/个，450毫米高的桩桶约15元/个，还有更高的，比如700毫米，但比较贵。

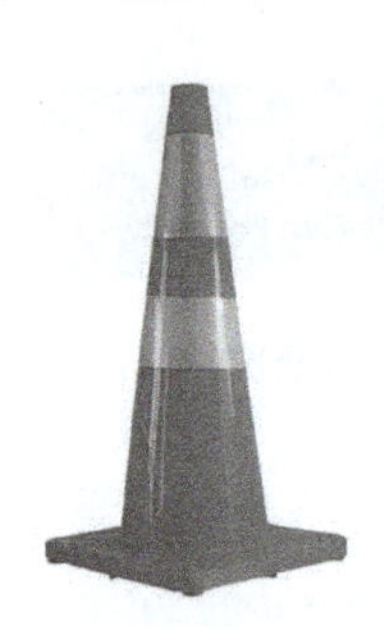

桩桶

还有个土办法，攒二三十个大可乐瓶或矿泉水瓶，每个瓶里灌半瓶水，优点是不花钱，缺点是太矮。不过，通过一番锻炼，在如此矮的标志面前，都能顺畅驾驶的话，那将是一件非常值得喝彩的事儿。

练习的方式有三种。

直线窄路——目的在于培养车辆运动时的感觉

每隔5米，放一个桩桶，两两相对，靠它们形成一条“车道”，宽度以自己车辆宽度+1米为准。也就是说，车的左右两边，各有50厘米的空间。

驾驶车辆行驶在这条“车道”里。一开始，可能车速较低，熟练之后，逐渐加速，如果能以较高车速从远处进入这条“车道”，并能在“车道”里轻松驾驶，证明您的驾驶技术已经上了一个台阶。

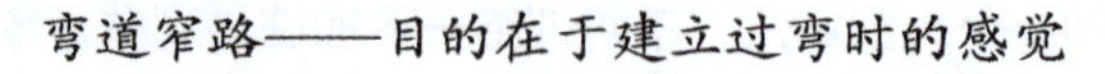

弯道窄路——目的在于建立过弯时的感觉

上述驾驶动作没问题了，将直线车道改成一个转弯。然后进行狭窄路段的转弯训练。驾驶技术较差的人，面对这种情况，往往会出现这样的错误：车头刚刚进入弯道，便立刻打轮，从而导致车身中部无法驶过弯道。

正确的做法是，车头进入弯道，稍微等待一下，当驾驶者所处位置也来到弯道，再打轮——推迟打轮时间，留出车身驶过弯道的空间。

车感训练之一：窄路驾驶

在狭窄的弯道中，推迟打轮，有人会害怕，生怕车头出现剐蹭。其实，这就是训练科目二中的训练内容——当您脑海中有一副清晰的本车立体图，准确了解车的四角位置，就不会有这种担忧了。

事实上，无论是窄路还是宽路，转弯时，如果有良好的弯道感觉，刚进弯，脑海中就会出现一条行驶路线，根据这条路线，在最适宜的时刻，将方向盘转到最适宜的角度，车子就会按照设想的路线，走出一个完美的弧线。没有这种意识的人，会一边转弯，一边修正，左右转动方向盘，来回找正，车的行驶轨迹会很难看。

车感训练之二：窄路转弯

绕桩驾驶——目的在于熟练操控方向盘

每个桩桶间隔18米，一字排开，根据场地长度，摆上四五个或六七个。然后驾车进行绕桩驾驶训练。一开始车速会很低，大概只有时速20公里，反复练习，就能逐渐将车速提高。当能以娴熟的动作十分流畅地完成，且车速能达到时速40公里或50公里时，就相当不错了。汽车媒体的专业试驾人员，通常能以60公里的时速绕桩。

但是，绕桩驾驶训练需要有个很开阔的场地，恐怕不容易寻找。如果能找到一个比较小的场地，不妨将桩桶的间距缩短为10米，用缓慢的车速练习，也能达到熟练操车的目的。

车感训练之三：打轮训练

湿滑路况驾驶训练

如果能找到一块合适的场地，比如沙土地、冰雪地，不妨训练一下自己在湿滑路况下的操车本领。具体内容是，当汽车出现侧滑时，驾驶者通过打反轮的方式，确保汽车依旧在自己的掌控中。

训练方式一：走直线，当车速达到时速20公里或30公里时，收油门的同时打轮，此时车会进入侧滑状态。车头如果往左偏，就往右打轮，同时加油，让车辆恢复直线行驶状态。如果地面特别湿滑，车身侧滑幅度会很大，需连续打轮，并恰到好处地加油，才能消除侧滑，恢复直线行驶。在旁观者看来，这个画面也许很刺激，犹如电影里的漂移过弯。

训练方式二：地面湿滑程度不够，20 ~ 30公里的时速，难以让车进入侧滑状态，提高车速的话，场地又不允许。此时，不妨采用拉手刹＋打轮的方式，单独给后轮施加制动，从而让车进入侧滑状态，同样可以达到训练目的。

训练的方式还有很多，仅仅通过上述几个简单方式，就能让您的驾驶技术，升华到一个新层面。

当我写到这里时，有些矛盾。因为我知道，有太多人注重汽车性能，忽视驾驶技术。写这么多驾驶练习的建议文字，能有多少人认同？但是，多年来的亲身经历告诉我，某些时候，驾驶技术的重要性，胜过汽车性能。许多人缺乏良好的车感、准确的路感。如果您打算自驾游，就应该适当练习一下，提高驾驶技术。不仅是为了来去顺利，更是为了安全。

参考实例

20世纪90年代后期，桑塔纳、捷达、富康等轿车逐渐走进普通人家时，我与数位车主结伴，从北京前往坝上草原。过怀柔区雁栖湖，沿公路进山，接下来的近百公里路程，始终以盘山公路为主。队伍中，只有我开的是2020S，车速较慢。众人打趣道：你慢慢开，咱们晚上在度假村见。

结果却是，我们同时抵达。如果不是因为路窄，我甚至可以超车，比他们先到。原因很简单，在平地上，2020S无论如何也追不上轿车，但在盘山公路上，主要靠驾驶技术。

作者体会

越野不仅需要越野车，更需要的是越野技术。有时候，越野技术比车更重要。千万不要以为买了辆越野车，就可以成为越野高手了。更不要以为，只要有辆性能一流的越野车，就能想去哪里便去哪里了。

在《荒野求生》节目里，贝尔凭着一把小刀和一块打火石，就能在许多荒无人烟的地方生存。小刀和打火石很容易买到，也很便宜，可是有多少人能像贝尔那样在荒野中求生呢?

2.7 心平气和——保证安全的基础

有人在选车时，很注重安全。可实际上，安全不仅与车辆的设计、性能、配置有关，更与驾驶有关。后者主要指的是驾驶技术、驾驶方式与驾驶心态。关于驾驶技术，之前已经讲过，下面讲的是驾驶方式与驾驶心态。

驾驶方式

确保自己遵守法律

各国、各地区对于驾驶的要求没什么不同，就连交通标志也是大同小异。以我个人感受而言，只要在国内一直保持着良好的驾驶习惯，在任何一个国家或地区驾车，都是轻而易举的事情。

良好的驾驶习惯，其实就四条：按交通标志驾驶；遵守路权与优先权；遇到行人主动礼让；懂得排队。您可能发现，这几条，归纳在一起，核心就是遵守法律与规则。也就是说，安全驾驶的前提，是守规矩。

交通法规里有这么一条，遇车道减少时，车辆应该左右各一、顺序而行。在我自驾游去过的国家里，全都是这么做的。以堵车著称的泰国曼谷，车辆虽多，但堵不“死”，耐心等会儿，也就过去了。不愿意遵守规则，能抢就抢，这种习惯往往会造成更大的拥堵。

按交通标志驾驶，不要按经验行事，不要想当然

我家附近，原本有个十字路口，带红绿灯的那种。有段时间，因为施工，红绿灯停用，路口中央围挡起来，四个方向竖起环岛标志。可总有些驾驶者，按经验行事，不注意看交通标志，从而把车驶入逆行，造成拥堵。

在任何一个国家或地区自驾游，首先要养成看交通标志的习惯，并遵照执行。交通标志怎么指示，您就怎么做，准没错儿。除非现场有警察，出现临时变化。

遵守路权与优先权

这一条在国外自驾游时，必须牢记，尤为重要。所谓路权，就是各行其道，这是最基本的交通要求，比如，机动车走机动车道，行人走人行道。所谓优先权，就是在不同情况下，谁先走、谁后走的具体规定。

对事故责任进行判断时，路权与优先权，便是依据之一。比如，两车在环岛发生剐蹭，进入环岛的车辆，应礼让已在环岛内行驶的车辆，谁在环岛内，谁有优先权。

再比如，某人驾车时，有辆车变更车道，强行挤过来。驾驶者打轮躲避，与相邻车道里的车蹭上了，事故处理负全责。如果驾驶者不动轮，坚持在自己的车道里，如果被变道车辆撞了，则是变道方负全责。在自己的车道里，有优先权，侵入相邻车道，就由受害者变为承担责任者。

据我观察，境外许多地方，对优先权看得很重。只要自己有路权、有优先权，便给足油门，全速行驶。一个朋友，在北京驾车20多年，后来移民走了。在国外考驾照时，一连两次都以失败告终，原因是途经路口，在具备优先权的状态下，按国内习惯，左右张望之后才走车。

我国在路权与优先权方面的规定，与其他国家是一样的。为了安全，要养成路权与优先权的意识。

遇到行人主动礼让

途经人行横道、出入路口与门口、在居住区、学校等处，遇到行人需要减速或停车礼让，是几十年来交通法规从没变过的规定。最近几年，我国南方许多城市，对此进行了重点管理。

懂得排队

行驶中，每当遇到前车减速或停车，有人第一反应，是立即打轮，或从左或从右试图超越。更为安全的做法，是应该先观察一下，如果仅仅是前车的个体行为，且对向无来车，再开启左转向灯，从左侧超越。如果前面排成一字长龙，后车理应依次停车等待，而不应往前冲。

在自驾游中，加塞的车会把路堵住，从而加剧拥堵的状况。加塞是一种陋习，应该学会尊重他人，懂得排队。

以上五条，如果都能做到，前往任何一个国家或地区自驾游，都会很容易融入当地氛围，并保证安全。

驾驶心态

平心静气最安全，欲速不达易误事。

有一次，我沿川藏北线自驾游。当我从类乌齐前往昌都时，中间有座朱古拉山，有些路段特别窄。看到此景，心里嘀咕——如果遇到一个缺乏专业精神的驾驶者，没准儿就会堵在一起。

不幸的是，不愿意发生的事情发生了。两辆货车，试图在一个较窄的路段会车，由于难度较大，耽搁了几乎两个小时。原本路上很清静，可长时间的堵塞，累积了许多车，有些驾驶者按捺不住，强行往前挤，加剧了拥堵。

无论是川藏南线，还是川藏北线，昔日虽然路况很差，但驾驶者多为经验丰富的职业司机，以及训练有素的解放军汽车兵。大家彼此之间虽然素不相识，但很有默契。遇到窄路，内侧一方会提前找个较宽的直道，停车等候，绝不会强行往前挤。再比如，货车司机发现身后来了小车，会替你观察路况，一旦具备超车条件，便立即打右灯、减速让行。希望大家一起重建这样的和谐氛围。

有些人在驾驶时总是表现得很急躁。他们通过不断变更车道，把眼前的车一一超越。如果超车不能立即完成，便会按喇叭、闪大灯。

自驾游遇到这种人，不必放在心上，更不必为此破坏愉快的心情。至于自身，不要有这种习惯。自驾游，尤其是长途自驾游，最要紧的是放平心态。毕竟忙中容易出错。

我曾目睹过一起事故。在沱沱河与昆仑山之间的109国道上，我按照限速标准行驶，两辆越野车从身边一闪而过。正当我疑惑他们为何不怕区间测速，只见前方升起一股烟。随后发现，那两辆车中的一辆，四轮朝天躺在路基下，车身破损严重。驶近后停车询问要不要帮助时得知，前车忽然发现公路上有坑，距离太近，来不及减速就直接打轮躲闪，结果翻车。当时已经临近黄昏，他们恐怕要在此过夜了。因为最近的救援拖车，在格尔木。很显然，这就是典型的欲速不达。自驾游过程中遇到这种事儿，行程彻底中断不说，还会衍生出许多麻烦事儿，并增加许多开销。

还有一位友人，在自驾游时，因途中耽搁，便加大油门，希望尽量快些抵达前面的城市。途经一个村庄的弯道时，在自信加着急的联合作用下，没减速，万万没想到，弯道之后有一辆拖拉机，撞上了车，并伤了人。随后是送医、调解、赔偿。由于意见不统一，拖延了整整三天，闹得心力交瘁。时隔很久，提起此事，还心有余悸。

总之，自驾游是个享受的过程，而不是比赛的过程。心平气和，是获得一个圆满自驾游的基础。请牢记这句话：遇事儿让一让。

参考实例

时常看到有人驾车喜欢风风火火，不顾一切地连续超车，认为这样能节约很多时间。那么，风风火火地驾驶，与四平八稳相比，到底能快多少呢？我在北京二环路上，曾做过一次测试。其中一辆车，采用四平八稳的驾驶方式，从始至终保持在一条车道内，跟着车流走，不超车；另一辆车，采用风风火火的驾驶方式，左右开弓，在不违反交通法规的前提下，以尽可能快的速度往前冲。

测试结果，“风风火火”用了45分钟，围着二环路跑了一圈。而“四平八稳”用了47分钟，回到终点。也就是说，通过不断地急加速、左右并线、连续超车，“风风火火”抢出了2分钟的时间。

事后计算，两车平均时速分别为42公里与44公里。以速度而论，“风风火火”比“四平八稳”时速快了2公里。但在测试中，“风风火火”踩刹车59次，百公里油耗6.6升；“四平八稳”踩刹车43次，百公里油耗5.7升。

风风火火忙了半天，冒着潜在的危险，只比对方提前2分钟到达，为此增加油耗约15%，刹车磨损增加约37%。可见，心急火燎得不偿失，平稳驾驶方为上策。

作者体会

心平气和地驾驶，不仅能提高安全系数，还能降低油耗，节省费用。2015年5月，我驾驶英朗18T车型，在保持匀速的前提下，靠一箱油，就从北京来到辽宁丹东，行驶里程高达830公里，通过加油得知，百公里油耗仅为4.2升。

心存敬畏，不要自我感觉太好

如今，即使在青藏高原，公路状况、后勤保证也都非常不错，再加上现在的汽车品质与性能越来越好，前往青藏高原自驾游，不是什么难事。唯一需要注意的，是人。

有人将驾驶视为家常便饭，甚至一边开车，一边发微信。而这些往往就是事故的起因。

有些人写西藏游记时，动辄用“深入”“征服”等词汇，对此，我不敢苟同。我认为大自然的力量是无穷的，人类迄今为止还不具备真正改变自然的能力。比如登山，即使站在顶峰，充其量是征服了您自己，而不是那座山。在攀爬过程中，大自然随便来点儿颜色，就能把“武装到牙齿”的登山者，彻底打垮。

所以，在自驾游过程中，随时保持敬畏之心，小心翼翼、步步为营，能让自己来去顺利、平平安安，就足够了。

参考实例

2007年，我驾车走川藏南线。翻越剪子湾山，进入理塘高原时，身后传来急促的喇叭声，感觉很奇怪。川藏线上，自有一套行车规矩：当您试图超车，只需打开左转向灯即可，前车驾驶者认为具备超车条件，自然会向右靠，同时开右转向灯示意可以超车；如果前方直道短，前车会开左转向灯，告诉您此时不具备超车条件，后车驾驶者自然会打消念头，老老实实跟着，等待时机。

历史上川藏公路，虽然行车艰难，但驾驶者们彼此相互谦让。有好几次，大货车为了让我超越，不惜在上坡道上靠边停车。要知道，在那种坡道上，重车起步，是何等不容易。

但此时，身后急促的喇叭声，彻底打破了川藏公路固有的祥和之气。当时，前面的直道并不长，按理说，不具备超车条件。但后车催促强烈，我只好减速，尽量往右靠，让它钻过去。

不过，才过了半个多小时，我又一次看到了它——在一个弯道处，估计是没把控好速度，冲出路面，撞在石头上，整个前悬撞了个七零八落。

某年公共假日的第一天，我住在川西一个幽静的藏村里。到了中午，驶来一列车队。从车身上豪迈的标语以及五颜六色的标志，可以看出都是出门自驾游的。经过村庄时，驾驶者们丝毫不顾及这一段是土路，依旧高速行驶，扬起漫天尘土不说，还将喇叭按得震天响，把原本恬静的藏村，搅和得一塌糊涂。好在大部分藏民心态平和，在一片喧闹中，依旧半闭双眼，专心致志地摇着转轮，念着六字真言。

有些人，在旅游中总是忘乎所以，总会自我感觉太好。他们通常会用一种居高临下的视角，看待路途中的一切，并经常施予片面的同情和感慨。事实上，每个地方的人都有自己的生活方式，都有自己的快乐与烦恼。还是应该学着宽容一些、理性一些。此外，忘乎所以，有时会给自己带来不必要的麻烦，甚至对自驾游的行程造成阻碍。

2.8 路况判断——尽可能避开不利局面

路况判断，包括天气、人为、时间三个因素。其中，人为指的是由于施工、集市等造成的拥堵；时间指的是由于流量高峰所造成的拥堵。自驾游是个享受的过程，能躲开的话，尽可能躲避这些不利因素。

天气——忽视天气预报，没准儿就会吃亏

出发前，根据天气预报，对路况进行预判；出发后，每天都应该关注天气预报，如果发现有不妥之处，应该想办法避开。

就拿川藏公路来说，通过不断施工，它已经变成全程柏油路，四川境内的几座高山，多数都打通了隧道。只要没遇到不良天气，只要驾驶技术没问题，驾车沿它从成都到拉萨，易如反掌。可如果遇到连日暴雨，就难说了，运气不好的话，赶上塌方，就得被迫滞留。所以，我每次走318进藏，都选择春、秋两季。相对来说，每年5月和9月，出现不良天气的可能性，低于其他月份。

当我写到这里时，网上有段视频，看样子是一位走在川藏公路上的自驾游游客所拍。由于正值雨季，这位游客似乎遇到塌方，虽然情况不严重，但同样把公路弄得乱七八糟。对于没去过的人来说，看到这段视频，恐怕会对川藏公路产生担忧。可是，如果您看过我在这条公路上的行车视频，就会觉得很轻松，也很简单。事实上，两者之间唯一的差异，是天气。

不仅是长途自驾游，短途自驾游同样需要注重天气。比如，有一年夏季的周末，友人约我次日一起进山，驾车穿越京郊一条很出名的山沟。我看了一下天气预报与卫星云图，得知次日极有可能下雨，便建议友人取消计划。他们没听。结果，遇到一场罕见的暴雨。他们的运气还好，刚进山沟没多远，赶紧后撤。已在山沟深处的游客们，人员虽然反应及时，迅速爬上两侧的山坡避险，可车辆被洪水冲得七零八落，有些车主损失惨重。

还有一次，我借了一辆车，打算前往晋陕大峡谷。出发前夕，天天风和日丽。到了出发当天，上午提车，随后回家吃午饭，午间新闻里忽然播报：未来三天，中西部地区将有一次大范围降雪。赶紧查看云图，发现可能降雪的时间与范围，正好与我的行车路线吻合。于是，立即决定放弃原计划。随后几天的新闻证明，我的决

定是正确的。如果坚持前往，极有可能被困，因为那是一场罕见的大雪，许多地方的公路都中断了。

请记住，无论什么样的车，在大自然面前，都显得很单薄。老天爷随便来点儿颜色，您就是8轮驱动、6.0双涡轮，也无济于事。

人为——施工路段能躲就躲

一些人为因素，与不良天气一样，也会对自驾游构成阻碍，其中最常见的是施工。如果能躲开，最好不要经过施工路段。

出发前，不妨到前往地区的公路局、交管部门网站或公众号查看一下，通常来说，公路局会有施工公告发布，施工范围、施工时间，都会写得清清楚楚；交管部门会有管控措施的信息发布。当看到某条路断路施工的公告，就别贸然前往，在附近寻找替代路线，就能把问题解决；当看到某条路限时通行的公告，就把时间把控好，在放行时间抵达即可。

2002年，我驾车走川藏公路。当时那条公路存在很多不确定因素，网上更是有五花八门的说法。我既没四处打探，也没上网查攻略，而是在出发前，把沿途各地、县、市公路部门与交管部门的网站逐个查看，将所有官方消息进行了汇总，从而掌握了最新的信息。比如，康定往西限时通行、通麦段限时通行等。根据这些消息，我制定了日程表，很顺利地把车开到拉萨。

通常来说，施工路段即使允许通行，也是很烦人的。一路上乱七八糟，到处尘烟滚滚。在这种氛围中驾驶，没有丝毫的乐趣。所以，如果能避开，最好避开。如果只有一条路，无法躲避，唯一的办法就是通过时间差，略微规避一下。比如，2018年我走丙察察线进藏，六库与贡山之间，全线施工，每天白天放行。怒江峡谷里只有这么一条路，没得选。那天晚上，当我抵达六库时，在市区没有停留，直接出城，来到关卡处，睡在车里、等待放行。凌晨4时，管理人员过来敲车窗，说可以走了。因为太早，只有我一辆车，所以走得很顺利。当天下午就来到贡山。而对于绝大多数人来说，能在当天晚上抵达就不错了，运气不好的，甚至还得在中途的福贡住一晚。

时间——尽可能避开流量高峰

假日出游，难免遇到拥堵，从而浪费许多时间。不善于控制心情的人，甚至会变得烦躁不安。自驾游时，第一是尽可能避开流量高峰，第二是不要轻易进入市区。

比如，假日前夜的黄昏时分，往往会特别拥堵；假日第一天早上，尤其是八九点的时候，拥堵会加剧。如果选择早上四五点出发，就会好很多。

再比如，途经各城市，尤其是大中型城市，只要没有游览计划，最好不要进城。有些时候，即便是小型城市，一进一出，也会浪费许多时间。如果需要住宿，最好选择高速出入口附近的饭店。当然，最节约时间的办法，是在高速公路服务区住宿。

如今，智能导航都能提供路况信息，应该充分利用，提前洞悉前方路况，如果发现严重拥堵，理应提前更换路线。

2.9 车辆意外——审时度势想办法

遇到汽车抛锚，千万别急，先自己检查一下，说不定是个很小的故障呢。比如，发动机上的高压线松了，就能导致发动机运转无力或熄火。

即使是大故障，自己难以修理，通过先期检查，大致判断故障所在，拨打救援电话时，也能说清汽车状况，使救援人员能有针对性地做些准备。比如，汽油机运转，需要油路和电路同时工作，这两个部分当中任何一个出问题，供不上油或点不着火，发动机就会熄火。所以，最简单的方法，是首先确认到底是油路问题，还是电路问题。比如，拔下其中一个火花塞上的高压线圈，把它接在备用的火花塞上，负极搭铁，然后启动发动机，如果看到火花塞跳火，证明电路正常，问题出在油路。否则就是电路问题。

打电话求援时，需首先判明自己所处位置，才能让救援人员迅速找到您。用手机发送位置，是最为简单且比较准确的办法。如果因为某种原因，无法用手机发送位置，可以用如下传统手段：正规公路上，每隔1公里就会有个里程碑，通过它们，便能准确定位。有些公路在两个里程碑之间，有9个百米标识。高速公路在两个里程碑之间，有个500米标识。看到它们，在电话里您就可以这样说："我的位置是在国道318线2913公里处"。

公路上的里程碑是最佳定位工具

国道上的里程碑标G，省道标S，县道标X，后面的数字是公路编号。以北京为出发点的国道共11条，从G101到G111。在全国范围内，东西走向的国道是"3"字头，南北走向的国道是"2"字头。

在自驾游中，遇到意外并不可怕。可怕的是心理素质太差。如果具备一定的心理承受能力，有条不紊地处理突发事件，事后，它甚至能成为此行最难忘的回忆，让您津津乐道很久。既要行事谨慎，也不把偶然当必然。

在驾驶过程中可能遇到的情况

出现“燃油不足”的提示怎么办？

燃油存量低于一定限度时，仪表盘里会有提示。看到提示，应尽快寻找加油站。用手机导航寻找，效率非常高，一般都能很快找到。假设没有导航，通常来说，进出县城的公路上、高速公路出入口附近，很可能有加油站。较大的镇里也会有加油站。

出现“燃油不足”提示时：

● 匀速驾驶。把时速保持在80公里或90公里，此时油耗相对较低，可以多行驶一些里程。

● 距离下一服务区还很远，燃油是否够用心里没底时，可以选择最近的出口离开高速。多数情况下，高速出入口附近会有加油站，当然也不是绝对的，最好先用导航查看一下。

● 在人烟稀少地区自驾游，从燃油存量过半开始，就应该打出一倍的富余量。比如，仪表盘显示续航里程还有200公里，您就把它当成还能开100公里。

● 燃油不足提示出现后，还能行驶多远，无法一概而论。如果路况良好。一般还能行驶50公里左右。当燃油表指针指向零，多数车也还能行驶10公里左右，前提是一路顺畅。

参考实例

2018年我独自一人驾车沿219国道从西藏前往新疆。在日土县城加油后，下一个较大的补给点是赛图拉镇（三十里营房）。不过，由于疏忽，忘记加油。后来经过另一个小镇：库地。镇上虽然有加油站，但只供应军队。

只好硬着头皮继续走。接下来翻越阿卡孜达坂，到垭口时，油表已经基本指向零。但随后漫长的下坡救了我，由于下坡油耗极低，使我得以顺利抵达进入平地之后的第一个镇，那里有加油站。也就是说，我靠一箱油，在海拔四五公里的地方，行驶了880多公里。

检查冷却液

出现"冷却液不足"的提示怎么办?

每次更换机油时，应该顺便看一下冷却液是否亏欠，这是件很简单的事情，打开机舱盖，面对机舱左手，会看到一个塑料壶，壶身上有两条标线，壶里装的是冷却液，液面应该在上、下线之间。

注意

如果是热车状态，与冷车相比冷却液的液面会有些变化，这是正常的。

出现"冷却液不足"提示时：

- 停车，不要熄火，首先观察车头部分的地面有无明显滴水痕迹（空调水除外），然后打开机舱盖，观察冷却液储液罐的液面。如果只是少量亏欠，可继续行驶，以中速为宜。根据个人经验，只要没遇到交通拥堵，在这种情况下继续行驶，不会有什么不良后果。但需随时观察水温表，一旦指针上升，就不能继续行驶了。
- 如果水温表指针上升，快要接近红区，需停车，熄火，打开机舱盖散热。待水温下降，打开冷却液储液罐（开启时，先轻微拧开一点儿，确认安全后，再彻底打开），添加随车携带的备用冷却液或蒸馏水。两者皆无，又无法获得，只能添加普通水。此举意味着冷却液有可能会失效，入冬前需检查或更换。
- 如果发现明显滴水现象，说明冷却系统有渗漏，需通过修理才能解决。此时若身在野外，可以采用不断加水的方式，继续行车。
- 刚才说到，冷却液亏损，没有备用冷却液的话，可以添加蒸馏水。根据个人经验，即使添加了500毫升的蒸馏水，冰点也没有受到影响。当然，只要有所添加，入冬前就必须检查一下冰点，以防万一。

参考实例

有一年冬季，我独自驾车去内蒙古，途中出现冷却液报警，打开机舱盖一看，发现散热器下水管破裂，冷却液正在泄漏。用洗车巾+胶带包裹后，泄漏得到抑制，但没能完全制止。于是，开一会儿，看到水温上升，停车加水后再开，直到把车开到一个镇上，找到了修理店。

出现"发电机故障"的提示怎么办?

看到这样的提示（具备电流表的车辆，此时指针会偏向放电一侧），意味着发动机运转所需要的电力，完全来自蓄电池。汽油发动机与柴油发动机不同，柴油机运转时无需电力，而汽油机运转时，点火系统需要耗电。正常情况下，电力来自发电机，发电机出现故障，完全依靠蓄电池供电，虽说也能行驶，但究竟能行驶多远，无法确定，主要取决于蓄电池里面有多少电。如果是白天，不妨关闭空调与音响，将车行驶到下一个城镇，寻找修理厂。如果是夜晚，开启小灯，紧跟着前车，凑合着走。如果是单车，恐怕只能停车露营，待天亮再走。

出现“发动机故障”的提示怎么办?

首先感觉一下油门是否出现变化，比如转速升不上去之类的。然后再看看转速表是否正常，听听发动机声响有没有明显变化，都没事儿的话，最后看看尾气的颜色是否有异常。如果上述几条都没发现有不对劲的地方，接着走车就是了。没准儿一会这个提示就自行消失了。因为，该提示源自发动机的几个传感器。混合气比例因为某种原因，不是特别合适，就会出现这个提示，有可能是进气门比较脏，也有可能积炭多了一些，等等。通常来说，经常短距离、低车速行驶的话，积炭增加速度会快一些。

如果该提示一直存在，应前往4S店或修理厂，通过读码寻找原因。

参考实例

我家有两辆车，一辆主要用于市区，15万公里时开始抖动，甚至熄火。出现发动机故障提示后，送到店里检查，原来节气门太脏，洗了洗，恢复正常。另一辆车主要用于长途自驾游，如今已经12年、22万公里，完好如初。

出现“胎压报警”的提示怎么办?

停车，检查，必要时更换备胎。

如果没发现报警轮胎有明显亏气，不妨用胎压表测量一下，或者逐个踢踢轮胎。四条胎反应一致的话，说明有可能是误报。此时可以继续走车，但需多加留意。

长途自驾游时，轮胎受损并不罕见。好在沿公路行驶，购买轮胎还算方便，但不见得能买到与原车相同品牌、相同花纹的轮胎。需要注意的，是尽可能别买存放太久的轮胎。

轮胎侧面的某个位置，有四位数字，这是轮胎的生产日期。前两位数字代表年度中的第几个星期，后两位数字代表年份。比如“0220”，意思是2020年的第2周生产的，也就是2020年1月生产的。

参考实例

有一次跑西藏，刚过澜沧江，公路上有个小坑，看见时距离太近，对向又有车，无法打轮避让，右前胎被坑沿儿划开一道口子。胎压报警瞬间亮起。那辆车是个小备胎，但无从选择。换上后继续往前，到左贡，在轮胎店买到新胎。更换时，店家告诉我，日前有位车主把四条胎全毁了，只好打电话，他开车先跑去取件，运回来装上新胎，再送回去，着实折腾了一番。

还有一次，沿川藏公路行驶时，遇到一位驾驶者求援。他的车不断出现胎压报警，可目视轮胎，并无明显亏气。我用胎压表帮他把四条胎逐个测量了一遍，发现胎压正常且一致，看来是系统误报警。

出现“ABS故障”的提示怎么办？

以我个人经历而言，每当在冰雪、泥泞中行驶，就有可能出现这个提示，但一般维持时间不会很长，过一会儿就消失了。也就是说，多数都是误报。

即使真的有故障，也不影响行驶，小心一些就是了。毕竟，ABS的作用是刹车防抱死，失去这个作用，意味着踩刹车时，车轮有可能抱死，从而导致方向跑偏、出现侧滑。解决方案是降挡+点刹车：前者靠发动机制动，后者是踩一脚、松一下，直至顺利停车。在使用ABS之前，驾驶者都是这么做的，很有效。

出现“照明灯故障”的提示怎么办？

有的车除了出现这个提示，还会在仪表盘上出现一行字，告诉您是哪个灯坏了，比如小灯、刹车灯。按照提示，更换灯泡即可。

没有具体提示信息，就只能自己观察了。即使是白天，转向灯与刹车灯也必须齐备，才能走车。

出现“机油报警”的提示怎么办？

走在坎坷路面时，如果不小心磕了底盘，请立即下车查看，尤其是要看看油底壳是否损坏，因为那是距离地面最近的地方之一。如果被磕坏，比如出现一条缝隙，机油外渗，可以用肥皂将缝隙堵住。如果堵得及时，机油不会损失太多。启动后，只要机油报警灯没亮，就可以继续行驶。

如果出现机油报警，车内有备用机油的话，必须立即添加，否则绝不能行驶。没有备用机油，则只能想办法去买，或者找救援。只要不是偏远地区，机油还是比较容易买到的。这时候就别讲究品牌与型号了，只要分清楚汽油机机油与柴油机机油，就足够了。曾有一位自驾游游客，因为实在买不到机油，干脆买了一桶食用油，加了进去，居然也顺利地把车开了回去。

参考实例

有一年，在狼牙山附近的一条土路上，因为比较平坦，开得有些快。不幸的是，前方弯道处有块石头，发现时已经无法躲避，冲了过去。此时听到底盘“砰”的一声响。停车检查，发现油底壳被磕坏，机油正在泄漏。由于前方一直是上坡，我迅速掉头，往回开。开了没一会儿，机油报警。停车，把一桶备用机油加入，接着走。走了10多公里，机油再次报警，只得熄火、滑行（此举是危险行为，不应这么做，但在当时条件下，不得已而为之）。

由于是下坡，滑行了数公里，终于来到一个村镇。此时车速越来越慢。极为幸运的是，当车速已经降到很低时，前方出现一家黑白铁加工铺，门前还有条修车用的地沟。我顺利地把车停在地沟上，店家满脸疑惑：“我这儿不修汽车”。我说：“我把油底壳拆下来，您把裂缝焊上就行”。

因为修理农机，店家还备有机油，问题彻底解决。因为焊得很好，以至于回到北京后，也没再更换新的油底壳，一直用了下去。

从那以后，我永远在车上备一块肥皂。在坎坷路面上，油箱被磕漏，燃油泄漏，也可以用肥皂堵漏。这个土偏方是我通过实践换来的，很有用。

水温表指示值逐渐升高怎么办?

在拥堵、爬山等状况中，如果看到水温表指示值逐渐升高，不妨先通过关闭冷气的办法解决（前提是开着冷气）。有时，关闭冷气之后，水温表指示值就会回到正常区域。这证明冷凝器或散热器的散热效果不好，该清理了，比如用压缩空气吹一吹（冷凝器与散热器均位于发动机前方，两者贴在一起，俗称水箱，冷凝器相当于空调室外机，散热器负责给发动机冷却液降温）。

假如没开冷气，可以做如下处理。

- 停车，打开机舱盖。
- 看看冷却液储液罐的液面是否亏损（有些车冷却液亏欠时，仪表盘能显示文字予以提示。）
- 看看电子扇是否运转。
- 散热器上下各有一根橡胶管。上水管是冷却液从发动机流入散热器的必经之路，它的温度较高。下水管是散热器里的冷却液进入发动机的必经之路，它的温度低于上水管。用手摸摸，如果不是这样，证明冷却液循环有问题，考虑节温器故障、水泵故障等。

冷却液不亏，电子扇运转，上、下水管温度正常，这几条都满足的话，一般情况下水温表指示值就不会升高。

参考实例

2013年1月，我在内蒙古克什克腾旗欣赏蒸汽机车。那天，顶着6级大风，驾车在零下34.5℃的公路上行驶着。突然间，发现冷却液温度已上升至95℃。赶紧停车，打开机舱盖，看了看储液罐，冷却液不亏。再看风扇，处于狂转状态。之所以这样做，是因为水温升高，最常见的原因是亏冷却液或风扇不转。

排除两个常见因素，接着往下找。摸摸上水管，比较烫，再摸下水管，几乎是凉的，但可以捏动，看来并非由于冻结导致循环受阻。从这个现象分析，应该是大循环有故障。造成大循环故障的原因，主要是节温器与水泵。如果节温器故障，问题倒也简单，因为小循环里也有个散热器，用于暖风。也就是说，把暖风打开，靠它也能冷却发动机，保证汽车继续行驶。于是，将暖风开到最大，这时我才注意到，暖风没有，吹出来的是凉风。答案骤然清晰：发动机的大小循环都没有。能够导致循环彻底停止的，只有水泵。

问题找到了，立即开始自救。此时，我身处旷野，温度极低，且狂风怒吼。户外经验告诉我，最有效的拯救是自救，随时得把生命掌控在自己手里，而不能完全依赖救援者。拖延自救，跟自杀没什么区别。

我所在的克什克腾旗属于赤峰地区，于是拨打赤峰114查询，找到一家4S店，得知，克什克腾旗只能提供保养服务，如要修理，必须把车开到赤峰市区。

拿出地图计算，我的位置距赤峰200公里，按照目前的情形，每行驶1公里就得停车降温，每次降温按10分钟计算，每小时能走6公里，也就是说，即使一路顺利，我也得需要35个小时才能把车开到赤峰。很显然，这样做风险极大。

面对困境，我必须以最快速度躲进城镇。幸运的是，我的位置距离克什克腾旗的经棚镇只有10公里。走一会儿，停车冷却一下，一个多小时后，我来到经棚镇。找到一家小修理店，店主说本地没零件，同样是建议我去赤峰修理。但我的决定是想办法买到水泵，就地更换。只有这样，对我来说才是最安全的。

通过分析，我的面前有三个选择：请店主托人在赤峰买水泵，并想办法送过来；我自己乘长途班车前往赤峰购买；请我的夫人带着备件，坐火车送过来（家里有一套备用品）。

很显然，第一个方案效率最高。店主也同意帮忙，但无法确定时间。为了加大保险系数，我决定，将次日的13点定为“关门时间”。届时如果没有消息，夫人便立即动身，乘坐13点38分的火车，从北京前往集宁，下车后立即换乘1818次列车，最终将在凌晨4点抵达经棚镇，与我会合。

制定出这套带有双重保险的计划，剩下的，就是等待了。到了次日中午12点，得到店主消息，水泵已经在途中，且保证是原厂货。

15时，水泵送到，接下来的工作就简单了，先拆后装，忙乎到晚上19点，车子恢复正常。将水泵拆下来，找到了故障的根源——叶轮断裂。

发动机突然熄火怎么办？

行驶过程中，发动机突然熄火，具体表现为踩油门踏板没反应、转速表指针归零等。此时，驾驶者要做的事情有三件：保持心态平和；先别踩刹车；开启右转向灯，在保证安全的前提下，逐步变更车道。当来到最外侧车道时，再踩刹车，将车停在应急车道或紧靠路肩的区域内。如果不远处有紧急停车带，就先别踩刹车，继续滑行，将车停在紧急停车带里，更安全。

动作要点：

- 发动机熄火并不可怕，可怕的是驾驶者惊慌失措，以为所有功能统统消失。
- 对于电子转向助力的车来说，只要蓄电池有电，转向助力不会因为发动机熄火而消失——如今多数小汽车的转向助力，都是电子的。
- 对于手动挡车来说，只要不摘挡，发动机在“反拖”作用下继续运转，转向助力与刹车助力依旧存在。即使是液压转向助力，也会保持原有功能。也就是说，手动挡车在这种情况下，较有优势。
- 对于自动挡车来说，由于液力耦合器的作用，发动机无法保持继续运转，刹车助力会逐渐消失。通常，驾驶者只有一两次踩刹车的机会。所以，一旦决定踩刹车，就一直踩住，直到将车停稳。千万别犹犹豫豫，踩一脚、抬一下，从而失去宝贵的刹车助力。如果转向助力是液压的，也会很快消失。消失后，方向盘会变得特别沉重，但用大力的话，还是能够勉强转动，可以将车靠边停下。
- 假设熄火前的时速是80公里，熄火后，靠惯性滑行数百米，绝无问题。
- 将车停稳后，开启双闪灯，放置三角警示牌。
- 看一下油表。因为发动机突然熄火，最常见的原因是忘记加油，燃油耗尽所导致。
- 如果是正时皮带结构的发动机，打开机舱盖，看一下皮带是否断裂（面对发动机左侧），这一点没有得到确认之前，不要试图启动发动机。

路途中的汽车检修

新车状态下，出现故障的概率通常很低，旧车就难说了。比如，我曾开一辆旧2020越野车去西藏，几乎带了半车零件，齐全得几乎能组装汽车，两个多月走下来，大故障出现七次。几年后，当我驾驶一辆崭新的车再去，什么事都没有，一路上顺利极了。不过，旅途中时常观察汽车，把问题消灭的萌芽之中，很有必要。

每日检查

早上出发之前，看看车下有没有油、水的痕迹。轻微渗漏可以不用理会，旅游结束后再送去修理。如果连续几天出现相同情况，最好检查一下渗漏出在何处，再看一下机油、冷却液有无亏损，如果液面低于规定值，需添加。

晚上停车后，检查一下轮胎。先摸车轮，比较热属于正常，如果特别烫，有可能是制动片回位情况不好，需立即修理。再看看轮胎有没有鼓包、有没有伤痕。

故障检修

如今的车，由于采用电子系统，可靠性提高许多，昔日常见的无法启动等故障，已经很少见了。只要平日按时保养，旅途中出现故障的概率非常低。

● 无法启动。

首先要确认油箱里还有燃油。

●● 症状一：上电，仪表盘无反应或灯光昏暗，按一下喇叭，无声或声音微弱，接通启动电路，起动机没反应或反应微弱，从声音判断，有种“转不动”的感觉。

紧固蓄电池正、负极电源线接头

可能原因：蓄电池没电或亏电。

解决办法：第一步，打开机舱舱盖，面对机舱右手，可以看到蓄电池（少数车型将蓄电池安置于后备厢地板下）。查看蓄电池正、负极电源线的接头，如果用手就能转动，证明接头不牢固，处于虚接状态，用10扳手将其拧紧；第二步，如果无效，拆下正、负极电源线的接头，用细砂纸轻轻打磨一下接头内环与蓄电池的桩头，装回；第三步，如果仍无效，问题可能源自蓄电池，用备用的电源线，从旁车蓄电池借电。

借电

借电操作顺序：无电电池正极→有电电池正极→有电电池负极→无电车辆搭铁（将卡子夹在机舱内任意一处金属物体上）。

接通与拆线的过程中，电源线正极，不要碰汽车上的任何金属物体。带电时一旦碰到，后果有可能会很严重。

电源线接通后，先启动提供电源的车辆，再启动无电车辆。启动后，拆除接线。拆线步骤与上述接线顺序相反。

如果没有电源线，可以把有电车里的蓄电池拆下，搬到无电车上，接上正、负极，启动后再拆下送回（别熄火）。拆装蓄电池只需一把10扳手。通常，汽车随车工具里会有。

●● 症状二：起动机工作正常，但发动机无反应。

可能原因：发动机的点火系统或供油系统有故障，一般情况下无法自己维修。

解决办法：打开保险盒，看看盒盖上的标注，哪个保险丝、哪个继电器是负责油泵的，把备用保险丝里颜色与之相同的保险丝换上，再把旁边型号相同的继电器换上，也许就能启动。

参考实例

有辆车，启动时，起动机无反应。开始以为起动机坏了，钻进车底一看，原来是挡位操纵杆将起动机电线拉断了（这是一辆手动挡车），把电线接好，顺利启动。

● 行驶中熄火。

症状：正常行驶过程中，发动机突然熄火。

可能原因：没油了；油泵故障；点火电路故障。如果是油泵故障或电火电路故障，一般情况下无法自己维修。

解决办法：加油；检查油泵供电是否正常，比如保险丝是否熔断、继电器是否完好（用保险盒内其他同型号继电器试试）。

● 轮胎亏气或胎压报警。

症状：行驶过程中，忽然感觉方向跑偏或车底传来异响，具有胎压监测的车辆，仪表盘出现胎压报警。

可能原因：行驶过程中出现类似情况，最常见的，是轮胎被扎。

解决办法：在保证安全的前提下，靠边停车，摆放三角标、开启双闪灯；在保证人员安全的前提下，更换备胎；如果是小尺寸备胎，更换后，需放慢车速，并尽快找到维修店；如果目视各轮胎外观依旧，看上去很正常，不排除是误报警，不妨继续行驶，留心观察。

● 水温升高。

症状：行驶过程中，水温表指示值逐渐升高，甚至进入“红区”或出现水温报警。

可能原因：散热器性能下降，再加上长时间低速行驶、开启冷气；冷却液亏欠；电子扇故障；水泵故障。

解决办法：关闭冷气，如果水温逐渐恢复正常，证明问题不大；条件允许的情况下，开启暖气，借此增强散热效果。

上述两条均无效，水温居高不下，在保证安全的前提下，靠边停车，摆放三角标、开启双闪灯。

第一步：查看车头底盘处，有无明显漏水迹象。

第二步：打开机舱盖，查看电子扇是否运转；散热器及上、下水管有无渗漏；储液罐里的液面是否在正常范围之内。

如果电子扇不转，找到保险盒中控制电子扇的保险丝。可以试着通过更换保险丝排除故障。

如果散热器或上、下水管存在明显渗漏，应寻找附近的汽车修理厂，通过不断加水的方式，到达修理地点。

如果没有发现渗漏，但储液罐里的液面低于标线，待水温降低后，在安全的前提下打开储液罐，适量添加即可。

上述现象均无，摸摸机舱里的水管，如果是凉的，或开启暖风，但没有热气吹出，证明水泵有故障，只能寻求救援。

在热车状态下，打开冷却液储液罐是很危险的。因为，此时冷却液系统里压力较高，贸然开启，热冷却液会喷出，容易伤人。所以，只能等待一段时间，待其温度下降，再小心翼翼地试着打开储液罐的盖子。这个等待可能比较漫长，尤其是夏季，恐怕需要一个小时左右。

参考实例

有一年冬季，旅途中水温突然升高，停车检查，发现散热器有渗漏。此时距离最近的城镇，还有百余公里。我只好一路走，一路不断加水。车里带的水用完后，便拎着水桶去路边装冰雪，用随车带的气炉加热融化后，再添加进水箱。折腾了几个小时，终于把车开到一个镇子，找了家黑白铁加工铺，把水箱拆下来，将裂缝补好。

● 方向盘抖动。

症状：达到某一车速时，方向盘抖动不已。

可能原因：比较常见的是轮胎的动平衡不好。更换轮胎、轮圈或者补胎之后，都应该做动平衡。如果没做，或者是动平衡机失准，就有可能出现抖动现象。

解决方法：如果附近没有轮胎店，就凑合着先走，尽量避开出现抖动的车速就行。

参考实例

有一次，经过一大片泥泞，车过不去，便求助当地村民，用拖拉机把车拖过去。在拖拽过程中，轮圈里塞满了泥巴。次日，泥巴干燥后，形成配重，导致方向盘抖动不已。于是，拆下车轮，将泥巴彻底清除，问题便解决了。

● 灯光故障。

症状：车灯不亮，或者是仪表盘出现车灯故障提示。

可能原因：比较常见的，是灯泡损坏。但有些车灯，比如制动灯，也可能是装在制动踏板上的开关出故障所致。

解决方法：车灯是行车安全的基础，车灯出现故障，必须想办法修好，才能继续行驶，许多随车手册里，都对本车如何更换灯泡，有着详细的图解说明，按照指示，拆下灯泡，换上备用品，通常就能解决问题；如果换上新灯泡依旧不亮，再检查保险盒里的保险丝，保险丝熔断，也会造成车灯不亮。

● 离合器故障。

这里特指手动挡车型，常见故障是分离困难或无法分离。

症状：挂挡困难。

可能原因：离合片损坏、分离轴承损坏、离合泵漏油、拉线松脱。

解决方法：在户外就地修理离合器的可能性不大；如果分离操作杆是拉线结构，先看看拉线有没有松脱，如果只是分离困难，不妨利用拉线末端的调整螺钉（位于机舱内离合器顶部）缩短行程。如果调节无效或本车是液压离合，可以采取以下步骤，将车开至修理厂：熄火，挂一挡，启动，同时稍一给油，车子便能起步，当车速提升到一定程度时，抬油门瞬间，将挡位拉至空挡，随后，适当轰一脚油门，同时将挡把推入下一个挡位，如果听到打齿声，切勿继续强行挂挡，以防齿轮受损，再次轰油，重新尝试。

2.10 出发前——车辆的最后准备

出发前，应该列一份清单，并打印出来。它可以最大程度防止遗忘。至于写清单的时间，我认为越早越好。比如提前一周甚至数周。根据个人经验，加大提前量，能留出充裕的思考时间，反复琢磨，特别是对于长途自驾游来说，三思后行很有必要。

出发前，按照清单，把所有需携带的物品，摆在家中地板上，备好一样，用笔在清单上打一个勾，一切齐全之后，再逐一装包、装箱（表2.17）。

表2-17 自驾游随车用具清单

项目	短途自驾游	长途自驾游	带有越野性质的自驾游
文件类	身份证、驾驶证、行驶证、保险单		
通信类	手机、充电线、车充接口、接线板、逆变器		
记录类	记事本、笔、照相机、摄像机、三脚架、镜头、充电器、存储卡		
导航类		纸质地图、导航仪	指南针、离线电子地图
备用品	备胎	保险丝、灯泡、补胎剂	根据车况酌情准备，比如补胎胶条等
器材类	三角警示牌、灭火器	胎压表、充气泵、拖车绳、电源线	根据越野程度准备，比如胶带、木板、吊装带、备用电源、脱困器材、备用油桶
工具类	随车工具（扳手、千斤顶）	螺丝刀、手电筒、肥皂、手套	头灯、卧式千斤顶或充气千斤顶、随车工具以外的修理工具、工兵铲
衣物类	根据气温适当准备	雨衣、雨伞、外套、换洗衣服、备用鞋袜	冲锋衣、冲锋裤、登山靴
餐饮类	水、零食	至少三天的水与食物、旅行用餐具	煤气罐/煤气灶或气炉/气罐、炊具、易储存的食材和足够的水
住宿类	野营毯	根据季节准备睡袋或毛毯、纱窗	帐篷、营地照明灯、绳子、地锚、防潮布

轮胎

无论发动机性能多么出色，轮胎摩擦力不够，一切白费。轮胎的任务是随时保持有足够的摩擦力。只有具备了摩擦力，急加速也好，高速过弯也罢，那些高难度的驾驶动作，才能游刃有余地做到完美。

普通胎

选择轮胎，只认牌子而不识款式，是错误的。每个轮胎品牌有多种款式的轮胎，不同款式的轮胎，由于橡胶配方、花纹的不同，有着不同的用途。有的追求速度，有的追求均衡，有的追求通过性。

越野胎

比如越野，就应该使用越野胎。北京北面有条山沟，是越野爱好者非常喜欢的地方，我曾见到一位驾驶着牧马人的朋友，用尽移山填海之力，也没能成功穿越，而旁边几辆不足10万元的越野车，却非常轻松地开了过去。原因在于轮胎，前者用的是原车所配的普通SUV胎，而后者换上了粗花纹的越野胎。

再比如冬季驾驶。在内蒙古克什克腾旗加油站的出口处，有个不算大的坡道，我加完油往外走，走到一半车轮便打滑，没上去。而当地的车，不管夏利还是小面，都轻松地开了上去。仔细一看，才发现，人家用的都是冬季胎。

越野自驾游，最好准备AT胎

无论SUV还是轿车，出厂时装备的都是公路胎（HT胎）。此外，还有一种花纹较粗的轮胎，称为全地形通用轮胎（AT胎）。

AT胎非常适合在非铺装路面上行驶。HT胎上不去的地方，AT胎有可能轻而易举。此外，在“乱七八糟”的地形上，HT胎往往容易受损，而AT胎很结实，轻易不会受伤。但在公路上，不管是柏油路还是水泥路，AT胎的摩擦力会下降，噪声加大。

如果您的自驾游主题是越野，应该备一套AT胎。至于前往西藏自驾游，绝大多数情况下无需更换AT胎，因为藏区也全是柏油路。除非您计划离开公路，到人迹罕至的地方探险。

冬季前往寒冷地区，最好准备冬季胎

冰雪中，最麻烦的事儿是轮胎与地面的摩擦力非常小，伴随着每一次转向，轮胎都有可能出现打滑，打滑加剧的话，就是失控。

冬季胎

有人将冬季胎称为雪地胎，但千万不要以为只有冰雪路面才用它。事实上，当平均气温低于7℃时，就应该使用冬

季胎。它在寒冷天气中的表现，比普通胎要好一些。至于那种带“钉”的冬季胎，仅仅适合冰雪较厚的情况，对于绝大多数小汽车的日常使用来说，“钉胎”并不适合。

冬季胎很容易识别：胎冠上有许多细小的波纹；胎侧有个雪花山标志；用手轻轻一按，您会发现，它的胶质明显比普通胎软。

作者体会

我曾对冬季胎做过一次测试。在冰雪路面上，将车开到时速40公里，然后急刹车，普通胎需要37米左右的距离才能停下来，而冬季胎只需要不足10米就能停稳。

有人会问，我们这个地区每年只下一两次雪，有必要准备冬季胎吗？为了省钱，买个防滑链如何？

我的建议是，如果您所在地区有较长的冬季（我国的标准是平均气温连续5天低于10℃），就应该考虑准备一套冬季胎。因为冬季胎不仅是为了应付降雪，更主要的是为了让轮胎在低温状态下仍然保持足够的摩擦力。

防滑链

在某些情况下，防滑链的作用很显著。常见的防滑链有金属链和聚氨酯链两种。金属链一般在80 ~ 150元之间，聚氨酯链在150 ~ 300元之间。相比较而言，金属链的效果似乎更为明显，但聚氨酯链对轮胎的损害小，安装也更容易。

安装防滑链

防滑链在使用过程中，有三点需注意。

第一，能不能正确安装防滑链？有人连备胎都不会换，估计也不会安装防滑链。装防滑链比更换轮胎更难。如果装得不合适，开不了几步路，防滑链就会被甩出来。

第二，装上防滑链，就必须控制车速，虽然没有明确的速度限制，但我的经验是时速不能超过40公里，因为此时前、后轮与地面的摩擦力不一样，如果速度快，非常容易失控。

第三，如果遇到冰雪时有时无的路段，为了不损坏轮胎，就只能不断地装、拆防滑链，很麻烦。

机油

早些年，前往寒冷地区，车主需要为机油标号操心，比如选择更适合低温的机油。如今，我认为这种担忧已经不是很有必要了。因为，厂家在研发一款车时，已经对车辆的使用环境进行了全方位的考虑。比如，在黑河进行低温测试，在吐鲁番进行高温测试，至于高海拔地区的测试，当然也不会缺席。早在2002年，我在西藏地区，就曾见过一汽大众的工程师，驾驶着即将上市的高尔夫，在当时人迹罕至的国道318线上奔跑。也就是说，那些大品牌汽车制造商对新车的测试，远远超过普通车主的使用范围与使用强度。

不过，如果是长途自驾游，特别是带有越野性质的长途自驾游，出于保险起见，需要考虑更换机油的问题。出发前，根据里程计算一下，如果行程中将会遇到例行保养的公里数，不妨查看一下保养手册，看看途经地区何处有该品牌的4S店。没有的话，应该事先准备好机油、机滤等，到了该做保养时，找个修理厂或修理店，支付一些工时费，就能解决问题。

分类管理、固定存放物品

自驾游特别是长途自驾游，携带物品往往会非常多，事先进行分类，并安排好固定的放置地点，有利于拿取方便，避免到了该使用时，手忙脚乱地四处寻找。

- 随身小包，内置证件、钱包。该包放置在前排中央扶手上，下车时，随身携带。
- 中央储物盒内，放置太阳镜、充电线、部分现金（用于交过路费与停车费）。
- 挡把前方储物槽，放置手机、高速公路通行卡。
- 手套箱内，放置纸质地图、行程单、手套、记事本、笔、手电筒、创可贴。
- 驾驶席车门内饰板储物槽，放置手电筒、零食、水。
- 副驾驶席车门内饰板储物槽，放置雨伞、水。
- 后车门内饰板储物槽，放置雨伞、胎压表。

车内各处表面最好不要有物品摆放，目的是防止小件物品滚到刹车踏板下，酿成大祸。

- 后备厢内，用软包、整理箱，将工具、器材分门别类地存放。比如，所有工具集中在一个包装里，所有野炊用具集中在一个包装里等。个人衣物、洗漱用品等，集中在一个拉杆箱内，每当停车住宿时，拎起就走，很便捷。后备厢内的所有物品码放完毕后，用行李网罩上，该网的四角，应该加以固定——许多车后备厢内都设计了锚点，就是专门干这个用的。

参考实例

一位友人，自驾车前往西藏。行驶途中，在一个弯道处，车速控制不当，失控冲入路旁水渠。在惯性作用下，后备厢里的煤气罐飞出，从后往前，冲破前风挡后，飞出车外。

万幸的是，煤气罐的飞行路线正好走的是中线。从前排座椅两个头枕之间掠过（后排座已被折叠）。如果偏左或偏右，很可能会击中驾驶者或副驾人员的头枕，会对人员造成怎样的伤害，很难想象。

不管怎么说，这件事把前排座上的两人吓得够呛。从那开始，他们每次出游，定会把后备厢里每一样东西进行固定。

第3章
线路推荐篇

季节不同，

景色随之不同。

许多旅游地区，

都有一段最佳的旅游时间。

选择最美时节前往，无疑能有更大收获。

本篇按春、夏、秋、冬四季，

将国内适合自驾游的线路，

逐一进行盘点，

供您在出游时参考。

春季自驾游线路推荐：

滇西线、滇南线、从昆明到长沙、从扬州到广州、从徽州到赣州、中原大地游、齐鲁大地游、秦岭古道游。

夏季自驾游线路推荐：

川藏南线、川藏北线、滇藏线、滇藏新通道、山南线、青藏西线、青藏东线、黑阿线、香格里拉环线、呼伦贝尔与额尔古纳、晋陕大峡谷、门源与青海湖环游、天山环游、南疆环游、新藏公路、从大连到桓仁。

秋季自驾游线路推荐：

京新高速、额济纳、北疆环游、从成都到兰州、辽宁看红叶、从桂林到崇左、从郑州到成都、从北京到杭州。

冬季自驾游线路推荐：

珠江三角洲环游、抚远与漠河、海南环岛游、吉林看雾凇、宜宾与自贡、滇越铁路线、台湾环岛游。

3.1 春季自驾游线路推荐

春暖花开，一片翠绿，气温不高不低，到处都是一派清新之感。春季，是非常适合旅游的季节。由于我国南北跨越幅度非常大，故各地春季到来的时间，差异很大，从2月一直延绵到5月。

3.1.1 云南篇——2月，滇西线、滇南线

滇西线：昆明、瑞丽、腾冲

路线 昆明/祥云/大理/漾濞/永平/保山/龙陵/芒市/畹町/瑞丽/盈江/腾冲/昆明。

里程 1700公里。

时间 8天。

路况 全程铺装路（高速公路、国道、省道、乡道）。

程度 比较容易。走滇缅公路的话，有数段狭窄盘山路，总长度超过100公里。驾驶技术不佳者，可以改走高速公路，但看不到沿途珍贵的抗战遗迹。

主题 抗战遗迹、民族风情、自然风光。

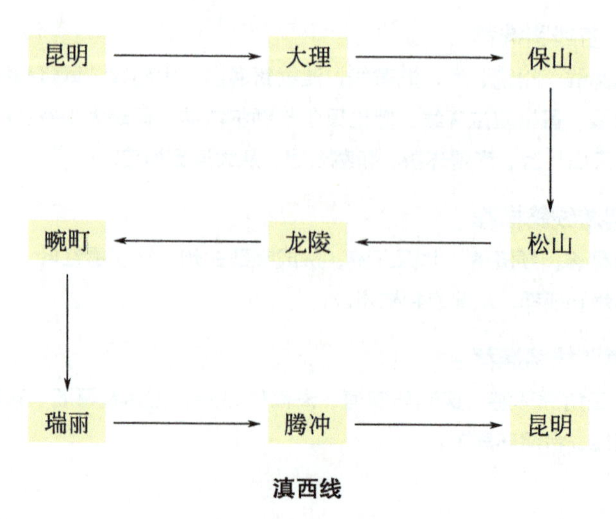

滇西线

日程安排

第1天 昆明/大理。

交通：G56高速公路，昆明西站至大理古城约330公里。

游览：云南驿古镇、云南驿机场遗址。

住宿：大理古城周边，或下关区。

第2天 大理。

游览：苍山、洱海、古城。

住宿：大理古城周边，或下关区。

第3天 大理/保山（以乡道为主，部分国道，约300公里）。

交通：沿普通公路从大理行至漾濞县城，再沿乡道前往太平乡，过太平乡后跨过胜备河，不久回到国道320线，沿国道行至永平县，离开国道往北穿过县城，经龙门乡，在麦庄Y口处翻过山峰，一路下坡来到大栗树村，沿沘江往西南方向行驶几公里，来到沘江与澜沧江汇合处，沿公路继续顺江而下，便能再次回到国道320线国道，沿国道前往保山市区。

游览：滇缅公路精华之一秀岭段、滇缅公路五桥之一胜备桥、远征军长官部旧址、板桥古镇、保山市区太保公园（滇西抗日战争纪念碑）。如果时间充裕，抵达大栗树村时，可往北行驶25公里，至宝丰乡游览，此处有两座异地保存的滇缅公路铁桥（其中之一是大名鼎鼎的昌淦桥），宝丰古镇亦很有特色，客栈较多，可以住宿。

住宿：保山市区。

第4天：保山/龙陵（以乡道为主，部分国道，约160公里）。

交通：保山到龙陵，滇缅公路与国道320线相距较远。这段滇缅公路保存很好，沿途风景优美，路面安静，非常适合自驾游。沿国道320线离开保山市区，过大官市后，左转进入省道229线，过长水乡（707碑）后不久，可以看到县道191线的零里程碑。之后一直沿县道191线行驶，这段路就是滇缅公路，大名鼎鼎的惠通桥与松山，都在这段路上。沿县道191线行驶102公里后，回到国道320线上，继续往前不远，便是龙陵市区。

游览：远征军炮兵阵地遗址、滇缅公路五桥之一惠通桥、松山战役遗址等。

住宿：龙陵市区。

第5天　龙陵/瑞丽（G56高速公路，国道，130公里）。

交通：不打算游览芒市的话，可沿高速公路直接前往畹町。畹町距瑞丽不足25公里，沿国道320线前往即可。

游览：畹町南洋机工纪念馆、畹町口岸铁桥、瑞丽姐告口岸、瑞丽市区商业街。

住宿：瑞丽市区或姐告口岸附近。

第6天　瑞丽/腾冲（高速公路，省道，175公里）。

交通：沿高速公路与省道，最多四个小时就能从瑞丽来到腾冲，沿省道行驶的话，途中有数个古迹值得看。

游览：瑞丽中缅银井古寨（一寨两国）、梁河南甸宣抚司署、腾冲和顺古镇。

住宿：腾冲市区。

第7天　腾冲。

游览：国殇墓园、滇西抗战纪念馆、文庙、腾冲博物馆、英国领事馆旧址、文星楼、北门、来凤山。

住宿：腾冲市区。

第8天　腾冲/昆明（高速公路，620公里）。

交通：G56高速公路，昆明西站至大理古城约330公里。

参考实例

1938年8月31日，滇缅公路建成通车。当时的人们，或许根本不会想到，这条简易公路，曾一度成为我国与世界连接的唯一通道，为抗战起到了“输血管”的作用。由于它的存在，中国终于熬过抗日战争最艰苦的岁月。

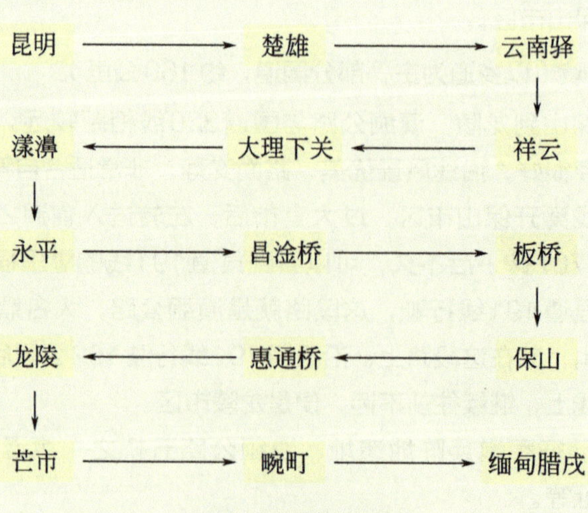

历史上的滇缅公路

从昆明到中缅边境，有G56高速公路与国道320线。其中的国道320线，许多路段由昔日滇缅公路改建而成。但是，滇缅公路也有部分路段，降为县道或乡道，至今仍保留着原貌。对于自驾游爱好者来说，完全按照抗战时期的滇缅公路走一遍，非常有意义。

滇缅公路有两段，非常值得自驾游览，第一段是下关到保山，第二段是保山到龙陵。以下为我当时的游记，供您参考。

下关到保山

离开下关前往保山，临近漾濞县城，跨过漾濞河，公路很陡地盘上一座大山。这座山属于苍山山脉，最高峰叫杨梅岭，大概走了14公里，来到山顶。一路上，见到最近几年新换的里程碑——这段路在2013年，被大理州定为文物，故里程碑更换为带有滇缅公路字样的新碑。如今滇缅公路当中，非常幽静的一段路是秀岭段。

秀岭段新更换的里程碑

随后是下山，路的左边，出现一条小溪，溪慢慢展宽，最终变成一条河，它叫胜备河。河上有座铁桥——胜备桥。滇缅公路有五座桥，目前有两座桥异地保存，一座桥原地保存（惠通桥），一座桥消失，而胜备桥（亦称顺濞桥）是唯一原地保存且仍在使用中的桥。不过，我这次经过时，看见桥旁正在施工，似乎是正在建一座新桥，如果真是如此，新桥完工后，这座桥也将“退休”，像惠通桥那样，成为文物保护起来。

过胜备桥，滇缅公路有一段下坡，下到一条山谷里，与国道320线会合，仅仅过了300米，国道320线往左转，滇缅公路直行，7公里后抵达北斗，左转，穿过北斗乡，开始爬杉松哨山。

上山路一共走了30公里，来到山顶的铁丝窝（距昆明515.5公里）。此处海拔2605米，是滇缅公路上的最高处。这段路同样很美，与刚才走的杨梅岭（秀岭段），是目前滇缅公路上最美的两段路。

从北斗乡算起，这段路走了20公里，翻山后，与国道320线会合。随后抵达永平县。与国道分手后穿过县城，大概走了10公里，又开始爬山，开始很好走，后来偶尔出现破损路段，我开的是轿车，遇到公路破损处，就得放慢车速，以防磕底盘。走了10多公里后，来到山顶的麦庄丫口（距昆明555.5公里）。

随后一路下山，途中还有个路口，写着由此前往远征军炮兵阵地。下到沘江岸边，顺河往下走3公里，看见这河流入澜沧江。沿着澜沧江走大约1公里，便来到横跨江上的功果桥（昌淦桥）所在地。遗憾的是，前些年修建大坝，功果桥所在的位置已经被淹。功果桥被拆除，迁到沘江上游，靠近云龙县城的地方，异地保存起来。

沿着澜沧江继续走，22公里之后与国道320线再度重逢。再往后，过瓦窑镇、翻山、过板桥镇，便抵达保山市区。

保山到龙陵

出保山市区8公里，坝子结束，开始爬山，不久来到大官市，此处地势较高，观看保山坝子全景不错。

水长乡到龙陵的县道191线是滇缅公路中很精彩的一段

过大官市，有个路口，右边是国道320线，左边是省道229线。左转沿省道229线走18公里，来到水长乡，路边有个醒目的标识，上书“七零七”——滇缅公路从昆明到这儿是707公里。

过“七零七”几百米，滇缅公路进入县道191线。并立刻爬山，6公里之后到第一个山顶，山顶上的村庄叫姜邑寨，随后5公里的路段上，又经过了沈家坟、甘水沟、李山头等村子，最好看的一座叫羊芋坪，坐落在山坡上，错落有致。

过羊芋坪15.1公里，有个路口，左转是大蜂子窝碉堡。沿怒江曾修筑了很多军事工事，这个大蜂子窝只是众多工事中的一个。

再往前2公里，经过老鲁田和一丘田。路边有个牌子——远征军炮兵阵地。站在昔日的阵地上，脚下深处，横卧在怒江上的两座桥，其中一座就是大名鼎鼎的惠通桥。

过惠通桥，一路往上，37公里到大垭口村。大垭口村附近，是松山。

过松山，沿县道191线继续走，并回到国道320线，不久来到龙陵县城。县城内抗战遗迹很多。比如，龙山路北段，有个抗战广场，路边是当年日军的一个碉堡，据说是整个滇西最完整的一座日军碉堡。龙山路中段，有个小院，是当年日军的慰安所。现在已经变成展览馆了，介绍得很详细，值得看。

抗战广场往东北方向800多米，是白塔村，路南是个小山，山上有个赵氏宗祠，在日军占领龙陵期间，这里是日军的指挥部。

作者体会

从昆明出发，全程行走滇缅公路，最快需3天，再加上沿途参观等，以6天左右为宜。回程走杭瑞高速，1天能返回昆明。也就是说，总共需7天。如果再加上游览腾冲等地，顺延1天，全程8天。

腾冲市区的抗战纪念馆和国殇墓园，我认为是非常值得也应该看的。

如果时间不宽裕，建议走高速公路到下关，然后沿滇缅公路，第1天从下关到保山，住宿保山；第2天从保山到龙陵，住宿龙陵；第3天从龙陵到畹町，住宿畹町或瑞丽。第4天走高速返回昆明。

在滇西旅游中，龙陵、畹町、盈江因为不是游客集中地，住宿非常棒，价格低廉且饭店设施一流。

滇南线：西双版纳、红河州

路线　昆明/玉溪/普洱/景洪/江城/绿春/元阳/建水/华宁/抚仙湖/昆明。

里程　1400公里。

时间　7天。

路况　全程铺装路（高速公路、国道、省道）。

程度　景洪/江城/绿春/元阳之间，是较窄的普通盘山路，驾驶需谨慎。

主题　自然风光、民族风情。

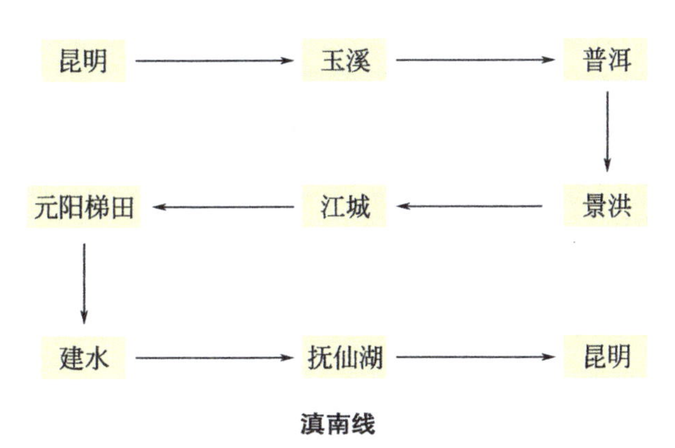

滇南线

日程安排

第1天　昆明/普洱。

交通：高速公路，约410公里。

游览：普洱市博物馆。

住宿：普洱市区。

第2天　普洱/景洪。

交通：高速公路，约130公里。

游览：野象谷热带雨林景区、告庄。

住宿：景洪告庄。

第3天　景洪。

游览：曼听公园（含西双版纳总佛寺）、橄榄坝（傣族园）、曼飞龙白塔。

住宿：景洪告庄。

第4天　景洪/江城。

交通：国道、省道，约240公里。

游览：热带植物园。

住宿：江城县城。

第5天　江城/元阳梯田。

交通：省道，约260公里。

游览：老虎嘴梯田（看落日）

住宿：多依树。

第6天　元阳梯田/建水。

交通：省道，约130公里。

游览：多依树梯田（看日出）、新街梯田、箐口梯田、坝达梯田。

住宿：建水县城。

第7天　建水/昆明。

交通：高速公路，约200公里。

游览：建水古城、寸轨铁路。

参考实例

西双版纳是个州的名字，作为旅游，主要落脚点是州府所在地景洪。昆明与景洪之间有高速公路，500多公里，但因中途有数次翻山，部分路段限速每小时80公里，所以，全程得需要七八个小时。

西双版纳很早就闻名全国，如果对泼水节感兴趣，可以在4月13日至15日到景洪来。

景洪市区有座总佛寺，佛殿前有棵菩提树，很珍贵。

西双版纳总佛寺

景洪市西部是万达度假区，里面有主题公园，还有几家五星级饭店，比如文华、逸林。景洪市南部靠近澜沧江的地方，也有几家高级饭店。但更热闹的地方，在景洪市东部，澜沧江左岸，地标建筑是个大金塔，周围有很多旅馆——多数都是家庭客栈的形式，每家的规模都不大，有一些看上去很精致，平日房价100 ~ 300元，节假日会涨价。

离开西双版纳，下一站是江城县，该县比较出名的是县城东南方向几十公里之外，有座山，号称一眼望三国，因为那里是中国、越南、老挝三国交界处。

从绿春县到元阳县，有省道214线，重新修建过，路况很好，但我没走，而是选择了一条乡道，出县城往东，经过俄扎乡、黄草岭、老孟乡，左转奔北，过黄茅岭，到攀枝花。从攀枝花开始，就是元阳梯田的核心区域了。这条路虽然路况不佳，但为了景色，我觉得很值。

攀枝花乡有座土司府，有兴趣的话，不妨看下。过了攀枝花乡，路边就全是梯田了，往前走几公里是老虎嘴，很多人在此看日落，这一带餐馆很多，且多数在二楼备有简易客房，不过，看完落日还得看日出，所以，大多数游客在日落之后，随即离开老虎嘴，前往多依树。在攀枝花乡与老虎嘴之间，有个路口，往东翻过一座山，便是多依树。

元阳梯田

作者体会

元阳很厚道，采取一票制。停车场面积小，赶上节假日，需要自驾车的人们自觉些，别把路封死，没地方停您就停远一些，多走几步就是了。

3.1.2 云贵湘篇——3月，从昆明到长沙

路线 昆明/罗平/兴义/安顺/贵阳/凯里/江口/芷江/洪江/韶山/长沙。
里程 1800公里。
时间 11天。
路况 全程铺装路（高速公路、国道、省道）。
程度 全程以高速公路为主，路况良好。
主题 自然风光、民族风情、抗战遗迹。

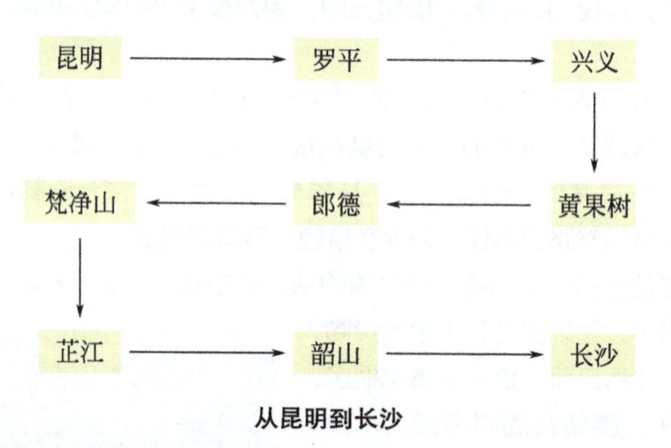

从昆明到长沙

日程安排

第1天 昆明/罗平九龙瀑布。
交通：高速公路，约240公里。
游览：罗平螺丝田油菜花。
住宿：罗平县城。

第2天　罗平九龙瀑布/兴义。

交通：高速公路，约65公里。

游览：罗平九龙瀑布、兴义万峰林景区。

住宿：兴义市区。

第3天　兴义/安顺黄果树景区。

交通：高速公路，约175公里。走高速公路到贞丰县，下高速后沿210省道往北100多公里到黄果树。

游览：兴义马岭河峡谷、贞丰县双乳峰、关岭县花江大峡谷。

住宿：安顺黄果树景区。

第4天　安顺黄果树景区/安顺。

交通：国道，约13公里。

游览：黄果树瀑布、天星桥景区。

住宿：安顺市区。

第5天　安顺/贵阳。

交通：高速公路、国道，约127公里。

游览：安顺古城墙、文庙、王若飞故居、屯堡本寨或云山屯。

住宿：贵阳市区边缘。

第6天　贵阳/郎德。

交通：高速公路、省道，约200公里。

游览：郎德上寨古建筑群。

住宿：西江镇。

第7天　郎德/梵净山。

交通：高速公路、省道，约260公里。

游览：西江千户苗寨。

住宿：江口县或梵净山山门前。

第8天　梵净山。

游览：梵净山（条件允许的话，建议爬上、缆车下）。

住宿：梵净山山门前。

第9天　梵净山/芷江。

交通：高速公路，约190公里。

游览：芷江飞虎队纪念馆、抗日战争受降纪念馆、龙津桥。

住宿：芷江市区。

第10天　芷江/韶山。

交通：高速公路，约440公里。

游览：黔阳古城（洪江市黔城镇）。

住宿：韶山市区。

第11天　韶山/长沙。

交通：高速公路，约65公里。

游览：毛主席故居。

参考实例

在罗平县城南侧，有个油菜花主会场，甚至有动力伞进行空中游览。可实际上，如果沿国道324线从师宗到罗平，一路上到处都是油菜花。一路走来，我认为欣赏油菜花还是在山区更好看，比平原有层次，富于立体感。罗平县城往西、往北，只要一进山，便能见到油菜花。其中，县城北部的金鸡峰与螺丝田，是观赏油菜花不错的地方，公路停车场免费。此外，罗平还有个九龙瀑布，景色也不错。

罗平九龙瀑布

行程中的芷江，不是特别出名，但它很值得看。此处有一座中国人民抗战胜利受降纪念馆，免费开放。纪念馆后身是芷江机场，在芷江机场的一角，建有飞虎队纪念馆。

作者体会

介绍上说，罗平油菜花3月份最好看，可在2017年2月15日，我经过罗平，漫山遍野，到处金黄，令人赏心悦目。不知道是不是因为那年冬季气温偏高，油菜花提前开放。

3.1.3 苏浙闽粤篇——3月，从扬州到广州

路线　扬州/镇江/湖州/安吉/绍兴/宁波/溪口/临海/福州/泉州/厦门/南靖/汕头/东莞/广州。

里程　2600公里。

时间　17天。

路况　全程铺装路（高速公路、省道）。

程度　全程以高速公路为主，路况良好。

主题　自然风光、历史古迹。

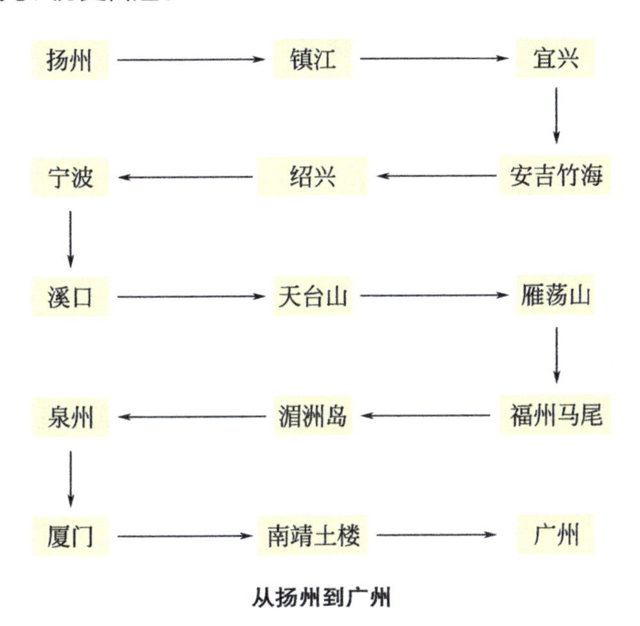

从扬州到广州

日程安排

第1天　扬州/天目湖。

交通：高速公路，约130公里。

游览：镇江金山、北固山。

住宿：天目湖。

第2天　天目湖/湖州。

交通：高速公路，约150公里。

游览：宜兴徐悲鸿故居，湖州府庙、赵孟頫故居、项王公园、衣裳街。

住宿：湖州市区。

第3天　湖州/安吉竹海。

交通：省道，约85公里。

游览：中国大竹海。

住宿：竹海景区附近。

第4天　安吉竹海/绍兴。

交通：高速公路，约140公里。

游览：鲁迅故居、三味书屋。

住宿：绍兴市区。

第5天　绍兴。

游览：绍兴大禹陵、兰亭、会稽山。

住宿：绍兴市区。

第6天　绍兴/宁波。

交通：高速公路，约115公里。

游览：慈城古县城、宁波河姆渡遗址、宁波保国寺，晚逛鼓楼、老外滩。

住宿：宁波市区。

第7天　宁波/溪口。

交通：高速公路，约40公里。

游览：宁波天一阁，溪口玉泰盐铺、丰镐房、蒋氏宗祠、蒋母陵园、雪窦寺。

住宿：溪口。

第8天　溪口/临海。

交通：高速公路，约165公里。

游览：嵊州马寅初故居、天台山国清寺。

住宿：临海市区。

第9天　临海/雁荡山。

交通：高速公路，约72公里。

游览：临海江南长城、雁荡山。

住宿：雁荡镇。

第10天　临海/三都镇城澳。

交通：高速公路，约320公里（抵达后需乘船前往，位于城澳的三都澳城澳旅游集散中心，有数条航线，分别前往斗姆岛、青山岛、鸡公山等地，根据兴趣任选，去一个就可以了）。

游览：三都澳斗姆风景区。

住宿：三都镇城澳。

第11天 三都镇城澳/福州马尾区。

交通：高速公路，约95公里。

游览：福州马尾区烈士墓、船政博物馆、中法海战遗址、罗星塔公园、一号船坞。有兴趣的话，可以驾车进入福州市区，游览三坊七巷。

住宿：福州马尾区或福州市区。

第12天 福州马尾区/泉州。

交通：高速公路，约230公里。

游览：湄洲岛妈祖故里（行车至文甲码头乘船），泉州洛阳桥。

住宿：泉州市区。

第13天 泉州/厦门。

交通：高速公路，约90公里。

游览：泉州涂门街（众多宋元古迹，以清净寺为最）、开元寺，晋江安平桥，厦门市翔安区大嶝镇英雄三岛战地观光园。

住宿：厦门市区。

第14天 厦门。

游览：胡里山炮台、厦门大学、鼓浪屿、中山路。

住宿：厦门市区。

第15天 厦门/南靖县塔下村。

交通：高速公路、乡道，约170公里。

游览：南靖田螺坑村土楼群、下板寮村土楼、塔下村土楼群，时间充裕的话，塔下村往北，还有个河坑村土楼群。

住宿：塔下村。

第16天 南靖县塔下村/汕头。

交通：省道、高速公路，约325公里。

游览：梅县松口承德楼、白宫镇联芳楼。

住宿：汕头市区。

第17天 汕头/广州。

交通：高速公路，约450公里。

游览：虎门威远炮台。

参考实例

从扬州到绍兴

徐悲鸿故居

这一路景色很多，列举的镇江古迹、天目湖、安吉竹海、宜兴诸景，只是其中的一部分，如何选择，取决于您的时间、兴趣。

说到宜兴，人们首先会想到紫砂壶。宜兴紫砂名艺人顾景舟是紫砂壶大师，世称“壶艺泰斗”。著名画家徐悲鸿与吴冠中的故居目前都对外开放，徐悲鸿的故居在屺亭桥，吴冠中的故居在和桥镇北渠村。

从绍兴到宁波

接近宁波时，应该先去看看河姆渡。它是新石器时代人类活动的遗址。

从宁波到福州

出宁波不久，是溪口镇。再往下是天台山、临海。围着临海，建有台州府的城墙，被誉为“江南长城”。台州府城墙目前全长6公里，可以俯瞰整个临海市区，景色极佳。

临海往东走一个小时，是桃渚镇，这里有个保存较好的古城堡，是明朝朱元璋时代修建的，城墙高4.5米，周长1.4公里，有三座城门，门外有瓮城。据说，这是明代浙江沿海用于抗倭的41个卫所中唯一保存完好的。

福州市的东郊，闽江下游接近入海口这一段，被称为马江，又叫马尾。马尾是我国现代造船业的起点，史称“福建船政”。央视记录频道曾播出一个讲述这段历史的纪录片，此处内涵丰富，值得一看。

从福州到厦门

在泉州老市区里，能感觉到这是一座历史极为悠久的城市，到处都很古朴。

泉州城东，洛阳江上有座洛阳桥，是我国四大古桥之一，北宋时修建的，保存至今。洛阳桥是我国现存最早的跨海石桥，它的桥墩采用船形，并养殖海蛎加固，这种做法被誉为世界造桥史上的创举，历来有“北有赵州桥，南有洛阳桥”的说法。

从厦门到广州

离开厦门，下一站是闽南山区。土楼是一种用土和木材构筑的碉堡式民居建筑，外形主要是圆形和方形，内部一般有3～5层，一楼是厨房和放置农具的地方，二楼是粮食仓库，三楼以上是居室。土楼从外面看上去是个密不透风的城堡，从里面看则颇有连体别墅的韵味。

土楼主要分布在漳州市南靖县与龙岩市永定区交界处，比较集中的地方有南靖县书洋镇的长教村、田螺坑村、塔下村，而与之相邻的永定区湖坑镇的土楼更多。

客家人的土楼

看罢土楼，继续前行。此处有高速公路，但如果愿意多看一些客家人的村落，就应该沿省道332线往西。穿过村落，不久，能看到一座不高的山横在面前，山的垭口处，是广东与福建的分界处。进入广东省，沿着省道一直走，一路上能经过松口镇、白宫镇。

福建以圆形的土楼为特色，广东虽然也有土楼，但数量和密度逊色于福建，它的最大特色是围龙屋。尤其是经过大埔县时，每个村里都能看到古老的院落，多数都是围龙屋或横屋。围龙屋的正房一般为两进，大门前往往会有个半月形的水塘，正房后面，是弧形的屋子。

松口镇有座承德楼，规模宏大。因为不开放，只是在前两进屋舍内看了看，整个屋舍富丽堂皇，与土楼形成天壤之别。

接下来的白宫镇，镇北新联村有两处规模很大的建筑。第一个很容易看到，就位于路边，是个西式的，叫联芳楼，整个建筑显得非常奢华，所有细节均精雕细刻，特别考究。另一个是标准的围龙屋，叫棣华居，在联芳楼南侧，一路之隔，但路旁都是茂密的植物，不容易看到。而且，距离柏油路很近的地方，是棣华居的后部，它的正门朝东，门前有标准的水塘。

作者体会

本行程经过杭州，但在计划中未列出。因为杭州值得单独去一次，且没必要自驾车——对于杭州市区的旅游来说，自驾车反而不方便。

真正能体现出广州当地风情的地方，是西关一带。乘地铁到文化公园，参观十三行博物馆后，沿上下九商业步行街往西走，路上还能经过詹天佑故居、李小龙祖居，沿这条路一直走到西关大屋社区，逛累后，在旁边的泮溪酒家，吃一顿正宗的粤菜（第二天早上，再来一次，在这儿喝早茶）。

广州另一个极富特色的区域，是北京路一带。至于住宿，建议沿珠江寻找，比如沙面岛上的胜利宾馆。

3.1.4 皖赣篇——4月，从徽州到赣州

路线 黄山市/婺源/瑶里/景德镇/三清山/龙虎山/吉安/井冈山/瑞金/赣州。

里程 1500公里。

时间 9天。

路况 全程铺装路（高速公路、国道、省道）。

程度 全程以高速公路为主，路况良好。

主题 自然风光、革命圣地、历史古迹。

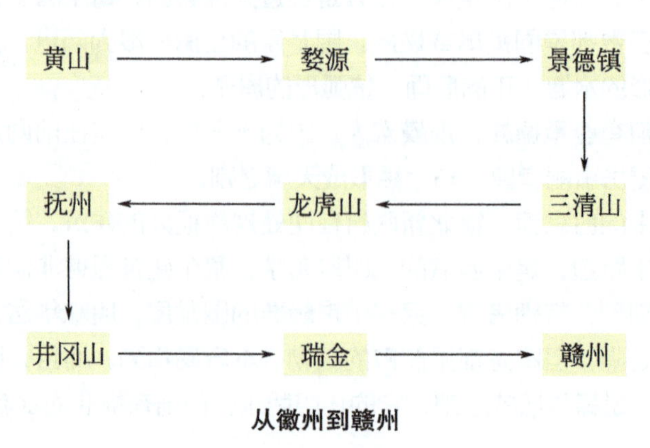

从徽州到赣州

日程安排

第1天 黄山市/婺源。

交通：高速公路、省道，约190公里。
游览：婺源江岭，婺源清华镇（彩虹桥景区）。
住宿：瑶里镇或梅岭。

第2天 婺源/景德镇。

交通：省道，约60公里。
游览：瑶里古镇、汪胡景区、浮梁古城。
住宿：景德镇市区。

第3天 景德镇/三清山南门。

交通：高速公路，约160公里，抵达后乘缆车上山。
游览：御窑厂遗址、昌南阁、古窑民俗博览区。
住宿：三清山山上。

第4天 三清山。

游览：山上诸景。
住宿：三清山南门。

第5天 三清山/龙虎山。

交通：高速公路，约200公里。
游览：上清古镇，乘竹筏游览。
住宿：龙虎山游客中心附近。

第6天 龙虎山/吉安。

交通：高速公路，约300公里。
游览：抚州王安石纪念馆、汤显祖纪念馆。
住宿：吉安市区。

第7天 吉安/井冈山。

交通：高速公路，约130公里。
游览：吉安白鹭洲书院，井冈山诸景。
住宿：井冈山市茨坪镇。

第8天 井冈山/瑞金。

交通：高速公路，约350公里。
游览：共和国摇篮景区（瑞金）。
住宿：瑞金市区。

第9天　瑞金/赣州。

交通：国道或高速公路，约130公里。

游览：于都长征出发地，赣州郁孤台公园、八镜台、蒋经国旧居。

这条路线，第一部分是村落与自然风景（徽州与婺源），第二部分是宗教与自然风景（三清山与龙虎山），第三部分是革命圣地（井冈山与瑞金），第四部分是人文景观（赣州市区南部山区中，散布着许多客家村落，您可以根据兴趣，选择一两个）。

赣州八境台

路线的起点是黄山市，屯溪是市下面的一个区。游客来屯溪，主要是奔黄山。我认为黄山是中国最美的山。当然，景色无论有多美，也得找对时机，时机不对，美景恐怕很难看到。就拿黄山四绝中的云海来说，我去过十多次，只有两次见到了云海。

事实上，即使不去黄山，屯溪本身也很值得看。这里有条老街，还是大名鼎鼎的程朱阙里（宋代理学家程颢、程颐和朱熹）。屯溪老街历史虽悠久，但也是历经磨难，眼下的盛况，是20世纪80年代后期形成的。街上有些店铺，看上去非常古老。街上很多店铺里有文房四宝与茶叶。

屯溪的西南方向，是江西省的婺源。每年三四月间，田野里的油菜花盛开，是婺源一年当中，最为辉煌的时刻。中国有数个著名的油菜花观赏地，如汉中、罗平、兴化、门源，婺源也是其中之一。

婺源乡村

有些油菜花产地，位于一望无垠的平原上，除非弄个直升机，否则很难欣赏到它的美。观赏油菜花，最好在山地，有层次，富于变化，这样才漂亮。这条线路上，途中能见到N多油菜花，但到了婺源，还是应该去趟江岭村。站在山头往下看，是婺源最美的画面之一。

作者体会

婺源县城东北方向，沿省道201线，有许多村落——李坑、汪口、江湾、晓起、江岭、篁岭。此外，县城往北有个清华镇，镇内彩虹桥很出名。在这些村落当中，唯有江岭与篁岭是山景，以梯田为主，其余各村，均在平地上。除篁岭外，其余各村采用通票制，篁岭单独售票。

以我个人的观点，婺源旅游有两个模式。第一是走马观花。驾车沿201省道从东到西转一圈，至于沿途每个村子是否进入，以自己兴趣而定。不想进去的话，在路上也能欣赏到婺源之美，比如汪口，在公路上看全景，很美。第二是静心慢赏。找个自己满意的村民客栈，住上一两天或更长。事实上，在一个村子里住上几天之后，其他村子几乎就没必要去了，各村大同小异。

3.1.5 河南篇——4月，中原大地游

路线 郑州/巩义/登封/偃师/洛阳。

里程 300公里。

时间 6天。

路况 全程铺装路（高速公路、国道、省道）。

程度 路况良好。

主题 历史古迹、牡丹花会。

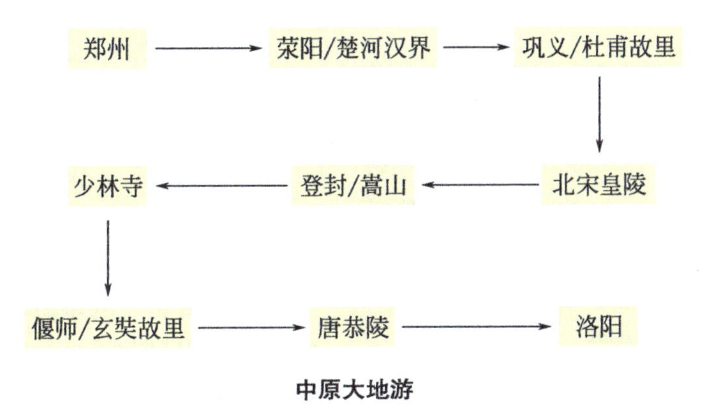

中原大地游

日程安排

第1天 郑州/巩义。

交通：高速公路、省道，约100公里。

游览：荥阳市楚河汉界古战场景区，巩义市杜甫故里。

住宿：巩义市区。

第2天 巩义/登封。

交通：省道，约70公里。

游览：永昭陵、永厚陵、永定陵、永熙陵、永昌陵、永裕陵、永泰陵。

住宿：登封市区。

第3天 登封。

游览：嵩山、中岳庙、嵩岳寺塔。

住宿：登封市区。

第4天 登封/偃师。

交通：国道、省道，约60公里。

游览：少林寺，偃师市侯氏镇玄奘故里、唐恭陵。

住宿：偃师市区。

第5天 偃师/洛阳。

交通：国道、省道，约90公里。

游览：洛阳白马寺、汉魏故城遗址、汉光武帝陵、洛阳古代艺术博物馆。

住宿：洛阳市区。

第6天 洛阳。

游览：王城公园赏牡丹、龙门石窟

住宿：洛阳市区。

参考实例

王城公园的牡丹

之所以推荐4月去洛阳，是因为牡丹。

唐朝诗人刘禹锡有一首《赏牡丹》——庭前芍药妖无格，池上芙蓉净少情。唯有牡丹真国色，花开时节动京城。诗里说的京城，可能是长安，但更可能是洛阳。

洛阳每年都举办牡丹花会。牡

丹初开期是4月上旬，盛开期是4月中旬前后，晚开的品种，可以延续到5月初。洛阳看牡丹的园子大概有11个，其中，以王城公园的资历最深。

北宋陵石雕

如果对古代墓葬感兴趣，在巩义停留一天，把北宋帝王陵（共七座）逐个看看，是件有趣的事儿。

紧靠市区的，是永昭陵和永厚陵。永昭陵很容易找到，它的西墙外仿古街上有个派出所，派出所的对面，是条无名路，沿着路一直走下去，便是永厚陵。这座陵的石像生很完整，尤其是瑞禽，雕刻得很漂亮。

永昭陵正门前的街道叫杜甫路，沿杜甫路往东不到1公里，是往南去的国道310线，沿国道往南5公里，路边是宋真宗的永定陵。

永定陵西侧1.7公里的地方是芝田镇，在十字路口往南3公里，再往西1.4公里是滹沱村，村中是埋葬着宋太宗赵光义的永熙陵。

回到主干道往南600米，路边是安葬着赵匡胤的永昌陵。永昌陵正西方向4公里处，是八陵村，最后两座陵（永裕陵、永泰陵）在该村南侧。

玄奘故里附近，有座唐恭陵，有兴趣的话，不妨顺路一游。墓主李弘，是唐高宗时代的太子，是武则天为唐高宗生下的第一个儿子。

作者体会

洛阳是座历史悠久的都城，博物馆自然不少，比如，洛阳博物馆、洛阳古代艺术博物馆、周王城天子驾六博物馆、洛阳周公庙博物馆、千唐志斋博物馆、定鼎门遗址博物馆等。在这里面，我认为一定要去看的，是洛阳博物馆和洛阳古代艺术博物馆（原名洛阳古墓博物馆）。

洛阳古墓博物馆位于市区北侧，免费参观，周一闭馆。这里其实是北魏宣武帝的景陵，在景陵的东侧，建了几个展厅，前面是地下展厅，后面是壁画馆。展览内容特别丰富，如果仔细观看，起码要三四个小时。比如地下展厅里，复原了从西汉到辽金的25座古墓，能在一个地方看到这么多古墓，而且都能看到墓室内部，非常罕见。

3.1.6 山东篇——4月，齐鲁大地游

路线 济南/泰安/曲阜/邹城/汶上/梁山/阳谷/聊城/长清/济南。
里程 700公里。
时间 6天。
路况 全程铺装路（高速公路、省道）。
程度 路况良好。
主题 自然风光、历史古迹。

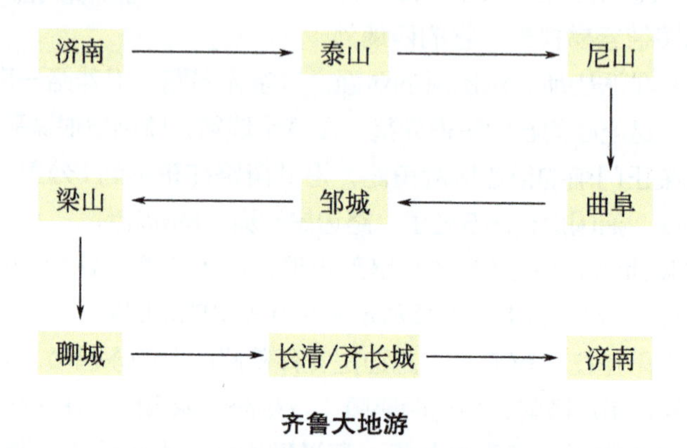

齐鲁大地游

日程安排

第1天 济南/泰安。
交通：高速公路，约65公里。
游览：长清区万德镇灵岩寺、泰山。
住宿：岱顶天街。

第2天 泰安/曲阜。
交通：高速公路，约140公里。
游览：观日出后下山，东岳庙、尼山镇孔子出生地。
住宿：曲阜市区。

第3天 曲阜/邹城。
交通：高速公路，约40公里。
游览：曲阜孔庙、孔府、孔林。
住宿：邹城市区。

第4天 邹城/梁山。
交通：高速公路、省道，约140公里。

游览：孟庙、孟府、孟林、孟母墓地，汶上宝相寺。

住宿：梁山城区。

第5天 梁山/聊城。

交通：省道，约110公里。

游览：水泊梁山景区，阳谷景阳冈、蚩尤陵、狮子楼。

住宿：聊城城区。

第6天 聊城/济南。

交通：省道、高速公路，约180公里。

游览：聊城水上古城，东阿县鱼山镇曹植墓，长清区孝里镇齐长城。

参考实例

关于泰山游览的建议。由于一路上有各种古迹，徒步爬山，收获会更多一些。我本人从山脚下的岱庙，走到岱顶，全程4小时。不愿意爬山，前山可以在天外村乘汽车到中天门，然后坐缆车上到南天门；后山则是从停车场乘汽车到桃花峪缆车站，乘缆车直达南天门。前山与后山。

天街上主要有南天门宾馆、天街宾馆以及几家餐馆。岱顶住宿条件最好的一家是碧霞元君祠上面、靠近孔子庙的神憩宾馆，三星级，平常日每晚400元左右。我住过一次天街宾馆，单人间每晚280元。山下的泰安市区，300元可以入住很不错的饭店，而在山上，只是一个非常普通、甚至有些冷的小屋子。当然，住在山上，运气好的话，可以欣赏泰山四绝——泰山日出、云海玉盘、晚霞夕照、黄河金带。

曲阜三孔与邹城诸多孟子遗迹

到泰山旅游的人们，只要时间允许，往往会顺路到曲阜一游，主要是看孔府、孔庙和孔林，合称三孔。到尼山的游人不多，尼山不仅有孔子出生地，还有尼山孔庙、尼山书院等古迹，环境显得更为清幽。

孟子墓地

曲阜往南不远，是邹城。这里是孟子的故里。孟子虽然晚于孔子，但所取得的成就与孔子不相上下，被后人奉为“亚圣”，与孔子并称为“孔孟”。邹城有很多古迹——孟庙、孟府、孟林、孟母三迁的祠堂、三迁发生地以及孟子的墓地。与人山人海的曲阜相比，邹城显得很安静，我觉得，这里更值得游览。

水浒游：梁山与阳谷

水泊梁山

从邹城往西去，有梁山、阳谷、聊城。这一带堪称“水浒游”——梁山县城南侧，有一个湖泊，后面是座不高的山，此处便是《水浒传》中的水泊梁山。

阳谷县城里，依照《水浒传》中的描写，修建了很多仿古建筑，有武大郎卖烧饼的紫石街、有武松杀死西门庆的狮子楼。看过小说的话，到这儿转转，挺有意思。

聊城则是一座水城，四面环水，城墙与城门，以及城中的街道、建筑，进行了大规模的修建，恢复了历史原貌。比如西大街的县衙，南大街的海源阁，城外还有傅斯年陈列馆、运河博物馆等。

如果有兴趣，附近还有一些历史遗迹——阳谷县西南方向40公里处，有个郭海村，是传说中鲁智深大闹野猪林的地方，郭海村东南10公里左右还有个十字坡，就是孙二娘开店的那个十字坡。

作者体会

这条线路，我曾利用某年公共假期走过一次。一路上，每天看到的新闻，都是旅游景点人山人海，周边交通堵塞严重。可这条线路由于知名度不高，没有拥挤，没有喧闹，食宿价格很合理。

3.1.7 陕西篇——5月，秦岭古道游

路线 西安/宁陕/石泉/汉中/宝鸡/两当/勉县/厚畛子乡/佛坪厅故城/西安。

里程 1400公里。

时间 6天。

路况 全程铺装路（高速公路、国道、省道）。

程度 以山路为主，路况良好。前往佛坪厅故城有局部狭窄山路，需谨慎驾驶。

主题 自然风光、历史古迹。

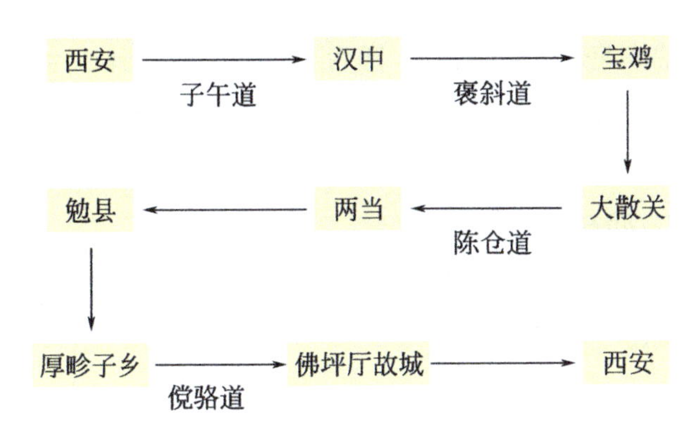

秦岭古道游

日程安排

第1天 西安/汉中。

交通：沿国道210线，途经宁陕县行至石泉县，后沿高速公路前往汉中，约390公里。

游览 子午道。

住宿 汉中市区。

第2天 汉中/宝鸡。

交通：沿国道316线至武关驿，然后沿省道210线途经太白县至宝鸡，约200公里。

游览：宝鸡古汉台、拜将坛、褒斜道（石门栈道）、斜峪关、姜太公钓鱼处。

住宿：宝鸡。

第3天 宝鸡/两当。

交通：沿省道212线至凤县，然后沿国道316线至两当县，约140公里。

游览：宝鸡青铜器博物院、炎帝陵、大散关遗址。

住宿：两当县县城。

第4天 两当/勉县。

交通：沿国道316线至徽县，随后上高速公路至勉县，约230公里。

游览：两当兵变遗址、兵变纪念馆，陈仓道，勉县古阳平关、武侯祠、武侯墓。

住宿：勉县县城。

第5天　勉县/厚畛子乡。

交通：沿高速公路至龙亭镇，随后沿国道108线行驶，约270公里。

游览：龙亭镇蔡伦墓，傥骆道（黑河国家森林公园、佛坪厅故城）。

住宿：厚畛子乡。

第6天　厚畛子乡/西安。

交通：国道108线、省道107线、高速公路，约170公里。

游览：仙游寺、楼观。

参考实例

秦岭与淮河，横卧在我国中部，构成了南方与北方的分界线。其中，秦岭大部分位于陕西境内，山脉北侧，东起潼关，西到大散关，两关之间被称为关中地区，350公里范围内，一马平川，是华夏文明发祥地之一。周、秦、汉、唐等我国历史上的辉煌朝代，均建都于关中地区。从都城往南，翻越秦岭，联系四川等地的交通要道，自然尤为重要。这些道路如今被称为秦岭古道，共计4条：子午道、傥骆道、褒斜道、陈仓道。

现在，这些只能徒步、骑马的古道，早已失去实用价值。近百年来修建的公路与铁路，大多数都是沿着古道的走向——比如，国道210线基本沿着子午道；国道108线大体沿着傥骆道；省道210线与国道316线中的一段，走的是昔日的褒斜道；最复杂的是陈仓道，它涉及了省道212线、国道316线、省道309线，以及一些叫不上名字的村与村之间的小路。

表3-1　秦岭古道情况一览

古道名称	现主要公路	西安-汉中里程
子午道	国道210线、国道108线	约420公里
傥骆道	国道108线	约350公里
褒斜道	国道316线、省道210线	约350公里
陈仓道	国道316线、省道212线、省道309线	约550公里

作者体会

尽管西安与汉中之间，有高速公路。但沿着国道、省道，尽可能贴着历史上的秦岭古道行走，另有一番乐趣。当时，我用了4天时间，两去两回，四次跨越秦岭，将四条古道全部走了一遍，看到了许多古迹。故将其延展为6天行程，向您推荐。

3.2 夏季自驾游线路推荐

按理说，5月应该属于春季，但随着天气转暖，藏区旅游的最佳时刻，是每年5月、6月间，后半段时间已经属于夏季，故将其划入夏季自驾游时间。这里为您重点介绍的是前往藏区的各条路线。

3.2.1 西藏篇——5月，川藏南线、川藏北线、滇藏线、滇藏新通道、山南线、青藏西线、青藏东线，黑阿线

川藏南线（国道318线）

路线 成都/泸定/康定/雅江/理塘/巴塘/芒康/左贡/八宿/波密/林芝/拉萨。

里程 2000公里。

时间 8天。

路况 全程基本铺装路（高速公路、国道）。

程度 只要没有遇到不良天气，比如降雪、降雨，路况无问题（最佳时机是每年5月与9月）。

主题 自然风光、民族风情。

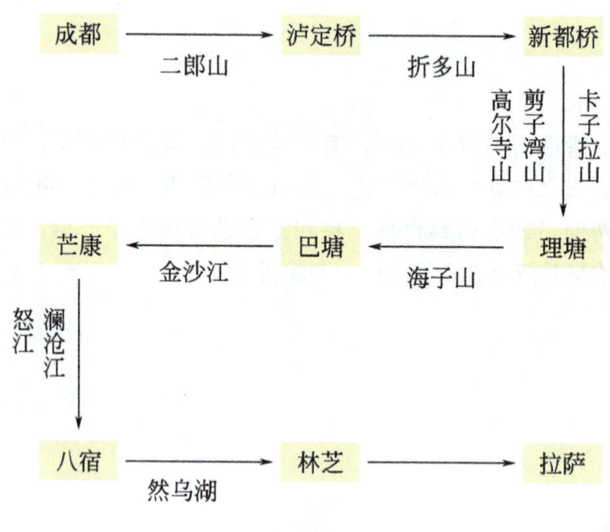

川藏南线

日程安排

第1天　成都/新都桥镇。

交通：高速公路、国道318线，约360公里。

游览：泸定桥。

住宿：新都桥镇。

第2天　新都桥镇/雅江。

交通：国道318线，约65公里。

游览：新都桥镇。

住宿：雅江县城。

第3天　雅江/巴塘。

交通：国道318线，约300公里。

游览：理塘草原。

住宿：巴塘县城。

第4天　巴塘/左贡。

交通：国道318线，约260公里。

游览：金沙江、澜沧江。

住宿：左贡县城。

第5天　左贡/然乌。

交通：国道318线，约290公里。

游览：怒江七十二拐。
住宿：然乌镇。

第6天 然乌/鲁朗。
交通：国道318线，约280公里。
游览：然乌湖、安目错、古乡湖、通麦大桥。
住宿：鲁朗镇。

第7天 鲁朗/林芝。
交通：国道318线，约73公里。
游览：贡错湖、花海牧场、林场。
住宿：林芝市巴宜区。

第8天 林芝/拉萨。
交通：高速公路，约400公里。
游览：甘丹寺。
住宿：拉萨市区。

参考实例

2018年5月，我驾驶别克君威，从北京出发，前往西藏。到达成都后，去程走的是川藏南线，以下为当时的记录。

第1天：成都到巴塘

早7时自成都出发，沿高速公路来到泸定（如今高速公路已经到康定了），转上国道318线，过康定，开始爬折多山。如果打算在垭口停车拍照，需交停车费。

从折多山上下来，进入谷地，地势平坦。谷地当中是大名鼎鼎的新都桥。这一带优美的田园风光，吸引了众多摄影爱好者。新都桥往西，国道318线四川境内还有三座县城——雅江、理塘和巴塘。

即将抵达新都桥

过新都桥，公路开始爬高尔寺山，走到海拔3900米处时，看到新建的隧道——此山已经无需翻越垭口。

左图是剪子湾山昔日的公路，右图是新建的公路

过高尔寺山，沿峡谷下降，降到海拔不足2000米时，是雅江县城。县城过后开始爬剪子湾山。在海拔4180米的地方，又出现了隧道——剪子湾山隧道，取代了昔日海拔4659米的垭口。

剪子湾山之后，公路一直处于群山之巅。不知不觉，公路又一次来到垭口，这是卡子拉山的垭口，海拔4429米。

过卡子拉山，依旧是众多高山，在脱洛拉卡山，出现了新建的隧道——理塘隧道。穿过它，一路下坡，进入理塘县城。此处海拔4000多米，是川藏南线海拔最高的县城。县城内旅馆、餐馆、商店特别多。

过理塘县城，公路穿过一片草原，景色很美。随后，再次进入山区，不久经过一个小坡，路边有些经幡，这里是海拔4676米的海子山垭口。

过海子山，公路进入峡谷。下坡处有两个湖，背后是高山，景色不错。随后公路一直在峡谷中穿行，虽然曲折，但路况很棒。途中的几座山，全部靠隧道穿过。行车近两个小时，于晚8时进入巴塘县城。县城海拔较低，适合住宿，县城内外，各种档次的旅馆非常多。

第2天：巴塘到八宿

早7时出县城，30公里后，在竹巴笼跨过金沙江，进入西藏。

每逢雨季，海通沟可能比较坎坷

进藏后不久，遇到40公里的施工路段。但轿车通行没问题。这条山沟叫海通沟，虽铺好了柏油，但路面时有破损。

路况变好的地方，有个检查站查验证件，旁边还有个加油站。顺便说一句，整个川藏线上无需为加油担忧，92号汽油与95号汽油都有，每个县城都有两个以上的加油站，部分镇上也有加油站。

不久开始爬宗巴拉山，垭口海拔4150米。翻过垭口，一路下坡，进入芒康县城。芒康县城是川藏南线与滇藏公路的汇合点。从这里往南是滇藏公路，一路经梅里雪山、中甸、迪庆、丽江等地。

出芒康县城，再次爬升，没多久来到拉乌山的垭口。垭口过后是一条山谷，我认为，这是进藏后第一个美景所在地。在这片坡地中，散落着许多藏寨，寨的周围是大面积的农田或草场。

下到谷底，看到澜沧江。江畔是竹卡村和如美镇，有许多旅馆与餐馆。

跨过澜沧江，立即开始爬觉巴山。上山的路非常长，蜿蜒曲折。该山垭口海拔大概是3900米。继续往前10余公里，又翻越东达山，垭口海拔5130米。

从东达山下来，在一条山谷里转来转去，走到尽头，便是左贡。这是个旅馆、加油站、餐馆、商店和维修厂一应俱全的县城。

过左贡，沿国道继续前行。路边出现玉曲河。两岸有不少藏族村寨，景色很美。从左贡算起，107公里后是邦达。此处是个路口，左转是拉萨，右转是昌都，也就是川藏北线。邦达是个乡，有许多餐馆和旅店。

爬业拉山途中，看邦达全景

过邦达后，立即爬业拉山。垭口海拔4658米。由于邦达海拔已是4126米，所以，只转了几个弯就来到垭口，爬山过程很轻松。过垭口，脚下是极深的怒江峡谷，国道沿山延伸到谷的深处。不知从何时起，人们把这段路称为怒江七十二拐，还专门修建了一个观景台。

用了很长时间、拐了很多弯，才下到谷底，来到怒江边。沿怒江开了一小段，有座桥，过桥后是一条山谷，沿着山谷一直走，于晚8时进入八宿县城。

第3天：八宿到拉萨

早7时离开八宿，路况很棒，直道较多，很容易开快车。行车一个小时，经过安久拉山垭口，该处海拔4475米，但由于周围地势很高，感觉不出来这是个垭口。过了安久拉山垭口，公路依旧在高山上，两旁全是荒地。不久，公路进入一条峡谷，一路下坡。路旁，是一条湍急的溪流。

峡谷走完，眼前豁然开朗，一片开阔的谷地出现了。此处是国道318上美景所在——然乌湖。有人认为然乌湖是川藏线上最美的景色。

然乌湖这一带，其实有两个湖。据说南边才是然乌湖，西边紧靠着国道的，是安目错。西藏雪山众多，山脚下往往就会有湖。然乌湖的旁边，是岗日嘎布雪山。由于景色不错，游客云集，然乌镇周边，旅馆特别多。

过然乌湖，继续往前，开阔的谷地结束，进入一条峡谷。峡谷过后，又进入一片开阔地。这一带的山势很美，偶尔还能看见半山腰处有高悬的瀑布。总体来说，这一段国道不断下降高度，然乌镇海拔是3900米，到了波密县已降为2700米。从然乌湖到波密县城，行车两个半小时。波密县城中旅馆、商店、餐馆很多。

过波密县城，继续行驶88公里，是著名的通麦天险。所谓通麦天险，指的是这里经常塌方。眼下，已经修了一座宏伟的大桥，那座临时桥还在，与新桥相比，实在渺小。路况很好，但由于限速，只好放慢车速，慢吞吞地来到鲁朗。鲁朗是个小镇，景色优美，十多年前就有不少游客光顾，它的东面是聚集着数家高级饭店的旅游区，西面才是当地人聚居的镇子。

宏伟的通麦大桥，取代了昔日的小桥

鲁朗地处林区，物产丰富，比如菌类、药材等。此外，利用当地的一种石材，加工成锅，配上数种药材，炖一只鸡，味道鲜美。它虽然不是历史悠久的当地美食，但确实很吸引游客。

鲁朗谷地走完，公路开始爬升。这座山是色季拉山，垭口海拔4500多米。垭口处有个观景台，可以眺望南迦巴瓦峰。过了垭口，脚下出现一个开阔的谷地——林芝的所在地。从山上下来，进入平坦的谷地。首先经过的，是林芝镇。林芝有两个概念，一个是眼前这座小镇，还有一个是林芝市，后者是个地级市。过林芝镇不久，国道318线接上了高速公路。沿着高速公路走了一会儿，右手便是巴宜区。

林芝与拉萨之间，是400公里的高速公路

林芝到拉萨的高速公路免费。途中有个巴松错出口，那是个很美的湖，如果第一次来，不妨去看看。不过，下高速还得再走40公里才到。途中还有一座太昭古城，很安静，几乎没什么游客。

距离拉萨还有40多公里时，有个甘丹寺出口。对人文有兴趣的话，应该去看看。

距拉萨大概还有15公里时，高速公路结束。回到国道318线，于晚9时进入拉萨。

作者体会

关于高原反应。我本人早期的做法是，第一天尽可能早出发，下午早一些到新都桥，停车睡觉。睡到第二天上午，一般就能适应。再往后，只要不做剧烈运动，就不会有事。

关于路况。只要季节合适、驾驶技术过关，走川藏南线是很简单的事儿。比如上面说到的海通沟，这么多年我只遇到过一次泥石流，堵了八个小时。同行者在堵点看到，有辆普拉多过塌方点时，驾车人不听建议，结果陷住了。旁人只得用拖绳拖，单单他一辆车，就折腾半个小时。我身后有辆轿车，车上是四位大叔。人家看我开的是越野车，跑来跟我商量，希望我在通过塌方点之后等一会儿，如果他的车过不去，让我拖一下。但是，人家顺利通过了。

有人担忧动力不足，大可不必。人家当地人开着各种小排量的车，天天跑来跑去，毫无问题。

川藏北线（国道317线）

路线 拉萨/当雄/那曲/索县/巴青/丁青/类乌齐/昌都/江达/德格/甘孜/炉霍/马尔康/理县/汶川/成都。

里程 2400公里。

时间 11天。

路况 全程基本铺装路（高速公路、国道、乡道）。

程度 每年5月至10月，路况基本良好。

主题 自然风光、民族风情。

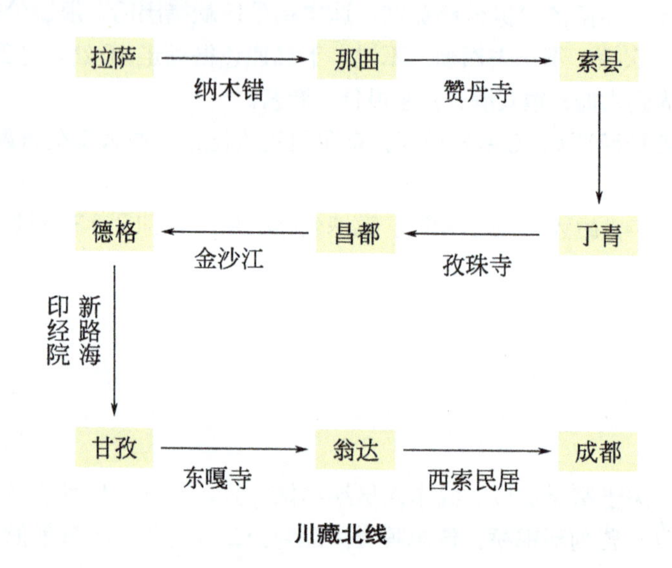

川藏北线

日程安排

第1天 拉萨/纳木错。

交通：国道109线、乡道，约220公里。

游览：纳木错。

住宿：纳木错乡或扎西半岛。

第2天 纳木错/那曲。

交通：乡道、国道109线，约230公里。

游览：那曲河。

住宿：那曲市区。

第3天 那曲/索县。

交通：国道317线，约230公里。

游览：索县赞丹寺。
住宿：索县县城。

第4天　索县/丁青。
交通：国道317线，约250公里。
住宿：丁青县城。

第5天　丁青/昌都。
交通：国道317线，约230公里。
游览：丁青孜珠寺，昌都强巴林寺。
住宿：昌都市区。

第6天　昌都/德格。
交通：国道317线，约325公里。
游览：江达瓦拉寺，岗托渡口遗址。
住宿：德格县城。

第7天　德格/甘孜。
交通：国道317线，约190公里。
游览：印经院、雀儿山、新路海。
住宿：甘孜城区。

第8天　甘孜/色达。
交通：国道317线、乡道，约150公里。
游览：甘孜寺、活佛纪念馆，色达五明佛学院。
住宿：色达。

第9天　色达/翁达。
交通：乡道，约80公里。
游览：色柯镇降魔塔、邓曲登佛塔、东嘎寺。
住宿：翁达镇。

第10天　翁达/卓克基。
交通：国道317线，约200公里。
游览：直波村、西索民居、土司官寨、红军长征纪念馆。
住宿：卓克基镇。

第11天　卓克基/成都。
交通：沿国道317线行至汶川，转上高速公路，约300公里。
游览：甘堡藏寨、桃坪羌寨。

川藏北线是个俗称，正式公路编号为国道317线。该路起点成都，终点那曲，故这条路也被称为“成那线”。但目前这条路已经往西延伸到阿里地区，不知以后会不会改名叫“成阿线”。与川藏南线（国道318线）相比，川藏北线更“可靠”一些。比如，在过去数年间，据我所知至少有三次因为降水，国道318线断路，众多车辆只得绕行国道317线。

在网络上，对于川藏北线有着不同的理解。比如，有人认为南、北线从新都桥分开，北线走道孚、炉霍、甘孜，南线走雅江、理塘、巴塘。

大概从2007年开始，川藏南线游客越来越多，川藏北线则显得很安静——对于喜欢“静”的自驾游游客来说，它显然更合适。

2018年9月，我用了5天时间（第1天黄昏才出发，实际行车4.5天），沿川藏北线从拉萨前往成都，以下为当时的路况记录。

第1天：拉萨到当雄

下午6点30分，驾车离开拉萨，行车150公里到当雄，已是晚9点30分。当雄距纳木错比较近，游客超多，旅馆一家接一家，连绵数里。

第2天：当雄到丁青

当雄往北160公里是那曲，这段路用了两个半小时。抵达时看到一个丁字路口，国道109线继续往北，往东进入市区的浙江西路。右转穿过那曲市区，5公里后，第一次见到国道317线的里程碑——1984公里，该里程从成都算起。

随后很长的一段，依旧是高原景色。途中有三个垭口，海拔4600米的拖古拉山、海拔4700米的巴桥拉山以及海拔4900米的江古拉山。不过，由于高原本身海拔就是4000多米，经过垭口时，并没有感到有什么不一样的地方。这一点与川藏南线有很大不同。后者由于穿越横断山脉，上上下下，海拔在2000米与5000米之间，会有明显感觉。

川藏北线靠近那曲的一段路，是高原景色

除了三个垭口，这段路还经过孔玛乡、达前乡（有餐馆和商店）、夏曲镇（有加油站、旅馆、餐馆和商店）、扎拉乡（有餐馆与商店）。夏曲镇之后的伯托村（有加油站）有个路口，如果右转，是省道303

线，基本与国道317线平行，一路上经过比如县、边坝县、洛隆县，最后到昌都。这条路的游览价值也很高。比如，萨普神山与圣湖等，景色壮丽。由于省道303线位于国道317线与318线之间，有人将其称为川藏中线。我认为不准确，省道303线并没有到四川，只是西藏自治区内的一条路，以前很难走，现在跟丙察察线一样，好走多了。

从达前乡开始，公路进入山谷，到了里程碑1811公里处，进入一条更深的峡谷。从这时起，公路绝大部分都在或宽或窄的山谷里穿行。

行驶到1761公里处，是索县县城。远远就能看见辉煌的赞丹寺，与布达拉宫有些神似。赞丹寺身后是城区。城西有一家加油站，城东有三家加油站。

索县县城的赞丹寺

抵达索县之前，有部分破损路段，尤其是在1830公里至1835公里之间，破损十分严重。索县之后，公路变好，往东32公里，是巴青县城。

巴青县城有些杂乱。县城西侧是一家寺院。县城北侧20多公里的江绵乡，还有座龙嘎寺。

巴青县往东254公里，是丁青县，大概需要六个小时。刚开始，公路位于较宽的山谷中，景色很美。在1687公里处，经过雅安镇（有加油站），路旁有条叫玛曲的河。过雅安镇14公里，公路翻过恰拉山口。垭口之后，经过荣布镇，镇内有加油站、旅馆、餐馆。

巴青与丁青之间的山谷

荣布镇之后是巴达乡。过巴达乡后，公路翻过斜拉山（此山隧道即将竣工），经过色扎乡，随后便是丁青县城。丁青县城很整洁，饭店较多，尤其是县城东侧，一连数家，比如，虫草大酒店、奇迹大酒店、吉祥宫酒店。

第3天：丁青到江达

驶出丁青，路边的里程碑是1540公里。行驶到1410公里+800米处，有个路口，往里走1.8公里，左转上山，行驶11.5公里，便是著名的孜珠寺。

位于山巅的孜珠寺

总体来说，国道317线路况不错

从这开始，国道317线有两种里程碑，之间的差距大概是70公里左右，估计是修路所导致。

游览孜珠寺后，回到国道317线。里程碑1494公里处的绒通村，有寺院、河流、树林、草地，景色不错。在1492公里处，公路再次进入峡谷，走到1378公里+500米处，风景更美，河对岸的草场，犹如新疆那拉提。

继续前行，在里程碑1366公里处，经过斜嘎拉垭口。从丁青县城算起，行车145公里，抵达类乌齐。从西宁过来的国道214线，在此与国道317线合并，共同往南105公里到昌都。类乌齐与昌都之间有座朱古拉山，山脚下的隧道据说快要竣工了。

昌都是个地级市，规模较大。市区旁边的昂曲与扎曲，在此汇合成澜沧江，往南奔流。市区高处是规模很大的强巴林寺。

从昌都国道317线与国道214线分开，317线继续往东，途经玉龙矿区和雪集拉山口，行驶230公里到达江达县。这段路上，几乎每个村落都有佛塔，上面挂着经幡，下面摆着刻有经文的石块。

第4天：从江达到观音桥镇

出江达30公里，经过瓦拉寺。随后公路开始翻越矮拉山，垭口海拔4245米，此处也正在修隧道。矮拉山之后是岗托镇，再往前8公里，来到金沙江畔。大桥附近，可以看到岗托渡口遗址。

过桥进入四川。此时，距成都还有846公里。接下来的一段路，路面平坦，风景优美。尤其是在里程碑876公里处，有座寺院，路北是河流，构成一幅完美图画。附近还有一座甲察城堡遗址，据说与格萨尔王有关。

行驶26公里，抵达德格县。县城位于一条山谷中，比较狭窄，但建筑很漂亮。街边旅馆非常多。游客来此，通常是为了市区中心的印经院。

离开德格54公里，来到雀儿山隧道口。隧道口旁边是翻雀儿山的老路，垭口海拔5050米。不愿意爬山的话，就走隧道。

隧道之后的景色很漂亮。开阔的谷地间，是河流与草场，犹如一副巨大的油画。里程碑798公里处是新路海，如果黄昏经过这里，在湖畔扎营，是个不错的主意。

新路海往东26公里，是马尼干戈乡。这里是个三岔口，往西北方向，是前往石渠以及青海玉树的公路。马尼干戈乡之后，有很长的一段，限速十分严格。

马尼干戈乡往东93公里，是甘孜县。县城规模不小，西北高处，是辉煌的甘孜寺。城里有数家高级旅馆，城南是雅砻江，还有座格达活佛纪念馆。

离开甘孜，沿公路往东91公里，是炉霍。前半程以高原为主，后半程穿行于谷地之间。距炉霍还有68公里时，有个路口，往北去，是色达。

炉霍县城是个三岔口，国道317线折向东北方向，朝东南方向的路，是国道350线。沿着它，接下来是道孚县、八美乡与塔公乡，最终在新都桥与国道318线会合。当然，也可以从八美朝东，经丹巴、小金，到都江堰。炉霍县城很整齐，有不少旅馆，比如，雍金卓玛酒店、天珠大酒店、布达拉大酒店。

出炉霍，行驶64公里，是翁达镇。此处往西北80公里是刚才说的色达县。因为游客很多，此处是必经之地，小小的翁达镇，有不少旅馆。

从翁达开始，公路一直往东，直到马尔康，这个区间是190公里。全程在山谷中，路况不错。沿途经过好几个乡，都有旅馆。我选择的住宿地点是观音桥镇。此处有座观音庙，非常出名。

川藏北线大部分路段位于山谷中

第5天：观音桥镇到成都

离开观音桥镇，公路依旧在峡谷中，开始一段很好走，经过前往金川的路口之后，公路变窄，驾驶需小心。

行驶57公里后，途经松岗镇，路南山坡上，有几座碉楼，这里叫直波村，最高的一座碉楼下面，是家环境不错的客栈与餐馆。

从直波村往前行驶13公里，是马尔康市。市区东10公里处，是卓克基镇。此处有个叫西索民居的藏寨，很出名。河对岸的旅游小镇里有许多旅馆和餐馆，停车很方便。藏寨对面，是土司官寨。旁边还有红军长征纪念馆，免费开放。

卓克基往东，公路依旧在山谷中。直到有个路口，公路折返，走隧道穿越鹧鸪山，随后是米亚罗，这段路程长度77公里。米亚罗及附近的古尔沟、毕棚沟，都是比较出名的自然风景区。

米亚罗过后59公里，是理县县城。再往前8公里，是甘堡。这是一个规模较大的藏族村寨，主要欣赏石屋与碉楼。在甘堡附近，我看见国道317线的里程碑是187公里，在这之后，就很少见到里程碑了。因为从马尔康开始，国道317线的旁边，正在修筑前往马尔康的高速公路。

甘堡过后14公里，是薛城，是个羌族、藏族与汉族混居的古镇。薛城之后，又经过了木卡羌寨、甘溪民居、桃坪羌寨。过桃坪羌寨17公里，来到汶川。此处有高速公路，沿高速公路，便能直达成都。

作者体会

总有人问去西藏自驾游要花多少钱。其实，固定的费用是交通，西藏没有过路费，但油费稍贵一些，比如，在2018年，理塘7.7元/升，山南8.4元/升，昌都9.4元/升，炉霍7.8元/升，当然，花费多少，还得看油耗。比如，2019年我驾驶欧蓝德行走藏区，2.4升排量，百公里油耗大致在6 ~ 8升之间，平均每公里燃油成本约0.7元。至于住宿与餐饮，完全看个人，想彻底省钱就睡车上，一分钱不用花。当然，不是每个人都能这么凑合。从友人们的汇总来看，两个人开车去西藏玩三个星期，总花费在1万元左右的居多。

滇藏线（国道214线+318线）

路线 昆明/大理/丽江/香格里拉/德钦/芒康/左贡/八宿/波密/林芝/拉萨。

里程 2200公里。

时间 12天。

路况 全程铺装路（高速公路、国道）。

程度 路况良好，但最好避开冬季。

主题 自然风光、民族风情。

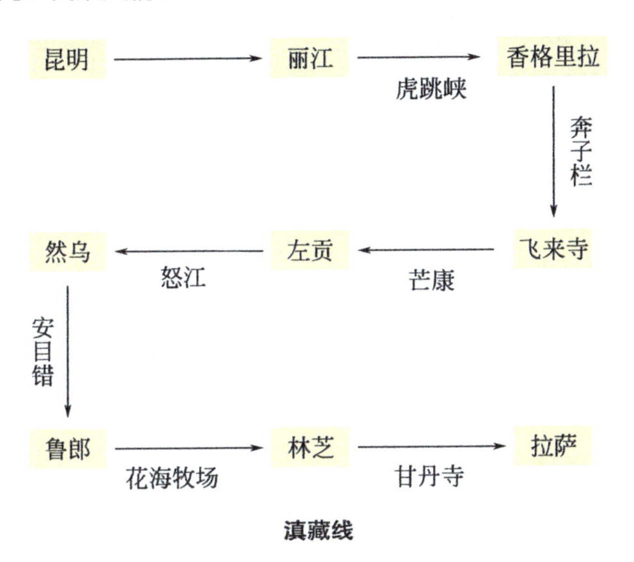

滇藏线

日程安排

第1天 昆明/大理。

交通：高速公路，约325公里。

游览：大理古城。

住宿：大理古城附近。

第2天 大理/丽江。

交通：高速公路，约160公里。

游览：大研古镇。

住宿：古镇内或丽江郊区。

第3天 丽江。

游览：根据兴趣自定。

住宿：古镇内或丽江郊区。

第4天　丽江/香格里拉。

交通：高速公路、国道214线，约180公里。

游览：虎跳峡、石鼓镇。

住宿：香格里拉城区。

第5天　香格里拉。

游览：纳帕海、松赞林、碧塔海。

住宿：香格里拉城区。

第6天　香格里拉/德钦飞来寺。

交通：国道214线，约170公里。

游览：奔子栏、白马雪山，梅里雪山日落。

住宿：飞来寺附近。

第7天　德钦飞来寺。

游览：梅里雪山日出。其他时间的安排，根据兴趣自定，比如明永冰川、雨崩村。如果游兴十足，希望多去几个地方，行程恐怕需要顺延一两天。

住宿：飞来寺附近或雨崩村。

第8天　德钦飞来寺/左贡。

交通：国道214线、国道318线，约370公里。

住宿：左贡县城。

第9天　左贡/然乌。

交通：国道318线，约290公里。

游览：怒江七十二拐。

住宿：然乌镇。

第10天　然乌/鲁朗。

交通：国道318线，约280公里。

游览：然乌湖、安目错、古乡湖、通麦大桥。

住宿：鲁朗镇。

第11天　鲁朗/林芝。

交通：国道318线，约73公里。

游览：贡错湖、花海牧场、林场。

住宿：林芝市巴宜区。

第12天 林芝/拉萨。

交通：高速公路，约400公里。

游览：甘丹寺。

住宿：拉萨市区。

参考实例

滇藏线的后半段，其实就是川藏南线，它在芒康汇入国道318线。也就是说，滇藏线的自身特色，主要在前半段——大理市、丽江市和迪庆州。

迪庆州的中甸县，为发展旅游业，更名香格里拉县，后改为市。至于大理与丽江，早就成为旅游热门地区。所以，滇藏线不仅路况很好，沿途还特别热闹。旅游大巴一辆接着一辆，一年到头，游客不断。

滇藏线旅游重点之一：丽江

丽江的大研古镇，是个水乡小镇。1995年，我首次来到这里，以后几年，不断前往，并把一篇游记起名为《高原姑苏展奇景 香格里拉觅仙境》。

丽江大研古镇

在大研古镇的感受是很棒的。在小溪畔找个舒适的座位，可以尽情享受悠闲的时光。休闲是这里的主题词。在这儿，时间是凝固的。

滇藏线旅游重点之二：虎跳峡

离开丽江，个把小时就能来到石鼓镇。在横断山脉的三条山谷里，流淌着三条从北往南去的江——金沙江、澜沧江与怒江，这就是著名的“三江并流”。其中，金沙江流到石鼓镇，掉头而行，成为中国第一大河。而怒江与澜沧江继续往南，出国后变成了萨尔温江与湄公河。

金沙江掉头后不久，在玉龙山与哈巴山的夹击下，形成虎跳峡。90年代初期，从桥头镇出发，徒步40公里到大具，全程穿越虎跳峡，是很有趣的户外运动。当时，来这儿穿越的，主要是欧美国家的年轻人，至少需要2天，中途在一个叫核桃园的小村过夜。

当时的核桃园，是名副其实的世外桃源，坐在山泉客栈的小院里，脚下便是虎跳峡中的中虎跳，吃着还算不错的澳式西餐，喝着冰凉的啤酒，会有一种外面的世界离我很远的感受。遗憾的是，后来为了开发旅游业，虎跳峡里修筑了公路，汽车可以从头开到尾，昔日的徒步乐趣，荡然无存。

虎跳峡曾是很经典的徒步路线，如今可以轻松驾车走遍全程

滇藏线旅游重点之三：梅里雪山

穿过香格里拉县城，过奔子栏与德钦县城，来到飞来寺。这里的旅馆很多，价格昂贵的饭店也有好几家。因为，在此可以观赏到梅里雪山日出。有兴趣的话，飞来寺周边地区，有数条骑行、徒步路线，可以多玩几天。

从飞来寺北行，先翻山，然后沿澜沧江，走很长的一段，过盐井之后再往北，就是芒康，此处，是滇藏公路与川藏公路的汇合处。

飞来寺旅馆众多

在盐井进入西藏

作者体会

在一些人的心目中，香格里拉是个时髦的称谓，有人迷恋它的歌舞升平，有人陶醉于它的蓝天白云。或许，世界上应该有两个香格里拉，一个是物质的，一个是精神的。如何理解，就看您自己了。

云南香格里拉所在的滇藏公路，是旅游热点，路况很好

德钦县之后，公路有很长一段沿河谷修筑，通行条件优于川藏线

香格里拉不是某个旅游景区，而是数百公里的一片真山真水。自驾车在这一带游逛，是最好的选择

不要把香格里拉想象成无人区。沿公路行驶，时常能经过繁华小镇。途中，加油站、酒店、客栈、餐馆、商店应有尽有

滇藏新通道（丙察察线）

路线 昆明/大理/永平/怒江州（六库）/福贡/贡山/察隅/波密。

里程 1400公里。

时间 5天。

路况 有260公里的非铺装路。

程度 最好使用底盘离地间隙较高的车，并具备一定的户外经验。再有，冬季最好不要前往，因为垭口处很可能有积雪，有时甚至难以通过，只得绕行左贡。

主题 自然风光。

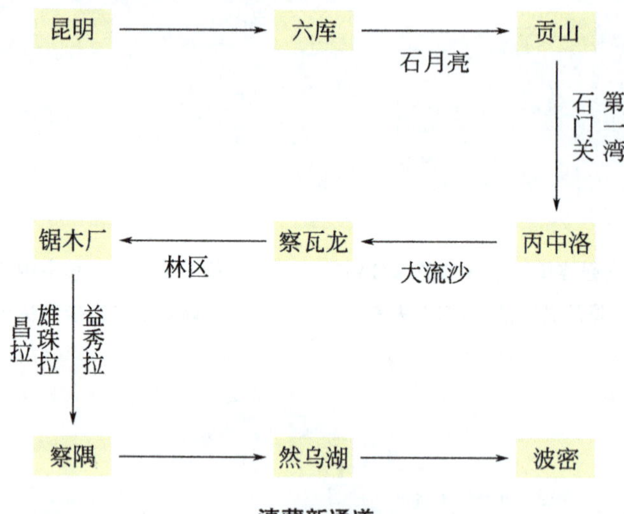

滇藏新通道

日程安排

第1天 昆明/怒江州（六库）。

交通：高速公路、省道，约530公里。

住宿：六库市区。

第2天 怒江州（六库）/贡山。

交通：省道，约250公里。

游览：石月亮。

住宿：贡山县城。

第3天 贡山/丙中洛。

交通：省道，约45公里。

游览：怒江第一湾、石门关、教堂。

住宿：丙中洛镇。

第4天 丙中洛/察隅。

交通：乡道，约310公里。

游览：沿途自然景色。

住宿：察隅县城。

第5天 察隅/波密。

交通：省道、国道，约290公里。

游览：然乌湖。

住宿：波密县城。

参考实例

所谓丙察察线，正式的名称叫滇藏新通道——滇藏公路从此有两条，第一条是大理、丽江那条路，第二条就是丙察察线。

最初，国道318线（川藏南线）很受追捧，因为风景绚丽，具有一定难度。后来，全程铺了柏油，除非遇到意外，否则，如今的国道318线是条很舒服的自驾游路线。但对于一些驾驶爱好者来说，必须制造点儿困难才够味儿。于是，丙察察线被推了出来，前几年丙察察线的路况确实糟糕，于是有“眼睛在天堂，身体在地狱”的说法。

不过，在2016年和2017年，这段路已经全面修整，尤其是云南境内的28公里路，全部铺了柏油。以下是我在2018年的行车记录。

6时30分，从丙中洛出发

驶出丙中洛，看到平坦的路面，让我感到很意外——昔日的烂路去哪了？

云南境内是很好的柏油路

7时30分，来到滇藏省界，进入西藏

进入西藏，路边的第一座里程碑

从丙中洛出发，12公里处是秋那桶村，这是个景色很好的村子，村中有民宿。13公里处是检查站，查验身份证（无需边防证）。28公里处是省界。由此，告别云南，进入西藏。

进入西藏的地方，路边有个牌子：此处距察瓦龙52公里，距察隅县城263公里。有人认为，这条路是进藏最近的一条路，但也得分地方，如果您从昆明、南宁、广州出发，走这条路进藏，确实比较近。如果从北方来，走它就太绕路了。

8时30分，途经第一座藏族村落

沿怒江而行

10公里之后，见到第一个村落——松塔村。这是个很简陋的小村，房屋很少，但却是这条路上首次出现的藏式建筑。4公里之后，经过龙布村。这个村子规模大一些，尤其是景色不错。随后的30公里，又经过了扎恩村、昌西村、邓许村。有的村庄在江对岸，需走吊桥过去。

9时40分，途经大流沙

从丙中洛算起，71.4公里处，有个挺别致的山坡，即著名的大流沙。据说，该坡往往在下午会有险情，但并非天天如此。这里的路已被展宽，相对来说，比以前安全多了。大流沙之后8公里，是察瓦龙。这是山谷里一片比较开阔的平地。刚刚进镇的地方，有两家加油站。

10时20分，途经察瓦龙

察瓦龙规模不算很大，但餐馆、旅馆、商店比较多，如豪明商务酒店、察瓦龙酒店、藏东门酒店。在汽车救援与补胎方面的服务，价格也还过得去。

由于察瓦龙距离丙中洛并不远，就欣赏景色而言，还是在丙中洛住一夜

更划算，因为丙中洛周边更美（比如怒江第一湾）。所以，我认为在察瓦龙住宿的价值并不大。因为，无论如何慢游，丙中洛到察瓦龙，也用不了1天时间。

11时，从察瓦龙继续西行

驶出察瓦龙2公里（里程碑54公里处），有个路口，右转是左贡县，直行是察隅县。对于自驾游来说，如果走左贡，就意味着接下来得走国道318线，显然不如走察隅，景色更好。

从察瓦龙开始，这一段的怒江峡谷，变成了秃山，显得很荒凉。路上碎石很多，驾驶需小心。

11时40分，跨过怒江

离开察瓦龙11公里，过左布村。路旁里程碑74公里处，公路跨越怒江。过桥的地方，是怒江与伟曲的汇合处。过江后不久，公路将离开怒江，朝西而去。

公路离开怒江，开始爬升

沿着怒江右岸行驶2公里，在目巴村旁，公路开始爬升。这一段爬升的速度很快，连续数个盘旋，便脱离了怒江峡谷，来到高处。

12时30分，进入林区

来到高处之后，公路进入一片林区。里程碑85公里和87公里处，路旁有不错的宿营地，适合露营。里程碑92公里处，是梦扎村，村里有简易客栈。这段林间公路，全长大概30公里，路旁始终伴随着一条溪流（似乎叫庄通曲），看上去很清澈，水量不小。四周的景色不错。

林区里的锯木厂

13时20分，途经锯木厂

里程碑101公里和107公里处，路旁同样有适合扎营的高地。其中，在里程碑107公里处，叫锯木厂。前几年这条路倍加难行的时候，从丙中洛到察隅县行车需2天，这个锯木厂便是扎营的所在。如果没有携带露营装备，在里程碑120公里+800米处，有个叫德究通的小村，有住宿和餐饮服务。

过了德究通之后，公路开始爬升，刚才茂密的林区彻底不见了，取而代之的，是一派高原景象。

14时，经过第一座垭口

山中小村

在里程碑136公里处，公路来到雄珠拉垭口，海拔4636米，而丙中洛的海拔约为1750米。雄珠拉垭口之后，是漫长的下山路。行驶18公里，下到山谷中，途经目若村。村子周围地势比较开阔，村内规模不小，有餐馆和简易旅馆。目若村过后，又翻过一座小山。这一段的景色看上去很雄伟、很壮观。随后公路一直位于谷中，并经过了三个比较小的村子。

15时25分，经过第二座垭口

在里程碑179公里+900米处，公路翻过第二个垭口——昌拉垭口。此处海拔4498米。比刚才的雄珠拉垭口略低。

16时15分，经过第三座垭口

翻过昌拉垭口，公路有所下降，路旁出现了嘎达曲和一个小村子。33公里之后，又翻过益秀拉垭口（海拔4706米，这是丙察察线上的最高点），之后便进入一条山谷，高度不断下降。

17时20分，丙察察线全部走完

翻过益秀拉垭口之后，走了20公里，公路重新进入林区。这是丙察察线的最后一段公路，路况不佳，有比较多的坑洼与碎石，雨天一片泥泞，晴天尘土飞扬，驾驶需小心谨慎。在经过了明期村与桑久村之后，来到一个路口，抵达路口前1.6公里处，见到丙察察线的最后一个里程碑——261公里。

所谓路口，是丙察察线的终点。丙察察线在此汇入省道201线。沿着它，往北150公里，是国道318线上的然乌，路况很好，大概三四个小时能到；往南15公里，是察隅县。如果不打算去察隅，行车至此，右转便能直奔然乌。但如果需要尽快加油或住宿的话，就得左转去察隅。

丙察察线的最后一个里程碑

察隅县城很热闹，往南还有下察隅可供游览

县城有两家加油站，以及许多旅馆、饭店和餐馆。县城里有家边防大队，在那办理通行证之后，可以前往下察隅地区，进行边境旅游。下察隅是条河谷，相对闭塞，民风十分淳朴。

这一天，早上6点半从丙中洛出发，下午5点20分走完丙察察线。在察隅县城停留片刻，于当晚9点抵达然乌。可见，如今的丙察察线，已经好走多了。当然，所谓好走，是与昔日的糟糕状况相对比。

我用一天时间从丙中洛跑到然乌，对于旅游来说，应该慢一些，在风景优美的地方多待会儿，如果天气适宜，最好扎营一晚，才能为自己制造更多精彩、更多回忆。毕竟，与国道318、109线相比，丙察察线人烟稀少、景色幽美，起码在目前，它是一条很棒的自驾游路线。

作者体会

就整个丙察察线来说，丙中洛周围的怒江峡谷，景色是最棒的。我认为，不打算进藏的话，大理、丽江、中甸、德钦、丙中洛、独龙江、六库、高黎贡山、腾冲、保山、大理，这几个地方就能构成一个非常完美的环形自驾游路线。怒江州如今正在更新六库到丙中洛的公路，并将其命名为“美丽公路”。这名字起得不错。这条路值得来玩。

山南线

路线 林芝/米林/朗县/加查/山南/拉萨。
里程 700公里。
时间 4天。
路况 全程铺装路（高速公路、省道、乡道）。
程度 路况良好，注意限速。
主题 自然风光、历史古迹、民族风情。

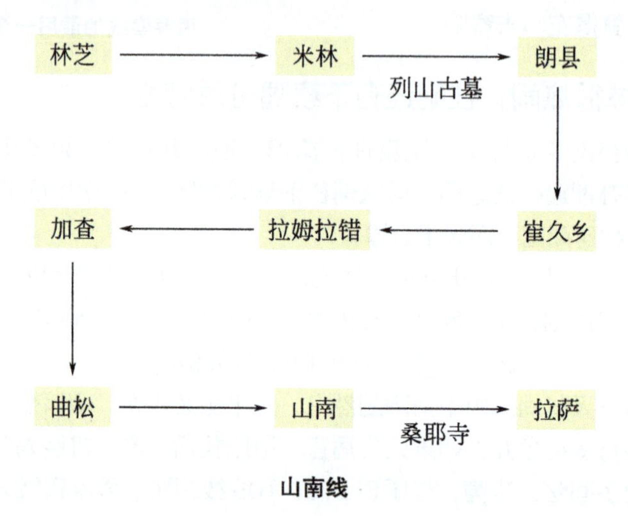

山南线

日程安排

第1天 林芝/朗县。
交通：省道，约240公里。
游览：列山古墓、朗顿庄园。
住宿：朗县县城。

第2天 朗县/崔久乡/加查。
交通：省道、乡道，约185公里。
游览：土登嘉措出生地、崔久乡拉姆拉错。
住宿：加查县城。

第3天 加查/曲松/山南。
交通：省道，约150公里。
游览：曲松拉加里王宫，山南雍布拉康。
住宿：山南市区。

第4天 山南/拉萨。

交通：国道、高速公路，约150公里。

游览：藏王墓、朗赛林庄园、桑耶寺。

住宿：拉萨市区。

参考实例

林芝到山南的306省道，可以称作山南线。这条路游客不多，路况不错，沿途内容多样，既有高山、峡谷、圣湖，又有众多的人文景观，比如古墓、活佛出生地、古老的宫殿、古老的寺院等（表3-2）。

表3-2 林芝到山南沿途县市情况

地名	游览	距上站里程
米林县	南伊沟	70公里
朗县	列山古墓、巴尔曲德寺、扎日莎巴山、土登嘉措出生地	170公里
加查县	拉姆拉错、达拉岗布寺、莲花生达寺、崔久沟	80公里
曲松县	拉加里王宫、吾金古如拉康、拉日石窟、加日贡寺	90公里
山南市	桑耶寺、雍布拉康、藏王墓、朗赛林庄园	60公里

第1天：从林芝到朗县

出林芝市区，沿机场高速，进入雅鲁藏布江河谷。行车40余公里，驶过机场，转上省道306线，10分钟后，路过第一座县城：米林。县城西南方向4公里处，是前往南伊沟的路口。南伊沟内居住着珞巴族人，植物繁多，盛产药材。这条沟靠近中印边境，只开放一部分，沟内的景色和民俗，很有特色。

雅鲁藏布江河谷

过南伊沟路口，前行162公里，是朗县。路况很好，但有区间测速，限速每小时50公里。当第一段区间测速刚走完，随即进入第二个区间测速路段。还好，此时公路有个路口，往里去3公里，是列村，村后高坡上，有许多古墓。

里程碑137公里处，是卧龙镇，规模较大，有餐馆、旅馆等。里程碑172公里处，路旁有许多大岩石，称为卧龙奇石，建有观景台，免费开放。从米林开始，公路一直紧靠雅鲁藏布江。

朗顿庄园

里程碑239公里处，是朗县县城。县城在雅鲁藏布江右岸，如今，左岸也辟为市区，是新城区。新城区初具规模，有家三星级的凤鸣大酒店。至于老县城里，住宿选择更多。

县城中心较高位置，有条安静的街道，一些政府机关都在这条街上，街的尽头，是县政府，院内有座独立院落，叫朗顿庄园。

第2天：朗县/崔久乡/加查

朗县往西21公里：是土登嘉措的出生地。

继续往西，在里程碑300公里+900米处右转，是前往神湖拉姆拉错的路。右转不久便是景区大门，此处暂扣身份证，领取通行单。随后40公里路程，限时一个小时。在4公里处和24公里处，有景色非常优美的溪流与草地，适合野餐；行驶40公里，抵达琼果杰，路西有座寺院，路东是检查站，交费50元，同时查验通行单。

土登嘉措出生地

交费后继续往前，不远处有个路口，直行30公里，到达神湖湖畔。右转12公里，是神湖观景台。前往观景台的路，路况较差，碎石很多。路的尽头，是个停车场，观景台位于停车场上方山顶处，大约两三百米的距离，但此处海拔约5000米，走几步便气喘吁吁，需不断休息，才能登顶。

神湖拉姆拉错

瞻仰过后，原路返回到省道306线，很快就能抵达加查县城。

第3天：加查/曲松/山南

加查到山南有两条路，都叫省道306线，据说是新老之分。老路是过县城左转，离开雅鲁藏布江，翻越海拔4910米的布丹拉山，下山后便是曲松县。新路始终沿雅鲁藏布江，直到桑日。两路相比，我觉得老路景色更美，还能游览曲松的王宫。新路路况不错，但沿途有些矿山、电站，限速十分严格，且工程车来来往往，尘土飞扬，感觉不好。

对于游客来说，曲松值得一游，城里有拉加里王宫。

从曲松前行35公里，省道306线回到雅鲁藏布江畔，江对岸，是桑日县。如果走省道306线新路，恰好贯穿桑日县城，并与老路汇合。汇合处附近的里程碑是433公里处。也就是说，从林芝到此是433公里。省道306线的终点是山南，距此还有26公里。

拉加里王宫

山南是个地级市，市区所在地

雍布拉康

是乃东区泽当镇。这一带，地势开阔，古迹很多。比如，市区南部4公里的昌珠寺，建于松赞干布时期，大殿对面的小殿，可能是松赞干布与文成公主住过的。

昌珠寺往南7公里的雍布拉康，建于公元前，被誉为西藏历史上的第一座宫殿。后来成为松赞干布与文成公主的夏宫。再往后，又变成了寺院。

雍布拉康西南30公里处，是历代藏王墓。其中最大的一座，是松赞干布与文成公主的墓。

市区北部是雅鲁藏布江，过江后往西是桑耶寺。市区到寺院约36公里。该寺历史价值很高。离开寺院，继续往西，16公里后上高速。很快就能抵达拉萨市区。

作者体会

对于沿国道318线行走的自驾游游客来说，到了林芝，面临两个选项：第一是继续沿国道318线前往拉萨，但这段路已有高速公路，比较平淡；第二是从林芝往南，途经朗县、加查、山南等地，前往拉萨。我觉得，时间宽裕的话，选择后者，收获更多。

青藏西线（国道109线）

路线 拉萨/当雄/那曲/安多/格尔木/江西沟镇/湟中/西宁。

里程 2100公里。

时间 6天。

路况 全程铺装路（高速公路、国道、省道）。

程度 路况良好，注意限速。

主题 自然风光。

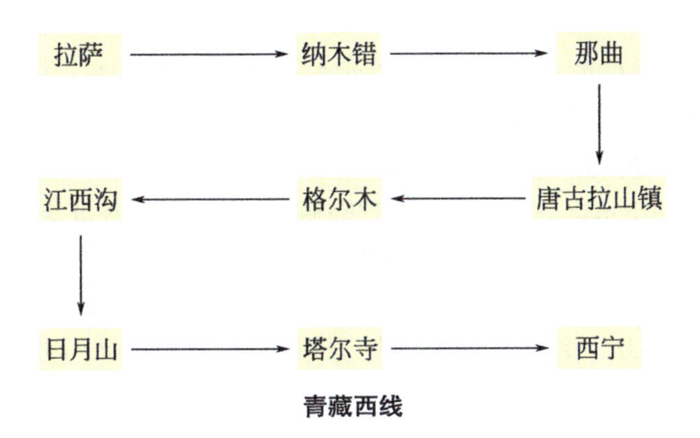

青藏西线

日程安排

第1天 拉萨/纳木错。

交通：国道109线、乡道，约220公里。

游览：纳木错。

住宿：纳木错乡或扎西半岛。

第2天 纳木错/那曲。

交通：乡道、国道109线，约230公里。

游览：那曲河。

住宿：那曲市区。

第3天 那曲/唐古拉山镇。

交通：国道109线，约420公里。

游览：唐古拉山口，沱沱河。

住宿：唐古拉山镇。

第4天 唐古拉山镇/格尔木。

交通：国道109线，约415公里。

游览：昆仑山口。

住宿：格尔木市区。

第5天 格尔木/江西沟镇。

交通：高速公路、国道109线，约620公里。

住宿：青海湖畔。

第6天 江西沟镇/西宁。

交通：国道109线、省道101线、高速公路，约180公里。

游览：青海湖、日月山、塔尔寺。

住宿：西宁市区。

离开拉萨的第一站，往往是纳木错。它是个旅游热点，人头攒动、喧闹无比。纳木错是我国第二大咸水湖，东西长70公里，游客云集之处，是扎西半岛。环湖其他地方，游人罕见。

游览纳木错之后，在当雄回到国道109线，接着往北走160公里是那曲。市区里旅馆很多，中档的价格大都在每晚200 ~ 300元之间。

离开那曲，下一站是安多县。过了安多县，便是唐古拉山口。

唐古拉山是西藏与青海的交界，在这里，该和西藏道一声再见了。

沱沱河

接下来的，国道109线贯穿可可西里，下一个比较醒目的镇子，是沱沱河大桥旁边的唐古拉山镇。

继续往前，在五道梁到不冻泉之间，路旁经常能见到野生动物，但请注意，不要走下路基，想看的话，站在路边或坐在车里看看就行了。

再往前，便是昆仑山。垭口处，有许多纪念碑、说明牌。值得人们永远纪念的索南达杰的纪念碑，也在其中。

跨过昆仑山垭口，一路下坡。待驶出山谷，来到昆仑山北麓，前面出现了一座灯火辉煌的城市，它是格尔木。格尔木的绿化很棒，整个城市给人一种很舒适的感觉。

格尔木已经有高速公路了。这条路是京藏高速。不赶时间的话，走到日月山，不妨下高速，去看看纪念文成公主的地方，然后在一个叫哈城的村子附近往东去，沿着一条省道跨过拉鸡山，便能抵达塔尔寺。

因文成公主而出名的日月山

作者体会

西宁到拉萨之间，有两条路，东侧是国道214线，西侧是国道109线。后者来来往往的车辆很多，俗称为青藏公路。这条路的路况较好、里程短，受天气影响小。自驾游走它，相对比较轻松。

对于来自东北、华北、华中地区的自驾游游客来说，走川藏公路进藏，出藏时，走国道109线比较适宜。虽然景色平淡，但能节约时间。

青藏东线（国道214线）

路线 拉萨/当雄/那曲/索县/巴青/丁青/类乌齐/囊谦/玉树/玛多/共和/西宁。

里程 2400公里。

路况 前往扎陵湖时，有部分非铺装路。

时间 9天。

程度 路况基本良好，后半程已修通高速公路。

主题 自然风光。

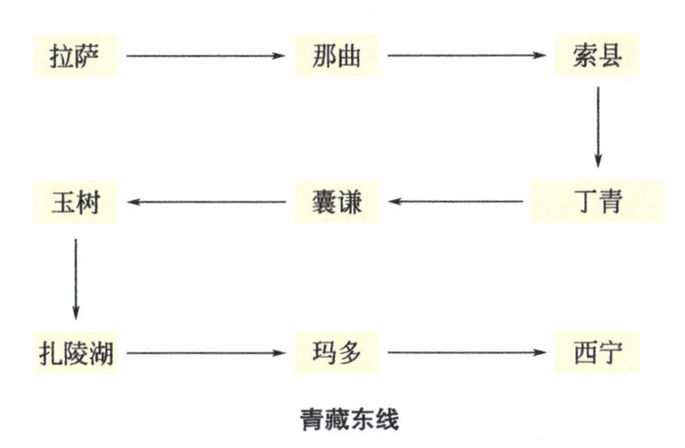

青藏东线

日程安排

第1天 拉萨/纳木错。

交通：国道109线、乡道，约220公里。

游览：纳木错。

住宿：纳木错乡或扎西半岛。

第2天　纳木错/那曲。

交通：乡道、国道109线，约230公里。

游览：那曲河。

住宿：那曲市区。

第3天　那曲/索县。

交通：国道317线，约230公里。

游览：索县赞丹寺。

住宿：索县县城。

第4天　索县/丁青。

交通：国道317线，约250公里。

住宿：丁青县城。

第5天　丁青/囊谦。

交通：国道317线、国道214线，约355公里。

游览：丁青孜珠寺。

住宿：昌都市区。

第6天　囊谦/玉树。

交通：国道214线，约170公里。

游览：文成公主庙、新寨玛尼石经。

住宿：玉树市。

第7天　玉树/扎陵湖。

交通：国道214线、乡道，约410公里。

游览：扎陵湖与鄂陵湖。

住宿：湖畔露营或附近村庄。

第8天　扎陵湖/玛多。

交通：乡道，约100公里。

游览：扎陵湖与鄂陵湖。

住宿：玛多县城。

第9天　玛多/西宁。

交通：高速公路，约480公里。

这条路线的前半段，是国道317线。后半段，特别是从玉树开始，已经有了高速公路。所以，自驾游走这条路，没什么难度。游览重点，主要是玉树、扎陵湖与鄂陵湖。

玉树以南17公里处，有座文成公主庙，值得看。玉树以东3公里处，是新寨村，这里拥有世界上最大的玛尼石堆。再往东，半山腰处有座庞大的白教寺院——当卡寺。

新寨玛尼石堆

离开玉树，北行约300公里，抵达玛多黄河桥，附近是玛多县城。在此离开公路，向西驶去，便是扎陵湖与鄂陵湖。

当时，我是在黄昏时分抵达湖畔，周围一派静谧，湖水蓝得令我难以置信。虽然附近有村庄可以住宿，但我还是选择在湖畔露营，欣赏了美丽的晚霞与日出，度过了愉快的一天。

扎陵湖

作者体会

虽然国道214线，与历史上的“唐蕃古道”并没有完全重合，但这条线路，依旧可以称作“唐蕃古道”旅游之路。历史上吐蕃地区与中原王朝的往来，都是依靠唐蕃古道。尤其是唐朝，文成、金城两位公主，都是沿着这条路，前往今天的拉萨，嫁给了藏王。选择国道214线，更有历史感。

黑阿线（大北线）

路线 狮泉河/改则/文部/尼玛/双湖/班戈/国道109线。

里程 1800公里。

时间 7天。

路况 铺装路、自然路。

程度 前往文部以及从尼玛前往双湖，均为自然路，需具备一定的越野驾驶技术及足够的户外经验。

主题 自然风光。

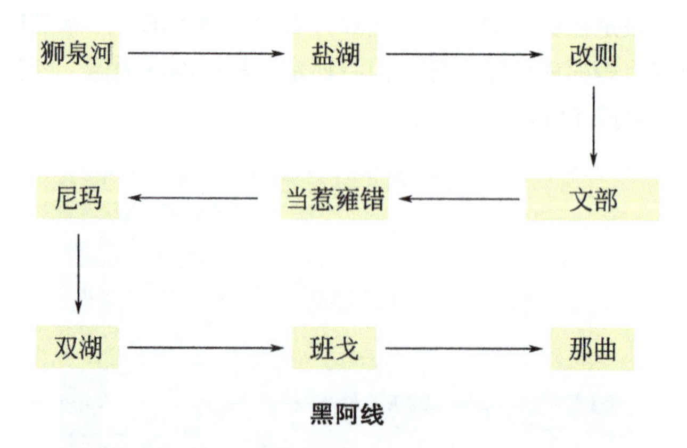

黑阿线

日程安排

第1天 狮泉河/改则。

交通：国道317线，约480公里。

游览：盐湖、物玛错、达热与达热布错。
住宿：改则县城。

第2天　改则/文部南村。
交通：国道317线、省道205线，约440公里。
住宿：文部南村。

第3天　文部南村/尼玛。
交通：省道205线、国道317线，约120公里。
游览：当穹错、当惹雍错。
住宿：尼玛县城。

第4天　尼玛/双湖。
交通：自然路，约270公里。
游览：甲热布错。
住宿：双湖县城。

第5天　双湖。
游览：周围湖泊、普若岗冰川（不一定开放）。
住宿：双湖县城。

第6天　双湖/班戈。
交通：乡道、国道317线，约290公里。
游览：果根错、色林错、班戈错。
住宿：班戈县城。

第7天　班戈/国道109线。
交通：国道317线，约190公里。抵达国道109线后，往北100公里是安多，往南40公里是那曲。

参考实例

在西藏西北部，有条横贯东西的路。东端是青藏公路上的那曲市，西端是阿里地区的狮泉河镇。那曲市旧称黑河，所以这条路叫黑阿线——黑河到阿里。现在，这条路的编号为国道317线。

黑阿线被网友称为大北线。2002年我第一次走的时候，还是一条自然路，经常能看到几十条车辙并行，犹如铁路上的调度场。面对这种路况，有人感觉很无助，生怕误入歧途。事实上，您只需保证前进方向没错，就足够了。比如从狮泉河前往那曲，始终朝东开，就没问题。

狮泉河镇因地处狮泉河畔而得名，十分繁华，餐馆与旅馆很多。对于行走新藏线或黑阿线的游客来说，这里是一个很重要的休息站与补给站。

第1天：从狮泉河到改则

从狮泉河往东去，第一个县是革吉县。过革吉县不久，狮泉河与公路分道扬镳。往前60公里，是雄巴乡。接下来是盐湖乡，乡里有数家旅馆和餐馆，旁边是盐湖。如果中午才从狮泉河出发，可以考虑在此住宿。

昔日的黑阿线是自然路，如今已经焕然一新

盐湖乡之后是文部当桑乡，再往下是两个湖——别若则错与物玛错。物玛错很漂亮，打算露营，这里是好地方。不过，湖畔有牛羊，当牦牛紧盯着您时，一定要慢慢往回退。因为牦牛地盘意识很强，侵入它的领地，受到攻击的话，就惨了。

再往前，途经一个叫达热的小村落，村内到处都是供佛的建筑。村前的湖很美，湖水清澈，名为达热布错。达热村之后是物玛乡，然后又会出现两个湖——普当错与夏嘎错。村庄也会遇到两个：第一个是夏嘎村，人家不多，经幡非常多；第二个是孜普热，人更少。

改则县城是个比较繁华的地方，旅馆、餐馆、加油站、商店，应有尽有。

第2天：从改则到文布南村

出县城76公里，有个路口，往南可以到措勤县，俗称小北线；往东则告别阿里，进入羌塘保护区，俗称大北线。

过路口10公里，是洞措乡，此处可以住宿。洞措乡之后，是中仓乡与阿索乡，中仓乡有旅馆、餐馆、茶馆和加油站，还有一座很大的玛尼堆。

进入尼玛县城的地方，有个路口，转上省道205线，便是前往文部的路。那里有世外桃源一般的村庄，还有古代象雄国的遗迹。

前往文部的路

抵达文部之前，翻过一个垭口，能看到当穹错，景色很棒。当穹错东岸，是文部北村（有地图标的是南木村）。沿路继续往南，翻过一座山，便能看到当惹雍错。它比当穹错更大、更蓝。此时公路往湖的西岸走，在湖的东岸，有座文部南村。该村地理位置很棒，面对当惹雍错，是拍摄的佳地。正因如此，村里有许多旅馆。

当惹雍错

象雄遗址在这个村南边大约15公里处，我走的那年，是一条极为狭窄、崎岖的山道，不知这几年是否有所改善。连续翻过两个垭口之后，看到一个经幡，山坡上有些石块组成的矮墙。

第3、4天：从文布南村到尼玛县，再到双湖县

离开当惹雍错，往回走，两个小时回到尼玛县城。如果有一定的户外经验，不妨走一条自然路前往双湖（沿公路走得兜很大的一圈）。双湖位于尼玛正北方向偏东45°处，距离大概是270公里。走这条路最好依靠指南针，以保证大方向不错。途中会经过两个湖：一个叫甲热布错，栖息着大量的鸟，仿佛来到海边；另一个叫诺尔玛错，它与甲热布错距离不远，大概只有20多公里，但没有一点儿生命迹象。

第5天：双湖县周边

双湖原来是个无人区，唐古拉山脉横卧在它与可可西里之间。1976年，政府派人来这考察，驻扎地附近有两个湖，因此得名。2012年设立双湖县，但由于它的面积大、人口少，看上去跟无人区差不多，一路上时常可以看见野生动物。

双湖县有数家旅馆。镇子附近有好几个湖：正北偏西15°、大概28公里处，有个阿木错，其北侧紧挨着达尔沃错；正东15公里处是才多茶卡，它的东面紧挨着鹅湖；正东偏北5°、大概89公里处，有个多尔索洞错，附近还有个赤布张错。

第6天：从双湖县到班戈县

回程，从双湖县有公路到班戈县，大概290公里，中间有个多玛乡，乡的东面是果根错。抵达多玛乡之前，翻过好几道山梁，山势比较平缓，山坡上全是草地，景色很不错。

过多玛乡，路很直，大概走40多公里，是382大桥。之所以起这么个名字，是因为从国道109线算起，到这儿的里程是382公里。

过桥之后，经过色林错与班戈错，然后就是班戈县城了。

第7天：从班戈县到国道109线

黑阿线多数路段人烟稀少

出班戈县城，沿国道317线往东不远，是前往纳木错的路口。纳木错名气很大，但一路上已经看了太多的湖，要不要去纳木错，根据自己的兴趣。如果不去，沿国道317线直行190公里，便来到国道109线，路口左转是安多、青海方向，右转40公里，是那曲市区。

作者体会

沿途看见美丽的湖泊，打算驾车过去欣赏时，一定要警惕陷车，很多湖畔都是松软的地面，事先很难察觉，等轮子陷在泥泞中，为时已晚。

3.2.2　川云篇——5月，香格里拉环线

路线　成都/新都桥/稻城/亚丁/乡城/德容/德钦/香格里拉/丽江/泸沽湖/西昌/成都。

里程　2400公里。

时间　13天。

路况　全程铺装路（高速公路、国道、省道）。

程度　路况良好，但中途有局部较窄的盘山路，驾驶技术不佳者请三思。

主题　自然风光、民族风情。

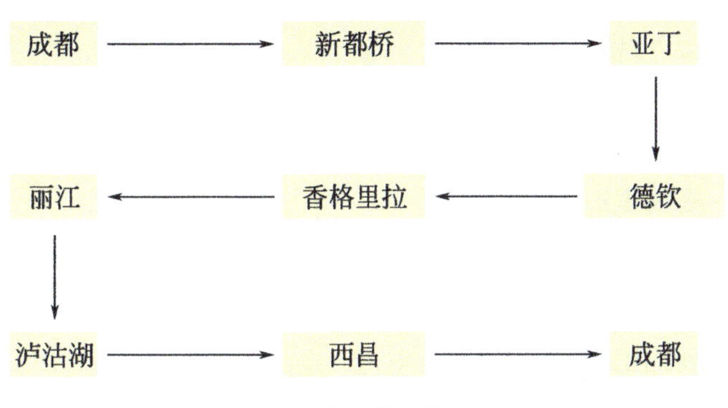

香格里拉环线

日程安排

第1天　成都/新都桥。

交通：高速公路、国道318线，约360公里。

游览：泸定桥。

住宿：新都桥镇。

第2天　新都桥/稻城。

交通：国道318线、省道217线，约340公里。

住宿：稻城县城。

第3天　稻城/亚丁。

交通：省道217线，约80公里。

游览：亚丁景区。

住宿：亚丁景区内。

第4天　亚丁。

游览：亚丁景区。

住宿：亚丁景区大门附近或香格里拉乡。

第5天　亚丁/德钦飞来寺。

交通：乡道、国道214线，约330公里。

住宿：飞来寺附近。

第6天　德钦飞来寺。

游览：梅里雪山日出。其他时间的安排，根据兴趣自定，比如明永冰川、雨崩村。如果游兴十足，希望多去几个地方，行程恐怕需要顺延一两天。

住宿：飞来寺附近或雨崩村。

第7天　德钦飞来寺/香格里拉市。

交通：国道214线，约170公里。

游览：奔子栏、白马雪山。

住宿：香格里拉市区。

第8天　香格里拉。

游览：纳帕海、松赞林、碧塔海。

住宿：香格里拉市区。

第9天　香格里拉市/丽江。

交通：国道214线、高速公路，约180公里。

游览：虎跳峡、石鼓镇。

住宿：古镇内或丽江郊区。

第10天　丽江。

游览：根据兴趣自定。

住宿：古镇内或丽江郊区。

第11天　丽江/泸沽湖。

交通：省道991线，约190公里。

游览：泸沽湖。

住宿：泸沽湖畔大洛水村。

第12天　泸沽湖/西昌。

交通：乡道、省道206线、省道307线，约280公里。

游览：驾车环湖游览、西昌古城。

住宿：西昌市区。

第13天　西昌/成都。

交通：高速公路，约440公里。

游览：航天发射中心、彝海结盟碑。

这条路上，有两个香格里拉：一个是四川稻城县的香格里拉乡；另一个是云南迪庆州的香格里拉市。

从成都前往稻城

从成都出发前往稻城，前半程与川藏南线相同，走到理塘后，左转往南。理塘县城虽然位置很高，海拔超过4000米，但因为游客多，县城里餐馆、旅馆、商店很多，加油站也有好几家。

从理塘往南去稻城，共计150公里。开始一段地势很平，接着开始翻山，一路上，有扎嘎神山、兔儿山等。兔儿山之后，满山遍野的石头，排列整齐。这是冰川活动留下来的遗迹。不久，进入平地，稻城县城便在其中。稻城虽然出名，但县城本身游览价值不大，主要是游客们的落脚点。唯有县城近郊，有条傍河，如果是深秋，看上去挺美。

穿过县城，沿公路前往亚丁。途中的村落、寺院、山谷、温泉，都值得逛逛。比如贡嘎郎吉岭寺，免费参观。

前往稻城的公路

香格里拉乡与亚丁

香格里拉乡原来叫日瓦乡。为了发展旅游业，云南率先把迪庆州的中甸县改名为香格里拉县（后来又升级为市），四川把日瓦乡改名为香格里拉乡。

香格里拉乡内旅馆很多。再往前，便是亚丁景区大门，此处距离亚丁村还有34公里。但现在不让走了，只能把车停在大门处，然后买票入门，再乘坐景区的车，前往亚丁村。

亚丁风景区主要由山谷、草场、河流构成，周围环绕着三座神山——仙乃日、央迈勇和夏诺多吉。普通游客一般只是坐电瓶车或骑马，到冲古寺、洛绒牛场转一圈便走了。户外爱好者们往往要背着装备，围仙乃日转一圈（途中还能看到牛奶海和五色海）。时间与体力允许，甚至从泸沽湖徒步穿越到亚丁。

从亚丁前往德钦

从亚丁前往德钦，原本需要退回到稻城县城。现在在亚丁与乡城之间，有条新路，沿着它行驶76公里，便到省道217线上的青麦乡。此处往南198公里是香格里拉市，往北14公里是乡城县。从这前往德钦有两条路，比较近的一条是沿省道217线往南7.5公里，右转，沿着一条乡道，途经洞松乡、东旺乡，到金沙江畔的奔子栏镇，再沿国道214线前往德钦飞来寺。另一条路是走乡城县、得容县，最后也是到奔子栏镇。

从亚丁前往迪庆的公路

作者体会

有人询问轿车能不能开到稻城。其实，那只是一条山区柏油路而已，任何车辆都没问题。至于沿途补给，我想说的是，就连被誉为无人区的藏北羌塘，沿途每个县城以及多数乡，都有加油站、旅馆与餐馆。稻城自然不在话下。

3.2.3　内蒙古篇——6月，呼伦贝尔与额尔古纳

路线　北京/通辽/齐齐哈尔/额尔古纳/室韦/黑山头/满洲里/阿尔山/西乌珠穆沁旗/北京。

里程　4200公里。

时间　11天。

路况　全程铺装路（高速公路、国道、省道、县道）。

程度　以高速公路为主，路况良好。

主题　自然风光、历史古迹、民族风情。

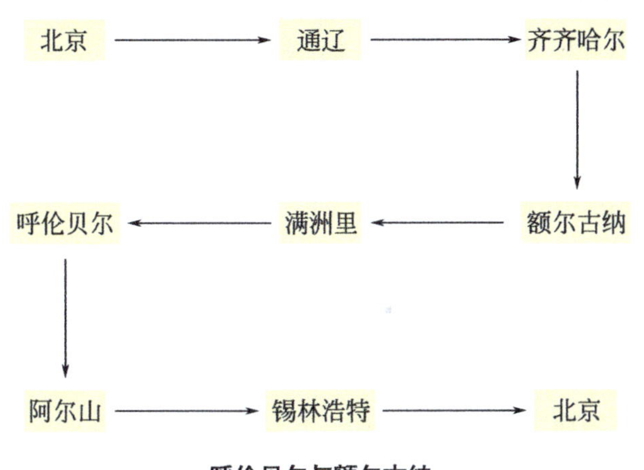

呼伦贝尔与额尔古纳

日程安排

第1天　北京/通辽。

交通：高速公路，约850公里。

住宿：通辽市区或高速公路服务区。

第2天　通辽/齐齐哈尔。

交通：高速公路，约540公里。

游览：江桥抗战纪念园、昂昂溪车站。

住宿：齐齐哈尔市区。

第3天　齐齐哈尔/额尔古纳。

交通：高速公路、省道201线，约600公里。

住宿：额尔古纳市区。

第4天　额尔古纳/室韦。

交通：省道201线，约160公里。

游览：额尔古纳湿地景区、室韦界河景区。

住宿：室韦家庭旅馆。

第5天　室韦/黑山头。

交通：县道904线，约160公里。

游览：额尔古纳河风光。

住宿：黑山头镇或露营。

第6天　黑山头/满洲里。

交通：县道904线、国道301线，约200公里。

游览：额尔古纳河风光，满洲里国门景区。

住宿：满洲里市区。

第7天　满洲里/新巴尔虎左旗。

交通：省道203线，约250公里。

游览：满洲里沙俄监狱陈列馆，沿途草原风光、呼伦湖。

住宿：新巴尔虎左旗城区或草原露营。

第8天　新巴尔虎左旗/阿尔山市。

交通：省道203线，约190公里。

游览：诺门罕战役遗址，阿尔山火车站、温泉景区。

住宿：阿尔山市区。

第9天　阿尔山市。

游览：阿尔山森林公园。

住宿：阿尔山市区或森林公园。

第10天　阿尔山市/西乌珠穆沁旗。

交通：省道307线、省道303线，约530公里。

游览：边境公路、林区、草原。

住宿：西乌珠穆沁旗市区或草原露营。

第11天　西乌珠穆沁旗/北京。

交通：高速公路，约750公里。

参考实例

行程中最美的景色是驾车沿额尔古纳河行驶。草原之青翠，线条之完美，搭配之和谐，超出您的想象。

额尔古纳河畔的边境公路

室韦是俄罗斯民族乡，淡雅的农家小院如丽娜之家、莲香之家、考花之家等，很有特色。

无论是额尔古纳，还是呼伦贝尔，大都以草原为主，夏季前往，景色很美。

作者体会

这条路线里程较长，去程最好走高速公路，节约时间。但在经过齐齐哈尔等地时，最好下高速看看。回程最好走边境公路，景色一流。当然，如果能携带露营器材，并把时间延长两三天，就会玩得更充分。

3.2.4　晋陕篇——6月，晋陕大峡谷

路线　北京/河曲县/乾坤湾/壶口瀑布/华阴市/洪洞县/北京。

里程　2500公里。

路况　全程铺装路（高速公路、国道）。
时间　8天。
程度　路况良好，但部分路段较窄且曲折。
主题　自然风光、历史古迹。

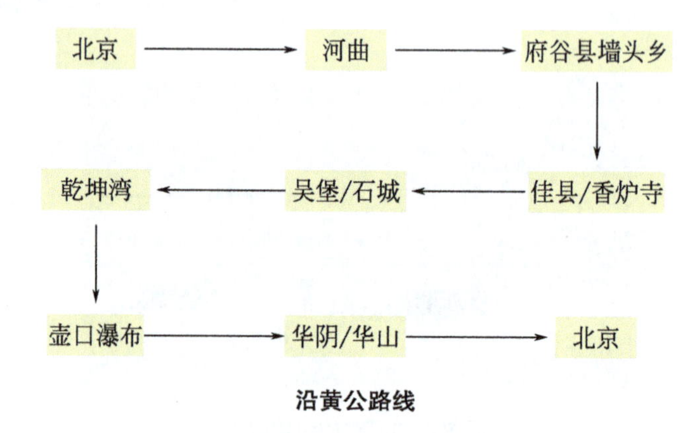

沿黄公路线

日程安排

第1天　北京/河曲县。

交通：京港澳高速、张石高速、繁河高速，约570公里。
住宿：河曲县县城。

第2天　河曲县/佳县。

交通：沿黄公路，约250公里。
游览：鸡鸣三省、陕西长城起点，佳县香炉寺。
住宿：佳县县城。

第3天　佳县/乾坤湾景区。

交通：沿黄公路，约300公里。
游览：吴堡古城、伏寺湾。
住宿：乾坤湾景区。

第4天　乾坤湾景区/壶口瀑布。

交通：沿黄公路，约140公里。
游览：乾坤湾、清水湾。
住宿：壶口瀑布景区。

第5天　壶口瀑布/华阴市。

交通：沿黄公路，约200公里。
游览：壶口瀑布、龙门景区、韩城老城、司马迁祠、丰图义仓。

住宿：华阴市区。

第6天 华阴市。

游览：华山。

住宿：华阴市区。

第7天 华阴市/洪洞县。

交通：高速公路，约300公里。

游览：潼关古城，永济蒲津渡口遗址、鹳雀楼、普救寺。

住宿：洪洞县县城。

第8天 洪洞县/北京。

交通：高速公路，约690公里。

游览：苏三监狱。

参考实例

在陕西省，沿黄河西岸修筑了一条公路。北起榆林市，南到华阴市，全长800多公里，号称沿黄观光路。这条路，其实就是晋陕峡谷，当中的黄河蛇曲与壶口瀑布，尤为著名。

从北端走起，第一站落脚点是黄河东岸的河曲县。然后，沿省道249线跨过黄河，再沿省道103线及乡道（始终沿黄河），来到府谷县墙头乡，这段路程为36公里。从墙头乡开始，便正式踏上了沿黄公路。

北段的核心是佳县，它的香炉寺堪称一绝。中段的核心是蛇曲，在这一段，有旋涡湾、延水湾、伏寺湾、乾坤湾、清水湾，构成了气势恢宏的黄河蛇曲。

旋涡湾：从延水关出发，一路往北，是前往旋涡湾的路。路不是很清晰，需要仔细寻找。

延水湾：看罢旋涡湾，原路返回延水关，向南不久，便是延水湾。

伏寺湾：继续往南，身旁的山势开始陡峭起来，有一段路开凿于山壁中，上下均为绝壁，路很窄，有悬于半空之感。路爬上一个高坡，伏寺湾赫然入目。比前两个蛇曲漂亮多了。它是一个比较规则的半圆，将东岸圈成半岛，岛上东高西低，农舍与梯田，点缀其间。

沿黄公路部分路段比较狭窄

乾坤湾：离开伏寺湾继续往南，

不久，来到乾坤湾景区大门。景区里有度假村、民俗客栈。

乾坤湾

清水湾

清水湾：在乾坤湾南侧，开车几分钟便到。

离开清水湾，继续往南，不久便是壶口瀑布。但这一段沿河无路。需西行7.5公里，经土岗乡、交口县，再沿省道210线往南。

作者体会

沿黄公路虽然曲折，但一路上能看到许多古迹与景色。如果把沿黄公路附近的每一处名胜都游览，比如榆林古城、统万城、绥德，恐怕还得再增加三五天时间。本行程单纯沿黄河旅行，4天时间不算富余，但简单游览的话，也够用了。

3.2.5 青海篇——7月，门源与青海湖环游

路线 西宁/门源/西海/黑马河/湟中/西宁。

里程 800公里。

时间 4天。

路况 全程铺装路（高速公路、国道、省道）。

程度 路况良好，但部分路段海拔较高，不适应高原者请慎重。

主题 自然风光、知名场馆。

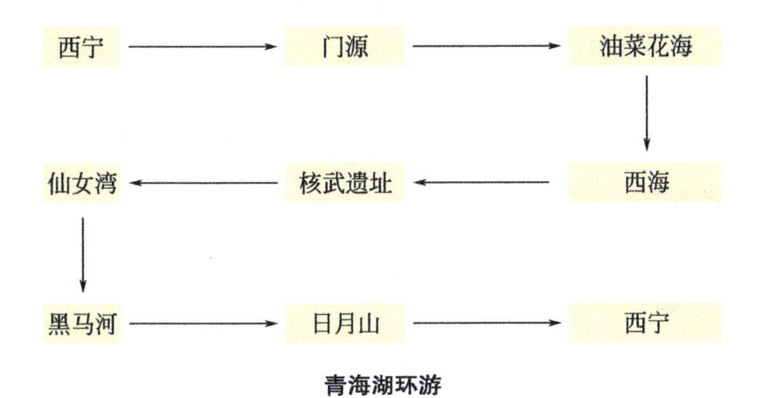

青海湖环游

日程安排

第1天　西宁/门源。

交通：沿宁大高速至大通，下高速转上国道227线继续往北，约150公里。

游览：在国道227线上行驶，一路上有许多油菜花观赏地，比如达坂山观景台、青石嘴镇、浩门镇（县政府所在地），到处都能看到大面积的油菜花。

住宿：青石嘴镇或县城（浩门镇）。

第2天　门源/西海。

交通：国道227线、城西公路，约180公里。

游览：前半段，沿昨天来程原路返回，故可再次观赏油菜花。抵达西海镇后，游览核武器研制基地展览馆、地下指挥中心、王洛宾音乐艺术馆。

住宿：西海镇。

第3天　西海/黑马河。

交通：国道315线、环湖西路，约200公里。

游览：金银滩草原、爆轰试验场、仙女湾景区。

住宿：黑马河乡。

第4天　黑马河/西宁。

交通：国道109线、省道、高速公路，约250公里。

游览：日出、二郎剑景区、日月山、塔尔寺。

住宿：西宁市区。

参考实例

本行程以逆时针形式，环绕青海湖一周。游览重点依次为门源油菜花、原子城、青海湖自然风光、湟中塔尔寺。

我国很多地方都能欣赏到油菜花，比如罗平、婺源、汉中等地，时间大都在2月至4月，门源油菜花盛开在7月，与新疆昭苏基本属于同一时间段。

昔日的原子城：西海镇。

海北藏族自治州的西海镇，位于海晏县城西侧10公里左右，原本是个草原，叫金银滩。

从西海镇到黑马乡：赏青海湖日出。

西海镇往西110公里，是刚察县，海拔约3300米。县城建筑多为藏区风格，中心位置的感恩塔与仓央嘉措广场，值得看看。

刚察县往西40公里，离开国道，沿环湖西路往南，此处距离青海湖鸟岛很近，但因为保护，鸟岛很可能无法进入。

在黑马河乡停留一晚，次日可以看日出，如果天气好，能看到很美的景色。随后沿青海湖南岸行驶90公里，途中游客较多的地方，是二郎剑景区，如果喜欢看景点，且景区没有关闭的话，不妨进去看看。

沿国道109线走到日月山，离开国道，沿省道往东，翻越拉鸡山，一路下坡，是此行的最后一站——塔尔寺。

作者体会

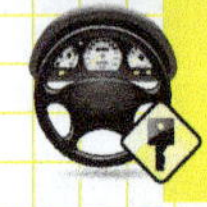

青海湖一周，以自然风景为主，除了海拔略高，驾驶并无难度。黑马河乡是许多游客的落脚点，旅馆不太好找。

3.2.6 新疆篇——8月，天山环游、南疆环游、新藏公路

天山环游（含独库公路）

路线 库车/巴音布鲁克/独山子/霍尔果斯/昭苏/特克斯/那拉提/托克逊。

里程　2000公里。
时间　7天。
路况　全程铺装路（高速公路、国道、省道）。
程度　路况良好。但是，巴音布鲁克与独山子之间全程盘山路，缺乏山区驾驶经验者请慎重。
主题　自然风光、民族风情、历史古迹。

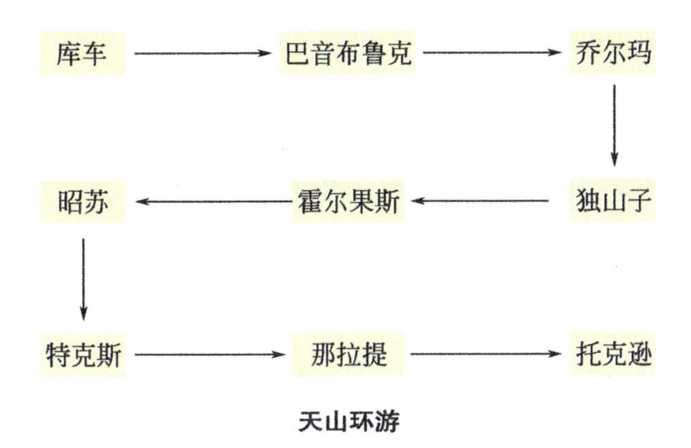

天山环游

日程安排

第1天　库车/巴音布鲁克。
交通：国道217线，约260公里。
游览：克孜尔石窟、大龙池。
住宿：巴音布鲁克。

第2天　巴音布鲁克/独山子。
交通：国道217线，约280公里。
游览：天鹅湖、乔尔玛镇独库公路纪念碑、烈士陵园。
住宿：独山子区。

第3天　独山子/霍尔果斯。
交通：高速公路，约410公里。
游览：赛里木湖、口岸。
住宿：霍尔果斯市区。

第4天　霍尔果斯/昭苏。
交通：高速公路、省道237线，约220公里。
游览：惠远古城、伊犁将军府。
住宿：昭苏县城。

第5天　昭苏/特克斯。

交通：省道220线，约60公里。

游览：喀拉峻草原。

住宿：县城或草原。

第6天　特克斯/那拉提。

交通：国道577线、218线，约250公里。

游览：空中草原。

住宿：那拉提镇。

第7天　那拉提/托克逊。

交通：国道218线、高速公路，约560公里。

游览：巩乃斯草原。

住宿：托克逊县城。

参考实例

这条路线主要由两部分构成：其一是从南到北穿越天山，全程行走独库公路；其二是从西往东沿天山腹地而行，途经赛里木湖、霍尔果斯口岸、伊宁、昭苏、特克斯、那拉提草原、巩乃斯草原。

独库公路的北端，是克拉玛依市独山子区，南端是库车县。该路全长532公里，全程柏油路，夏季行车并无难度，对于游览来说，应该选择7月、8月间。因为这条路的北半段，每年秋、冬、春三季，往往限制或禁止通车。时间方面，因为里程并不算很长，单纯驾驶的话，一天就能走完。但对于游览来说，大可不必。最好把其中一天的黄昏安排在巴音布鲁克，欣赏草原落日。事实上，如果沿途景点都游览的话，比如千佛洞、大峡谷、天鹅湖等，全程安排两三天比较合适。

第1天：库车/巴音布鲁克

离开库车，半小时后来到国道217线，此处里程碑为1086公里。这是从阿勒泰开始计数的里程，阿勒泰是国道217线起点，附近有大名鼎鼎的喀纳斯。这条国道在库车与独山子之间，有一个被自驾游爱好者津津乐道的名字——独库公路。

不久进入山区。这一带山体造型十分丰富，根据想象，被冠以各种名称。因为里程很短，穿越这些山最多需要三十分钟。接着，公路进入一片平地。不久出现一个路口，往西转，是前往拜城的公路，那里有座克孜尔石窟，比大名鼎鼎的敦煌莫高窟还要早，值得看。

看罢石窟，沿独库公路继续往北约40公里，进入一片巨石区，体形高大、奇峰林立，颜色都是红褐色，众石当中，有条峡谷被称为神秘大峡谷，售票开放。

接下来，会经过几个矿区。又走了一段，峡谷逐渐变窄，此时，来到峡谷尽头。在里程碑984公里附近，公路开始盘旋上升，山不算高，有几个小瀑布，接近山顶时，路旁有两个湖泊，名曰大龙池、小龙池。其中大龙池长约2公里，到了池的末端，有个热闹的镇子，有旅馆和餐馆。

独库公路旁边的大龙池

独库公路途经巴音布鲁克草原

继续往前不久，公路再次攀升，大约升到海拔3200米时，出现一个隧道——铁力买提隧道。过隧道后，是一片平坦的草原。此时，已经接近巴音布鲁克。草原面积很大，据说边长超过200公里。

在这片草原中，有个著名的景点——天鹅湖。实际上是草原上的河流，变为旅游景点之后，不允许自驾车进入。需首先到景区大门西侧几公里处的游客中心买门票和车票，然后乘大巴进入。游客中心附近十分热闹，各种档次的旅馆一家接着一家。

如果携带了露营装备，离开主干道，到草原深处，很容易找到理想的宿营地。

草原上很容易找到理想的宿营地

第2天：巴音布鲁克/独山子

离开游客中心，公路逐渐脱离草原，沿山谷往下走。行车两个小时，来

独库公路北段山势较高

翻越哈希勒根达坂之后是漫长的下坡

连霍高速公路

到独库公路与国道218线的会合处。也就是说，独库公路南段到此走完。两条国道的会合处是个十字路口，往东是巴伦台、库尔勒方向，往西是伊犁方向，往北是独库公路的北段。该路口西边10余公里处，是大名鼎鼎的那拉提草原。

驶过路口，继续往北。公路依旧在山谷中，人烟开始变得密集。其中，有不少蒙古包，实际上是农家乐性质，吃饭、住宿都没问题。

山谷走完，公路又一次爬升，从谷底到山巅。这段盘山公路长约27公里，翻越玉希莫勒盖达坂之后，途经乔尔玛镇。镇旁有独库公路纪念碑，以及烈士陵园，陵园内安葬着修筑这条公路时牺牲的168位解放军战士。

乔尔玛镇之后，依旧是谷地。走到谷地尽头，公路再次爬升，翻越哈希勒根达坂。靠近山顶处有隧道，穿山而过，此地海拔3390米。

再往后，是漫长的下坡，大约85公里左右脱离山区，进入平地，此时前方是独山子，独库公路到这里，画上句号。

第3天：独山子/霍尔果斯

独山子北边不远处，是连霍高速。往西310公里，是赛里木湖。随后，公路穿越果子沟，往西110公里，来到高速公路终点霍尔果斯，最后一个里程碑可能是4244公里——这是从高速公路的最东端江苏连云港开始计数的。

下高速往前2公里，是口岸大门，国境另一边是哈萨克斯坦。

第4天：霍尔果斯/昭苏

伊宁与昭苏之间的省道237线

离开霍尔果斯，沿高速行驶60公里，是惠远古城，城中有座伊犁将军府。

惠远古城往东不足40公里是伊宁，市区往南是省道237线，行驶115公里抵达昭苏。

昭苏县城周围，地势平坦，有大面积的油菜花，如果恰逢盛开时节，非常漂亮。县城东侧大约六七公里的地方，草原上伫立着14个石人，是有名的古迹。县城往西，还有细君墓。

第5天：昭苏/特克斯

离开昭苏，沿省道220线行驶60公里，是特克斯。这段路景色一流。特克斯县的街道采用八卦图，极富特色。在特克斯，真正值得看的是喀拉峻草原。

第6天：特克斯/那拉提

特克斯往北100公里，回到国道218线，沿国道往东150公里，是那拉提镇。这段路沿伊犁河谷而行，景色不错，尤其是后半段，绿树成荫，时有片片花丛。那拉提镇以草原著称，夏季最美。进入草原需付费，每人95元，前往河谷地段的车费40元，前往空中草原的车费60元。如果自驾车进入，每人300元且必须3人以上。

第7天：那拉提/托克逊

国道218线途经巩乃斯

离开那拉提，沿国道218线往东60公里，是巩乃斯。这段路始终沿山谷而行，景色依旧很美，两侧山坡上林木茂密。巩乃斯比那拉提安静些，但也有许多旅馆和餐馆，加油站也有。

离开巩乃斯，沿国道218线继续往东。穿过草原，公路上升，离开山谷，进入一片比较开阔的平原。行驶大约70公里，途经查汗诺尔达坂，公路再次进入山谷，行车一个小时，抵达巴伦台镇。从巩乃斯算起，到巴伦台镇有190公里，行车需四五个小时。

巴伦台镇距高速公路100公里，大概需要两个小时。上高速后，行驶210公里到托克逊，行驶300公里到吐鲁番。天山环游至此结束。

作者体会

独库公路最精彩的地方，一是巴音布鲁克草原（不一定非得进入天鹅湖景区），二是巴音布鲁克与玉希莫勒盖达坂之间的山谷，三是玉希莫勒盖达坂与哈希勒根达坂。

草原与山谷，是独库公路诱人之所在。

有人给独库公路很高评价，认为它超越川藏线，是中国最美公路。我的观点是，独库公路确实非常美，值得走，但要说它是“最”，恐怕有些夸张——中国许多地方都有美景，很难说谁是“最”。独库公路的价值在于，它的里程比较短，距乌鲁木齐不算太远，自驾车很容易抵达，且沿途加油站、餐馆、旅馆一应俱全，给旅游带来很大便利。一句话，这是一条不用费多大劲儿，就能欣赏到美景的公路。相比之下，川藏公路里程长、海拔高，公路的另一端拉萨，距中原各省实在太远，没有足够的时间，很难自驾车前往。

南疆环游

路线 西宁/饮马峡/芒崖/且末/民丰/和田/喀什/塔县/巴楚/库车。

里程 4800公里。

时间 12天。

路况 全程铺装路（高速公路、国道）。

程度 路况良好。里程较长且沿途地广人稀，不适应长途驾驶者，请三思。

主题 自然风光、民族风情、历史古迹。

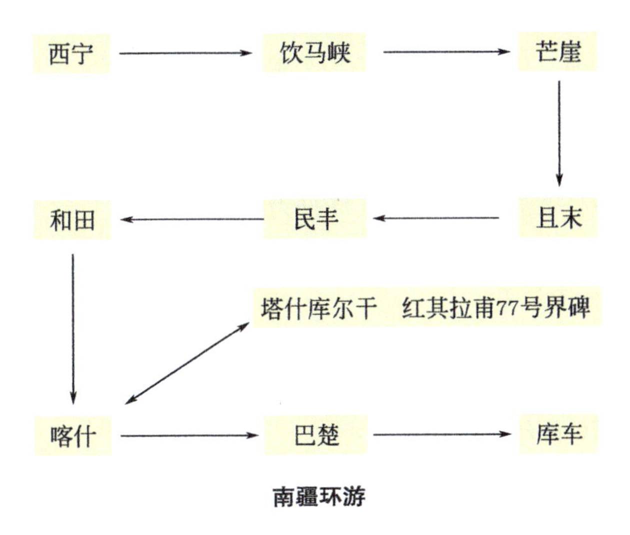

南疆环游

日程安排

第1天　西宁/饮马峡。

交通：高速公路，约620公里。

住宿：露营或饮马峡附近的旅馆。

第2天　饮马峡/芒崖。

交通：国道，约540公里。

游览：沿途风蚀地貌。

住宿：露营或芒崖镇内的旅馆。

第3天　芒崖/且末。

交通：国道，约620公里。

游览：托乎拉克庄园。

住宿：且末县城。

第4天　且末/民丰。

交通：国道，约300公里。

游览：沙漠公路。

住宿：民丰县城。

第5天　民丰/和田。

交通：国道，约300公里。

游览：和田市区的集市、郊外的村落。

住宿：和田市区。

第6天 和田/喀什。

交通：国道、高速公路，约500公里。

住宿：喀什市区。

第7天 喀什。

游览：喀什老街区、清真寺、喀什大巴扎。

住宿：喀什市区。

第8天 喀什/塔什库尔干。

交通：国道，约300公里。

游览：卡拉库里湖、石头城。

住宿：塔什库尔干县城。

第9天 塔什库尔干/喀什。

交通：国道，约420公里。

游览：红其拉甫前哨。

住宿：喀什市区。

第10天 喀什/巴楚。

交通：国道，约680公里。

游览：西陲第一哨、77号界碑。

住宿：巴楚县城。

第11天 巴楚/库车。

交通：高速公路，约520公里。

游览：马蹄山烽火台、唐王城。

住宿：库车市区。

第12天 库车。

游览：库车王爷府、库车古城遗址、克孜尔尕哈烽火台

住宿：库车市区。

参考实例

自驾游去新疆，多数人会选择连霍高速。实际上，西宁到喀什的国道315线，也很值得走。这条路与历史上的丝路南道很接近，沿着它前往新疆，感受更棒。另外，南疆环游最佳时间是9月，但考虑到南疆环游之后，应该继续走天山行程，而后者最佳时间是8月，故本书将其列为夏季。如果单独走南疆，不考虑天山行程，建议选择秋季出游。

第1天：西宁/饮马峡

出西宁，沿京藏高速往西，过茶卡服务区后，转上茶德高速公路，途中经过德令哈、小柴旦等地。这段高速分段收费，比如乌兰20元、德都35元、德令哈30元、饮马峡30元。

高速公路结束之前，最后一个服务区是饮马峡，在此最好加满油。时间还早且愿意露营的话，不妨继续往前走，直到太阳快落山时，择地扎营。如果必须住旅馆，可以考虑在饮马峡服务区附近，当然更多选择是在德令哈市区。不过，住宿德令哈市区的话，当日行程只有500公里，似乎有些短。

途中扎营是个不错的办法

第2天：饮马峡/茫崖

过饮马峡服务区，往西不久在小柴旦离开高速公路。此地是个十字路口，往南是格尔木，往北是敦煌，往西是新疆。往西的路，还是国道315线。接下来百余公里，很荒凉，且历经三种地形：戈壁滩、山峦、风蚀地貌。当然，途中也有一座镇子，因采矿而形成，有商店、餐馆和加油站。

继续往前，是茫崖镇，规模较大。柴达木盆地至此结束，接着是翻越阿尔金山，进入新疆。省界处国道315线的里程碑是1281公里。有兴趣的话，从茫崖镇往南，游览翡翠湖、尕斯湖等地，但时间需要顺延一两天。

国道315线这一段很荒凉

从西宁算起，行驶1281公里，进入新疆

第3天：茫崖/且末

进入新疆后的第一个镇子，叫依吞布拉克。镇内加油站、餐馆、旅馆，一应俱全，但设施大都很普通。依吞布拉克往西250多公里，是若羌县城。这段路程中有一段位于山谷，限速很低，有隐藏的测速仪，千万小心。

山谷限速很低

若羌县城附近有座米兰遗迹，但不一定能参观。过若羌后，沿国道315线继续走，是且末县。接近县城时，路旁有托乎拉克庄园。

第4天：且末/民丰

过且末约60公里，是前往沙漠公路的路口。沙漠公路名气很大，但我觉得游览价值一般。尤其是限速过低，自驾游走这条路，很费时。如果想感受一下沙漠公路，不妨走一小段。驶上沙漠公路不久，路北侧有座大沙丘，路南侧有些许胡杨树，在这一带游逛一番，足够了。如果想看古迹，就得往里走100多公里，有沙漠第一村、安迪尔遗址、精绝国遗址（很可能不开放）。

沙漠公路

第5天：民丰/和田

出民丰县城不远，是库尔班·吐鲁木纪念馆。随后，公路途经于田县、策勒县、洛浦县。和田市区规模较大，比较繁华，有许多商人在这儿做玉石生意。

第6天：和田/喀什

前半段依旧是国道315线，后半段是高速公路。估计再过一阵，上述路线全程就都有高速公路了。对于自驾游来说，会便利许多。因为，新疆普通公路限速较低，自驾游游客如果按照平时习惯驾驶的话，在这儿恐怕就是超速了，一不留神就会“中招”。

新疆普通公路限速较低

第7天：喀什

喀什是南疆最主要的城市，对于游客来说，也是最值得停留的地方。仅仅是喀什市区，至少应该停留一整天。喀什老街区是非常值得游览的地方。这一带原汁原味，古韵十足，极富特色。其中，市区东部有片民居，地势较高，称为高台民居，堪称活的民俗博物馆。

高台民居北侧，昔日还曾有过一个王宫——喀喇汗王朝的宫殿。

高台民居西侧，是喀什老城区。老城西北角，过解放北路，是艾提尕尔清真寺。对于游客来说，这里是必到之地。清真寺与老城并在一起售票，每人45元。除逛老城、看古迹，还有个很棒的去处，是位于市区东部的市场，离高台民居很近，全称是喀什中西亚国际贸易市场，俗称喀什大巴扎。

第8天：喀什/塔什库尔干

出喀什市区，沿国道314线，往西南方向，是帕米尔高原。国道314线的尽头是红其拉甫口岸。

开始一段路，地势平坦。进山后，沿盖孜河谷上行，待上了一个“台阶”后，便能看到公格尔峰与公格尔九别峰。在垭口处，路边有个湖，据说叫白沙湖。旁边的山，似乎堆满了沙子，外形十分奇特。再往前，是布伦口乡，乡内有座简易加油站。抵达布伦口乡之前，有个岔口，右转是前往木吉乡的公路。从布伦口乡前往木吉乡单程约180公里，但不见得能抵达国境线，因为那里发现了金矿，戒备森严。

再往前，路边出现卡拉库里湖，数座雪山或近或远，环绕着它，景色优美。其中最近的，是慕士塔格峰。

过卡拉库里湖不久，是苏巴什达坂。海拔4100米。天气好时在这儿能看到十余座海拔7000米以上的高山。距垭口最近的，是慕士塔格峰。垭口旁边有景区大门，进入看冰川的话，每人160元。

过垭口，行车十多分钟，经过卡拉苏口岸。自从跨过垭口，便进入塔什库尔干自治县，这个县与三个国家接壤。

行驶一个小时，抵达县城。紧靠县城的石头城，历史非常古老。石头城附近的河谷，景色同样很美。岸边有观景台，还有散步的栈道。

第9天：塔什库尔干/喀什

游客到塔什库尔干，出发前应在居住地办理边防证；到了塔什库尔干之后，如果还想去红其拉甫前哨，需在县城边防部队的办事窗口，再办一个观光证。

红其拉甫口岸位于县城旁边，115公里以外的边境处，是红其拉甫前哨。没有观光证，只能走到前哨关卡处，不能亲临7号界碑——虽然关卡距界碑只有几公里。

国道314线的尽头是红其拉甫

出县城30公里左右，路边有座古驿站遗址。占地面积很大。据说，玄奘西行时，曾在此歇息。再往前，有个前往卡拉其古的路口，右转沿颠簸的土路往西走，是著名的瓦罕走廊。

不想走瓦罕走廊的话，沿国道上继续往红其拉甫方向走，最终，走到海拔4579米的地方，便是红其拉甫前哨。

第10天：喀什/巴楚

出市区，上高速，先往北，没多远改成往西，此时距乌恰县城53公里，距离伊尔克什坦口岸196公里。

伊尔克什坦口岸是这条路的尽头

高速公路目前只修到乌恰县城西侧。随后是省道309线，虽为省道，但路况一流，非常好走。在省道上行驶大约130公里，经过两个达坂，海拔均未到3000米。

随后，公路始终在一条很有气势的山谷中。经过乌鲁克恰提乡与吉根乡之后，下到一条河谷，地图上标注叫克孜勒苏河，过后不久有座小村，叫斯姆哈纳，伊尔克什坦口岸旧称斯姆哈纳口岸。

口岸大楼距边境线大概3公里。如果获得允许，可以通过口岸大楼，前往国境线。国境线边有座哨塔，誉为“西陲第一哨”，哨塔附近，是77号界碑。

第11天：巴楚/库车

巴楚县东部清真寺一带，民族风情浓郁。出县城继续往东，到图木舒克，途中有三处古迹：唐朝的长城，马蹄山烽火台；图木秀克佛寺遗址；托库孜萨来遗址，俗称唐王城。看完这三处古迹，沿公路往北20余公里，便在“一间房”回到高速公路，继续东行约400公里，来到库车。

大漠之中，人迹罕至，却有不少古迹

第12天：库车

库车市区东部与中部都是现代建筑。天山中路与五一路交会处有个市场，里面有许多摊档，非常热闹。

城区西头有座库车王爷府。市区北侧约10公里处，有座克孜尔尕哈烽火台，被誉为丝绸之路（中道）年代最早、保存最完好的烽火台。

作者体会

新疆的路普遍特别直，视野极为开阔。由于两旁没有参照物，很容易开快车。所以，在新疆自驾游，一定要控制车速。新疆限速十分严格，稍不留神就会违规。想不被扣分，不被罚款，唯有耐着性子，慢慢开。

新疆水果——鄯善哈密瓜、库尔勒香梨、吐鲁番葡萄、阿克苏苹果、伽师甜瓜、叶城石榴、阿图什无花果，一年四季不绝于市，且价格十分低廉。此外，许多村子都有烤馕作坊，多数是2元钱一个，刚出炉的馕特别香。在新疆自驾游，最便宜的午餐是西瓜与馕，4块钱便能解决问题。

新藏公路

路线 拉萨/江孜/日喀则/萨嘎/霍尔乡/札达县/狮泉河/红柳滩/叶城。

里程 2900公里。

时间 8天。

路况 全程铺装路（高速公路、国道、县道、乡道）。

程度 路况基本良好，赛图拉镇（三十里营房）之后有数段破损路段，轿车需放慢车速，以防磕底盘。自新疆前往西藏的话，需注意休息，以适应高原。

主题 自然风光、历史古迹。

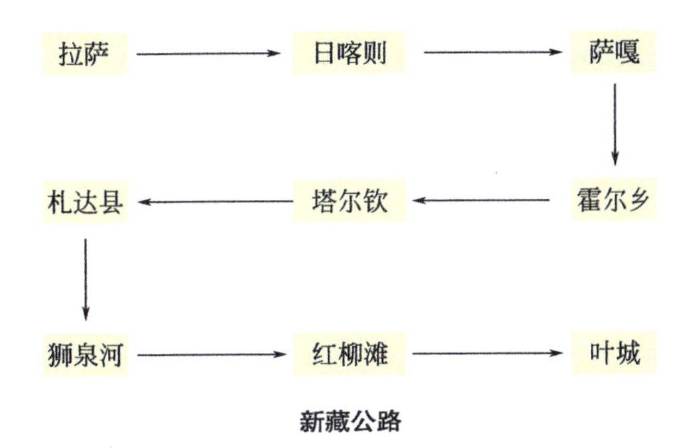

新藏公路

日程安排

第1天 拉萨/日喀则。

交通：高速公路、省道307线、省道207线，约350公里。

游览：羊卓雍错、卡若拉冰川、江孜宗山、扎什伦布寺。

住宿：日喀则市区。

第2天 日喀则/萨嘎。

交通：国道318线、国道219线，约450公里。

游览：国道318线5000公里处，国道219线终点。

住宿：萨嘎县城。

第3天 萨嘎/霍尔乡。

交通：国道219线，约450公里。

游览：玛旁雍错。

住宿：霍尔乡。

第4天　霍尔乡/塔尔钦。

交通：县道，约80公里。

游览：冈仁波齐峰（如转山至少需要2天）。

住宿：塔尔钦。

第5天　塔尔钦/札达县。

交通：国道219线、乡道，约270公里。

游览：土林。

住宿：札达县城

第6天　札达县/狮泉河。

交通：乡道、国道219线，约210公里。

游览：古格王朝遗址。

住宿：狮泉河镇。

第7天　狮泉河/红柳滩。

交通：国道219线，约570公里。

游览：班公错、日土岩画。

住宿：红柳滩或露营。

第8天　红柳滩/叶城。

交通：国道219线，约500公里。

住宿：叶城县城。

参考实例

新藏公路西起新疆叶城，翻越多座山（当地称达坂，见表3-3）之后，在西藏拉孜县与国道318线合并，全长2140公里。时间宽裕的话，沿着它从西藏进入新疆，构成一个新藏大环线。里程虽长，但一路上的风景很壮观。

表3-3　新藏公路翻越高山一览（从东往西）

山名	垭口标高	位置
帮拉山	4710米	昂仁县卡嘎镇之后
嘎拉山	4722米	与帮拉山相距不远
结拉山	4787米	桑桑镇之后
索白拉山	4840米	与结拉山相距不远
槐拉山	5089米	接近萨嘎县城
查藏拉山	4797米	萨嘎县城过后

续表

山名	垭口标高	位置
突击拉山	4920米	拉藏乡之后
马攸木拉山	5211米	阿里检查站之后
狮泉河达坂	4785米	抵达狮泉河镇之前
拉梅拉达坂	5191米	国道1034公里处
红土达坂	5378米	国道753公里处
松西达坂	5248米	国道728公里处
界山达坂	5347米	国道699公里处
奇台达坂	5170米	国道536公里处
康西瓦达坂	4269米	国道425公里处
柯克阿特达坂①	4909米	国道309公里处
塞力亚克达坂②	4969米	国道217公里处
阿卡孜达坂③	3150米	国道111公里处

① 又称黑卡子达坂。② 又称麻扎达坂。③ 又称库地达坂。

第1天：拉萨到日喀则

拉萨往南有条高速公路，抵达曲水之前下高速，回到国道318线，走到达嘎左转过雅鲁藏布江，沿省道307线上山。这一条路是拉萨到日喀则的老路，路上有羊卓雍错、卡若拉冰川、江孜宗山。

日喀则的游览内容，主要是札什伦布寺。

第2天：日喀则/萨嘎

日喀则之后的路有些平淡，唯一能引起游客兴趣的，是国道318线5000公里处的里程碑。随后翻过一个垭口，不远处是拉孜。过拉孜县城，几分钟之后有个路口，此处是新藏公路的起点。国道318线在这里左转去樟木了，时间宽裕，天气很好的话，左转去珠峰大本营看看也不错。只是那里管理较严，最后一段路程不允许自驾车，必须买票坐摆渡车。

国道219线东端第一个里程碑

国道219线全程2140公里，但

我看到的第一个里程碑是2138公里。踏上国道219线之后，行车20分钟，路旁出现一个湖，挺漂亮。继续前行30分钟，途经卡嘎镇，镇子规模较大。右边不远处是昂仁县城。

过卡嘎镇后，公路上升。行车30分钟，过帮拉山垭口。紧接着，又翻过嘎拉山垭口。随后是桑桑镇，同样规模不小。

过桑桑镇25分钟，是结拉山。新藏线与川藏线不同，它的地势比较平缓，全程都在海拔4000多米的地方，翻山并无感觉。

继续往前30分钟，翻过索白拉山垭口。再经过一个很大的谷地，以及槐拉山垭口，接下来就是萨嘎县城了。县城的整条街都是旅馆。

第3天：从萨嘎到霍尔乡

出萨嘎县城不久，翻越查藏拉山，随后进入一片开阔的谷地。行车不足一个小时，路旁高处有座寺院。

再往前不久，路旁出现一座古城遗址，造型与长城沿线的烽火台有些相似。古城过后，经过拉藏乡，翻越突击拉山。翻过垭口20分钟，路过老仲巴县城所在地。此地距萨嘎县城约170公里。仲巴县城老县城紧靠国道，新县城离开国道5公里，相距15分钟车程，路口有座加油站。

再往前是帕羊镇，也有加油站，还有很多旅馆。路况非常好。

如今的新藏公路与昔日完全不同，非常好走

帕羊镇之后，在一个叫马攸木的地方，有座进入阿里的检查站。到阿里旅游，最好事先在居住地公安局办妥边防证，如果到拉萨再办，浪费时间。

过检查站后，是马攸木拉山，翻过山，路旁是公珠错。过公珠错大概一个小时，临近圣湖时，又出现一个检查站。随后，进入霍尔乡。乡旁边就是圣湖——玛旁雍错。它与羊卓雍错、纳木错合称西藏三大圣湖。

第4天：从霍尔乡到塔尔钦

过圣湖，沿219国道往西，是冈仁波齐峰。如果有兴趣，驾车来到塔尔钦，然后用2天时间徒步转山，是个不错的选择。不想转山的话，圣湖西北角，有个叫基乌寺的地方，是观山、看湖的最佳角度。

第5天：塔尔钦/札达县

前往札达县的路上，能看到土林，如果是黄昏时分，景色最美。到札达县主要是观看古格王朝遗址，最理想的时间是早上或黄昏。特别是日出前抵达，天气好的话，将能看到古城日出，景色很美。

第6天：札达县/狮泉河

从札达县前往狮泉河，有两条路。比较好走的路线是按来时的路线，原路返回。退回到国道318线，沿着它前往狮泉河。另一条路线是颠簸的砂石路，但由于里程短，反而能更快到达狮泉河。

翻过一道梁，远处山峰下面，是狮泉河镇

第7天：狮泉河/红柳滩

出狮泉河不久，有检查站，检查边防证——出发前办边防证，记得把新疆与西藏都写上。如果边防证上没写新疆，就需要带着身份证和身份证复印件，在狮泉河葛尔路上的县政府，办一个边防证。

行车一个小时，途经拉梅拉达坂。在此之前，经过检查站，给了一张限速单，要求随后的90公里，不能超过80分钟。

过拉梅拉达坂之后55公里，经过日土岩画。过岩画33公里是日土县城。

在此加满油，续航里程大的车，能一直开到叶城。

过县城10余公里，途经班公错。大概80公里后，是多玛镇，镇内有加油站、餐馆和旅馆。镇的另一头，是检查站。限速单在此查验，并告知下一阶段的限速要求。接下来的130公里，要求不能低于180分钟。

从多玛检查站算起，行驶89公里，途经红土达坂，这是新藏线上的最高点。

红土达坂之后，有个松西村，村内有几家餐馆和旅馆。接着，翻越松西达坂。松西达坂之后，又出现两个湖，分别在路的两边，一个叫松木希错，一个叫龙木错，都很漂亮。

海拔5347米的界山达坂

10多公里之后，途经界山达坂。从界山达坂算起，行驶14公里，抵达泉水湖，此处有个检查站，查验证件，交限速单。

进入新疆后，有很长的一段直道，大概有120公里，地势平坦。随后翻越奇台达坂。奇台达坂之后，公路进入峡谷。前行50公里，是红柳滩。此处有加油站、餐馆和旅馆。加油站旁边是检查站，每晚12点关闭，天气不好时，有可能提前关闭。

第8天：红柳滩/叶城

过红柳滩，前行50公里，有烈士陵园和1962年中印边境自卫反击战遗迹。再往前11公里，翻越康西瓦达坂。随后公路在山谷里延伸。左侧是喀喇昆仑山，右侧是昆仑山。

从康西瓦达坂算起，行驶52公里，到达国庆桥。随后行车10公里，来到赛图拉镇。餐馆、旅馆、修理厂、加油站等，非常齐全。镇子西头，有座检查站。过检查站，往西10余公里，是清朝驻军的哨卡遗址。

左侧是喀喇昆仑山，右侧是昆仑山

往前走44公里，翻越柯克阿特达坂。随后下降到山谷中，在谷里走60公里左右，途经麻扎。麻扎过后，是一条更为幽深的峡谷。走到头，公路爬升1100米，来到塞力亚克达坂。

达坂过后的山谷里，有座简陋的小村子，叫库地。过库地，公路再次爬升，翻越阿卡孜达坂。

随后是11公里的下坡，此时，公路脱离山区，进入平地。再往前，经过一个叫普萨的镇子，此时海拔已经降到2100米，在普萨的检查站领取限速条后，行驶71公里，抵达叶城。

叶城是新藏公路的起点

资料：新藏公路里程记录

新藏公路的西端是新疆叶城，东端是西藏拉孜县查务乡，全程2140公里。拉萨到拉孜之间还是国道318线，里程约为410公里。过拉孜县城5公里，是查务乡，从这开始，正式踏上新藏公路。

作者体会

如今的新藏公路，后勤保障已经相当不错了。比如红柳滩，昔日是一个简陋的加油点，如今，正式加油站已经开业，92号、95号汽油以及柴油，一应俱全。全长2140公里的新藏线，加油站最大间隔是日土县多玛乡与红柳滩之间，相距358公里。

3.2.7　辽吉篇——8月，从大连到桓仁

路线　大连/旅顺/金州/丹东/河口/集安/桓仁。

里程　800公里。

时间　7天。

路况　全程铺装路（高速公路、国道、省道）。

程度　路况良好。

主题　历史古迹、自然风光。

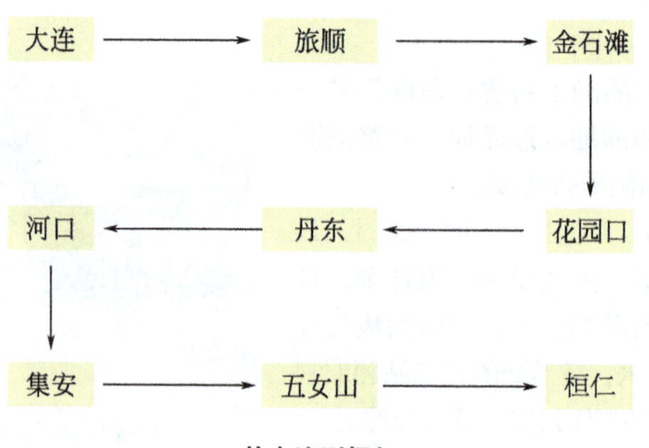

从大连到桓仁

日程安排

第1天　大连/旅顺。

交通：国道，约50公里。

游览：黄金山炮台、白玉山景区、旅顺博物馆、203高地、日俄监狱。

住宿：旅顺市区。

第2天　旅顺/金州。

交通：高速公路，约100公里。

游览：海滨。

住宿：金石滩旅游度假区。

第3天　金州/丹东。

交通：高速公路，约260公里。

游览：花园口日军登陆处。

住宿：丹东市区。

第4天　丹东/河口。

交通：省道，约60公里。

游览：鸭绿江断桥、抗美援朝纪念馆、虎山长城。

住宿：河口镇。

第5天　河口/集安。

交通：国道，约200公里。

游览：河口断桥。

住宿：集安市区。

第6天 集安/桓仁。

交通：高速公路，约160公里。

游览：丸都山城、好太王碑、将军坟、铁路大桥景区。

住宿：桓仁县城。

第7天 桓仁。

游览：五女山博物馆、五女山风景区。

住宿：桓仁县城。

参考实例

从金州到丹东

从金州到丹东同样是高速公路，途中有个花园口，甲午战争期间，日军在此登陆。所以，在花园口村南边的突出部，修建了一座警示碑，提醒人们不要忘记这段历史。周围的海岸线上，铺设着木质栈道，景色很美。

花园口海岸线

从丹东到河口

丹东市区的游览，一是鸭绿江大桥，二是抗美援朝纪念馆。从市区前往河口途中，有座虎山长城，据说是明朝万里长城的起点。虽然都是仿古建筑，但景色不错。

河口是座很优美的小镇，有许多农家客栈，鸭绿江畔还有几家不错的饭店。在这住一宿，吃一顿柴锅鱼，喝点小酒，是个很好的主意。饭店不远处是鸭绿江铁桥。

从河口到集安

这条路大体沿鸭绿江而行，景色很美。集安是座很漂亮的小城，有与朝鲜相通的大桥，还有高句丽遗址公园，保存完好的高句丽墓很有特色。

从集安到桓仁

在桓仁主要看五女山山城的高句丽遗址。

作者体会

本行程归类于夏季，是因为前半段在海滨。而后半段是秋季最美。所以，河口/集安/桓仁/本溪可以作为一条自驾游路线，最理想的时机是10月上旬，红叶红了的时候。

3.3 秋季自驾游线路推荐

对于自驾游来说，秋季是最棒的时刻，因为我国许多地区都是秋景最美，比如汉中光雾山、北疆的白哈巴与禾木、南疆的塔里木河胡杨林、四川的九寨沟等。此外，秋季温度适宜，行车也更舒服。

3.3.1 内蒙古篇——9月，京新高速、额济纳

京新高速（G7）

路线 北京/哈密。
里程 2200公里。
时间 2天。
路况 全程铺装路（高速公路）。
程度 路况很好。
主题 自然风光。

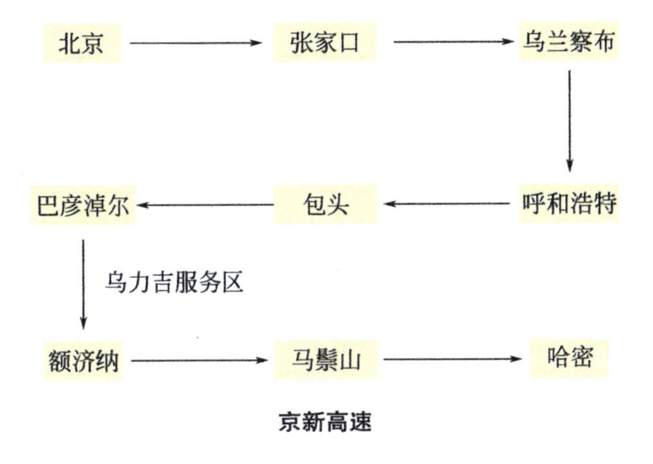

京新高速

日程安排

第1天 北京/乌力吉服务区。

交通：高速公路，约1200公里。

住宿：高速公路服务区。

第2天 乌力吉服务区/哈密。

交通：高速公路，约1000公里。

游览：沿途风光。

住宿：哈密市区。

第3天及以后 根据兴趣安排。

① 前往北疆，游览喀纳斯。

② 前往尉犁县，沿塔里木河欣赏胡杨林。

参考实例

北京到新疆的高速公路——京新高速（G7），于2017年7月15日内蒙古段、甘肃段、新疆段开通。京新高速的东段北京到临河，仍走京藏高速；西段哈密至乌鲁木齐，仍走连霍高速。

临河到哈密这段高速全程共有服务区与停车区23对（表3-4）。

表3-4 京新高速（内蒙古段、甘肃段、新疆段）服务区、停车区情况

临河互通	883公里	京藏高速与京新高速交会处
陕坝停车区	893公里	
青山服务区	923公里	

续表

纳林湖服务区	991公里	
查干停车区	1021公里	
红古尔玉林服务区	1080公里	
尚丹停车区	1128公里	
乌力吉服务区	1168公里	
哈尔苏海服务区	1330公里	
雅干停车区	1377公里	
雅干服务区	1436公里	
天鹅湖停车区	1488公里	
达来呼布服务区	1534公里	
赛汉陶来服务区	1578公里	
路井停车区	1645公里	
风雷山服务区	1687公里	
黑鹰山停车区	1737公里	
黑鹰山服务区	1771公里	
马鬃山服务区	1862公里	
白山泉服务区	1954公里	
鸭子泉服务区	2019公里	
沁城停车区	2080公里	
骆驼圈子服务区	距马鬃山服务区284公里	转入连霍高速第一个服务区

问题之一：加油

临河到哈密路段全程1200多公里，对于续航里程700公里的车来说，驶入之前把油加满，中途加油一次，就能跑完全程。沿途12个服务区全部没油的可能性不大，所以，假设您的车续航能力只有500公里，走这条路也不会有什么问题。

问题之二：安全

这段路穿越荒漠，途中还有一段是无人区，在这条路上自驾，最好双手紧握方向盘，因为侧风随时可能出现，不留神的话，没准能把车吹偏。

问题之三：费用

假定从北京出发，旅游第一站是吐鲁番的话，高速费共计973元（北京段35元，河北段70元，内蒙古段625元，甘肃段46元，新疆段197元）。新疆段的197元当中，G7收费62元，转上连霍高速后，分段收费——二堡站30元、一碗泉站55元、鄯善东站25元、土峪沟站25元。

问题之四：信号

沿途多个地方有联通信号（见到服务区、收费站的员工打电话），我当时试图上网发消息，但无法连接（我的上网卡是联通的），移动信号似乎只有靠近某个镇子时才有。

问题之五：食宿

各服务区的间距，大都在100 ~ 200公里之间，部分服务区设有旅店。但毕竟是人烟稀少地区，有可能遇到服务区里食宿皆无的情况，故车上应该备有足够的水与食品，以防万一。此外，还应该准备毛毯或睡袋，从而具备车内过夜的能力，以备不时之需。

如果希望住饭店，只能在经过达来呼布时，下高速进入城区，食宿与加油较有保障。

问题之六：里程

早期从北京到新疆，往北走内蒙古，然后途经宁夏、甘肃。从北京德胜门出发，到乌鲁木齐红山，全程约3300公里。2017年开通的京新高速公路（新疆段、甘肃段、内蒙古段），将内蒙古与新疆之间取直，故走这条路从北京德胜门到乌鲁木齐红山，全程约2770公里，缩短里程约530公里。

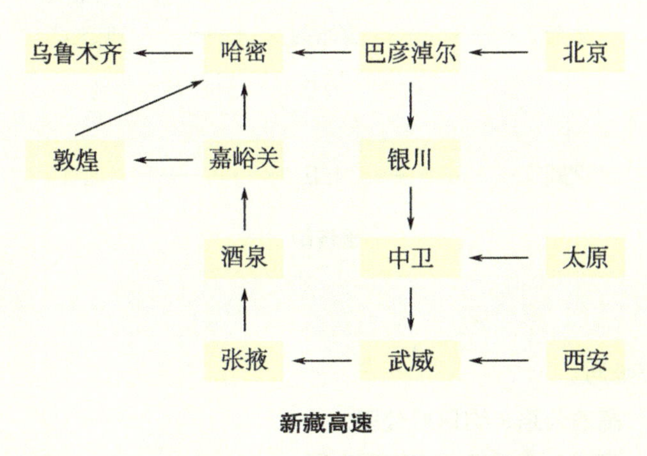

新藏高速

作者体会

在地广人稀的地区，必须随时计算，确保能在断油之前，抵达加油站。京新高速开通那天，我自西向东驶入。当时我做了一个计算，骆驼圈子服务区距额济纳630公里，额济纳距临河650公里，我的车加满油能跑至少700公里，假设全线服务区都没油，也无所谓，因为我可以在途经额济纳时，下高速进城加油。

额济纳

路线　北京/临河/额济纳/嘉峪关/张掖/武威/中卫/文水/北京。

里程　4000公里。

时间　9天。

路况　全程铺装路（高速公路、国道、省道）。

程度　路况良好。

主题　自然风光、历史古迹。

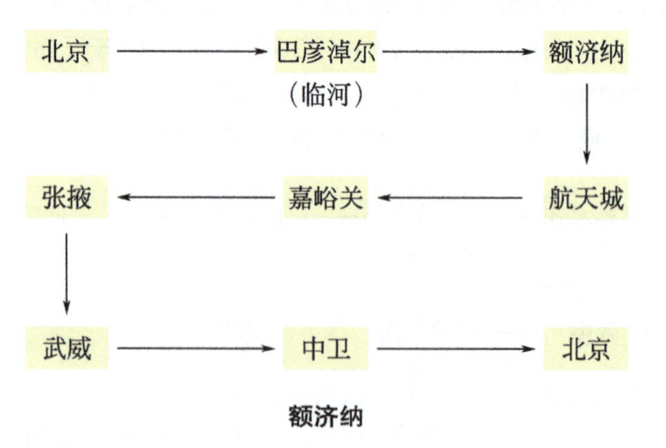

额济纳

日程安排

第1天　北京/临河。

交通：高速公路，约900公里。

住宿：高速公路服务区或临河市区。

第2天 临河/额济纳。

交通：高速公路，约670公里。

住宿：额济纳市区。

第3天 额济纳。

游览：胡杨林、苏泊淖尔、口岸。

住宿：苏泊淖尔露营或额济纳市区。

第4天 额济纳/嘉峪关。

交通：省道315线、高速公路，约400公里。

游览：航天城。

住宿：嘉峪关市区。

第5天 嘉峪关/张掖。

交通：高速公路，约220公里。

游览：嘉峪关，张掖七彩丹霞风景区。

住宿：张掖市区。

第6天 张掖/武威。

交通：高速公路，约240公里。

游览：张掖大佛寺，武威雷台汉墓、鸠摩罗什寺。

住宿：武威市区。

第7天 武威/中卫。

交通：高速公路，约300公里。

游览：沙坡头。

住宿：中卫市区。

第8天 中卫/文水。

交通：高速公路，约700公里。

游览：绥德扶苏墓、蒙恬墓。

住宿：文水县城。

第9天 文水/北京。

交通：高速公路，约600公里。

游览：武则天纪念馆，交城玄中寺。

参考实例

额济纳最值得看的，一是历史古迹，另一个是胡杨树。每年9月底、10月初，胡杨树树叶变黄，极为诱人。从额济纳旗达来呼布镇往东去的省道312线沿途，二道桥与七道桥之间，是胡杨树最茂密的地方。八道桥是个大沙丘，属于巴丹吉林沙漠的范围，单纯看胡杨林，二道桥和七道桥比较适宜，四道桥和六道桥附近也有许多高大而古老的胡杨树，同样值得观赏。

镇子往北40公里，是居延海。在此露营，可以体会“大漠孤烟直，长河落日圆”的诗意，运气好还能欣赏到很有气势的夕阳与朝霞。从居延海再往北35公里，是中蒙边境。两国接壤的界碑处，地势开阔，不远处有座带国徽的大门。

达来呼布镇往南去，有公路前往嘉峪关。途中，经过东风航天城。远远地，可以看到发射塔、问天阁等建筑，航天城中心区域，还有座展览馆。

抵达嘉峪关，主要是欣赏明朝长城最完整的一座关城。随后的张掖，城内出名的是大佛寺，郊外最著名的是丹霞地貌。

作者体会

出门在外，什么事儿都可能遇到。计划只是个预估，实际执行的时候，每天能走多远算多远，不必强求。

3.3.2 新疆篇——9月，北疆环游

路线 哈密/吉木萨尔/富蕴/喀纳斯/白哈巴/布尔津/乌鲁木齐。

里程 2500公里。

时间 8天。

路况 全程铺装路（高速公路、国道、省道）。

程度 路况良好。

主题 自然风光。

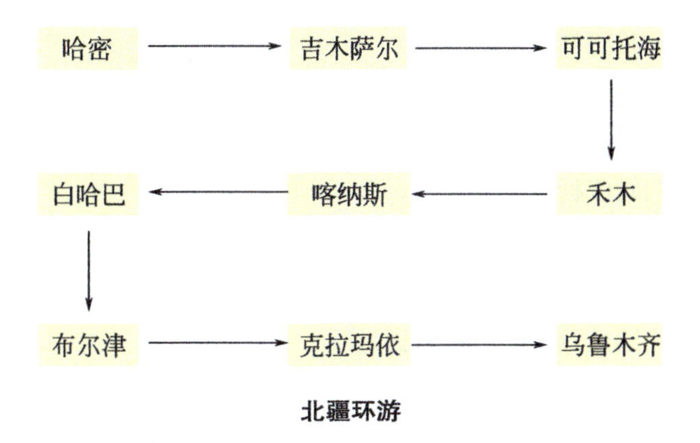

北疆环游

日程安排

第1天　哈密/吉木萨尔。

交通：高速公路、省道，约500公里。

游览：巴里坤草原。

住宿：吉木萨尔县城。

第2天　吉木萨尔/富蕴。

交通：约450公里。

游览：北庭遗址、五彩湾、火烧山。

住宿：富蕴县城或可可托海景区。

第3天　富蕴/禾木。

交通：省道、国道、高速公路，约520公里。

游览：可可托海景区。

住宿：布尔津县城或禾木景区。

第4天　禾木。

游览：禾木景区。

住宿：禾木景区。

第5天　禾木/贾登峪。

交通：省道，约35公里。

游览：喀纳斯景区。

住宿：喀纳斯景区。

第6天　贾登峪/白哈巴。

交通：省道232线、229线，约150公里。

游览：中哈边境大峡谷、白哈巴村。

住宿：白哈巴村。

第7天 白哈巴/布尔津。

交通：省道229线、227线，约170公里。

游览：白哈巴村。

住宿：布尔津县城。

第8天 布尔津/乌鲁木齐。

交通：高速公路，约700公里。

参考实例

走京新高速、连霍高速进入新疆之后，从哈密往北，经巴里坤草原，直奔北疆，是个好线路。因为，继续西行是乌鲁木齐，对于自驾游来说，意义大不。与之相比，哈密/吉木萨尔/富蕴/布尔津这条路，值得一走。一路上，巴里坤草原、唐朝北庭遗址、五彩湾、火烧山、可可托海，都是不错的美景。

北疆地域广阔，人烟稀少

距喀纳斯还有30公里时，自驾车需停在贾登峪。一年当中，喀纳斯最美的景色出现在9月下旬。其实，喀纳斯湖本身比较普通，附近的神仙湾、月亮湾和鸭泽湖，才更好看。不过，当您来到禾木时，也许会感觉它远远胜过喀纳斯。尤其是沿禾木河徒步走，整座山谷美得无法形容。

禾木村西侧有个高地，可以俯瞰整座村庄，早上到那里赏景，是个好主意。白哈巴村的景色，与禾木村类似，同样幽美。

作者体会

喀纳斯名气很大，但我认为禾木更美。在禾木住上一两天或两三天，其中一天沿禾木河徒步，另一天骑马上山，朝着中俄边境走，感觉很不错。

白哈巴也是很美的地方，从喀纳斯过去很近，从贾登峪算起，到白哈巴只有60公里，可那条省道恐怕不让走，只得往南绕，这一绕得行驶150公里。

前往禾木、喀纳斯，车只能停在景区外面，然后坐大巴进入。

3.3.3 川甘篇——9月，从成都到兰州

路线 成都/黑水/红原/郎木寺/夏河/循化/兰州。

里程 1200公里。

时间 7天。

路况 全程铺装路（高速公路、国道、省道、乡道）。

程度 路况良好。

主题 自然风光、民族风情。

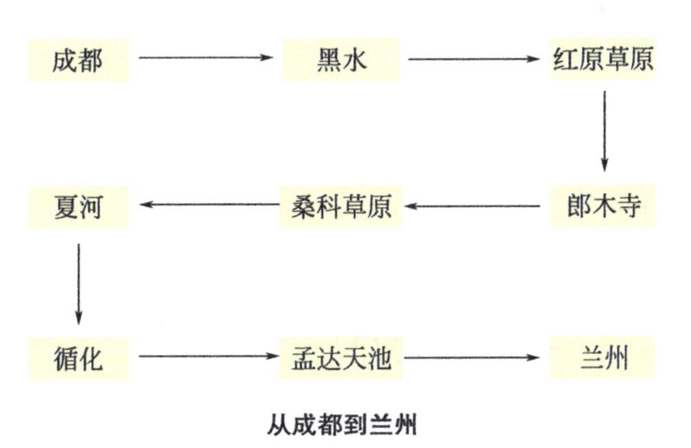

从成都到兰州

日程安排

第1天 成都/黑水。

交通：高速公路、省道302线，约300公里。

游览：都江堰、青城山、色尔古藏寨。

住宿：黑水县城。

第2天　黑水/红原。

交通：省道302线、209线，约150公里。

游览：达古冰川。

住宿：红原县城。

第3天　红原/郎木寺。

交通：省道，约200公里，或向东绕行国道213线，约250公里。

游览：红原草原、瓦切佛塔、黄河九曲第一湾。

住宿：郎木寺镇。

第4天　郎木寺/夏河。

交通：省道，约180公里。

游览：尕海湖、桑科草原。

住宿：夏河县城。

第5天　夏河。

游览：拉卜楞寺

住宿：夏河县城。

第6天　夏河/循化。

交通：乡道、省道，约140公里。

游览：十世班禅故居、骆驼泉、撒拉族风情。

住宿：循化县城。

第7天　循化/兰州。

交通：省道、高速公路，约220公里。

游览：孟达天池。

住宿：兰州。

参考实例

从成都到红原——藏寨、冰川

成都往西北方向走到茂县，过茂县往北28公里，往西沿省道302线行驶36公里，是色尔古藏寨，建筑很辉煌。

离开色尔古藏寨，沿省道302线继续往西，过黑水县城不远，是达古冰川，已经被辟为旅游区，公路两侧的客栈很多。继续西行，经过雅克夏雪山，及长江与黄河的分水岭，便离开山谷，进入草原地段。

过黑水县城不远是达古冰川

从红原到郎木寺——黄河九曲第一湾

过红原县城40公里，途经瓦切乡，路边有一片壮观的佛塔——十世班禅曾来到这里诵经布道，为了纪念，人们在十世班禅坐过的地方，建起佛塔，周围环绕上百座白塔，塔林周围则是数片经幡。

走到草原的最北端，再往北，黄河九曲第一湾的景点。从第一湾往北100公里，是郎木寺镇，镇东侧属于甘肃省，西侧属于四川省。其中主要有两个寺院——甘肃境内的赛赤寺，四川境内的格尔底寺。

长江与黄河的分水岭

从郎木寺到夏河——桑科草原

郎木寺到夏河之间，经过尕海湖、桑科草原。来到夏河，主要是为了浏览拉卜楞寺。它是格鲁派六大寺院之一，非常壮观。在夏河县城横贯东西的人民路上，西半段的建筑是藏式，这些建筑与寺院之间，有一条水渠，渠边有许多商店、餐馆、茶馆和旅馆。选一家面对寺院的旅馆住上一晚，应该会有很不错的感受。

郎木寺镇

从夏河到循化——十世班禅故居、天池

离开夏河，穿过甘加草原，在前往循化县的途中，能经过文都乡，十

拉卜楞寺与夏河县城

世班禅故居在这里。再往前13公里，是循化县骆驼泉。这一带无论是饮食，还是建筑，都颇有特色。过循化县城，公路沿黄河峡谷行走，山谷深处，便是中国四大天池之一的孟达天池。

从夏河穿过甘加草原前往循化县

作者体会

川北地区，九寨沟与黄龙最出名。利用自驾游的优势，随意四处走走，可能会有更多收获。比如这条线路中的红原草原、桑科草原、甘加草原、郎木寺镇、拉卜楞寺、循化民族风情，就是很棒的。

3.3.4 辽宁篇——10月，看红叶：天桥沟、关门山

路线 沈阳/新宾/天桥沟/关门山/沈阳。

里程 500公里。

时间 4天。

路况 全程铺装路（高速公路、省道）。

程度 路况良好。

主题 自然风光、历史古迹。

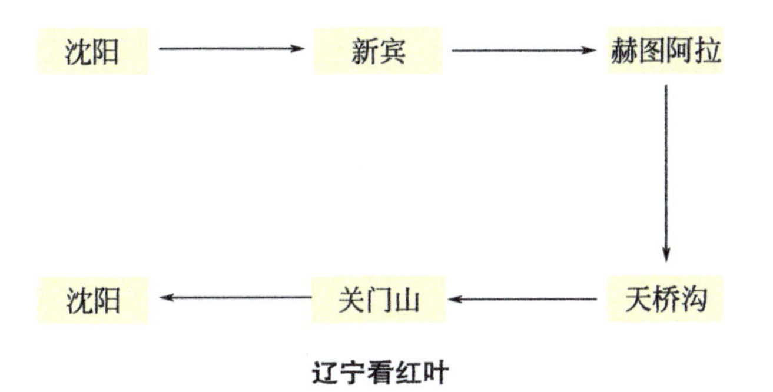

辽宁看红叶

日程安排

第1天　沈阳/新宾。

交通：高速公路，约160公里。

游览：永陵、赫图阿拉城。

住宿：新宾县城。

第2天　新宾/天桥沟。

交通：高速公路、省道，约120公里。

游览：天桥沟森林公园。

住宿：天桥沟。

第3天　天桥沟/关门山。

交通：省道，约140公里。

游览：枫叶大道。

住宿：关门山。

第4天　关门山/沈阳。

交通：省道、高速公路，约120公里。

游览：枫叶大道。

参考实例

我国许多地方都有红叶，其中名气较大的，是辽宁省本溪市。虽然本行程中列举了天桥沟与关门山，但如果您只是驾车在本溪一带随意走走，也能在许多地方，欣赏到漫山遍野的红叶。另外，为了让内容更加丰富，行程中还增加了一些游览内容，比如新宾满族自治县，那里有永陵和赫图阿拉城。

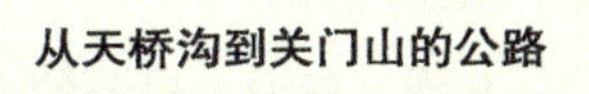
从天桥沟到关门山的公路

作者体会

从天桥沟到关门山，南北各有一条路。北边是本溪到桓仁的公路，建议走它。因为中间有大概30公里的一段，被誉为“本溪枫叶大道”。

3.3.5 广西篇——10月，从桂林到崇左

路线 桂林/恭城/梧州/桂平/容县/北海/东兴/凭祥/崇左/巴马/南宁。

里程 2100公里。

时间 11天。

路况 全程铺装路（高速公路、省道、乡道）。

程度 路况良好。

主题 自然风光、历史古迹。

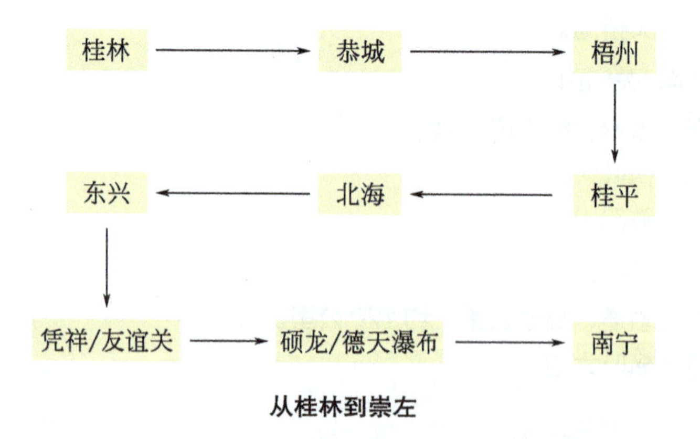

从桂林到崇左

日程安排

第1天 桂林/恭城。

交通：省道，约100公里。

游览：县城古迹、西岭乡杨溪村、嘉会乡太平村。

住宿：恭城县城。

第2天 恭城/梧州。

交通：乡道、高速公路，约210公里。

游览：恭城县莲花镇朗山村、昭平县黄姚镇。

住宿：梧州市区。

第3天 梧州/桂平。

交通：高速公路，约160公里。

游览：梧州骑楼，新马村袁崇焕故居。

住宿：桂平市区。

第4天 桂平/容县。

交通：省道、乡道，约110公里。

游览：桂平大藤峡。

住宿：容县县城。

第5天 容县/北海。

交通：高速公路，约270公里。

游览：松山镇夏国璋故居，容县真武阁。

住宿：北海市区。

第6天 北海。

游览：冠岭公园、银滩、涠洲岛。

住宿：北海市区或涠洲岛。

第7天 北海/东兴。

交通：高速公路、省道，约200公里。

游览：防城港簕山古渔村、白龙炮台，京岛、北仑河口、第一号界碑。

住宿：东兴市区。

第8天 东兴/凭祥。

交通：省道，约250公里。

游览：峒中镇、友谊关。

住宿：凭祥市区。

第9天 凭祥/硕龙。

交通：省道，约150公里。

游览：归春河、德天瀑布。

住宿：德天瀑布或硕龙镇。

第10天 硕龙/巴马。

交通：省道，高速公路，约270公里。

游览：甲篆乡。

住宿：巴马县城。

第11天　巴马/南宁。

交通：高速公路，约400公里。

游览：昆仑关抗战遗址。

参考实例

广西山区特别秀美，公路良好

保存较好的古民居

10月，桂花盛开，空气中到处飘着淡淡的幽香，沁人心脾，有种令人愉悦的舒适感。这条路线在广西的中部和南部，内容十分丰富，比如恭城与昭平的古镇、藤县与容县的历史、桂平的峡谷、梧州的美食、德天的瀑布，此外，还有优美的中越沿边公路。

桂林到恭城

恭城县城分为新、老两部分，河流环绕，环境宜人。古迹方面，主要是孔庙、关帝庙、周渭祠、湖南会馆。出县城沿省道201线往北，30分钟抵达西岭乡的杨溪村，再往北是嘉会乡的太平村，以及以骑楼出名的栗木镇。这一带不仅环境很美，更有许多保存较好的古民居。

恭城到梧州

恭城县城往南10余公里，是莲花镇的朗山村，同样保存着数座古民居。随后，沿高速公路往南，直达梧州。途中比较出名的是黄姚镇。

梧州是座很悠闲的城市，历史上的骑楼保存了不少。任意走进一家汤铺，7元买份汤，实乃莫大享受。当地美食纸包鸡，12元一份，味道鲜美。晚上随便找家店，喝夜茶、吃点心，结账时，往往会令人怀疑算错账了——货真价实的物美价廉。

梧州到桂平

梧州往西，过藤县和天平镇，到新马村，这里是袁崇焕故居。继续往西，两小时到桂平。不想看沿途的风光，可以走高速公路。抵达桂平后，主要看点是大藤峡，大藤峡出口处叫弩滩，景色壮观。

如果时间不宽裕，可以从桂平往北前往金秀，游览大瑶山后，返回桂林。起止点均为桂林的话，一圈下来的行程为950公里（未含当地里程），以高速公路为主，5天足矣。

桂平到容县

离开桂平，沿省道212线往南30余公里，经盛产荔枝的麻峒镇，沿狭窄乡道往东南方向，途经以米粉著称的罗秀镇，前往容县。此段路况不是很好，不愿意走的话，亦可放弃容县，继续沿省道212线往南前往玉林。

抵达容县之前，途经松山镇，夏国璋故居就在这里。

容县县城著名的古建筑是真武阁。

容县到北海

全程高速公路，非常好走。对于游客来说，北海比较出名的，是银滩与涠洲岛。北海市区是个半岛，半岛最尖处是冠岭公园，登高可览市区全景。老市区集中在北海岸一带，比如北京路北段附近，有英国领事馆、德国领事馆、法国领事馆的旧址。距海边不远的中山路，仍然保留着许多骑楼。想找美食的话，沿四川路走到头儿，过桥，进入外沙，餐馆数不胜数。外沙桥附近，还有个热闹的海鲜交易市场。

北海银滩海滨道路

银滩西端的码头，有船前往涠洲岛，如果时间宽裕，同时又有兴趣，可以乘船过去看看。快船单程每人150元，直线距离38公里，航行50分钟。

抵达后先买票，每人115元，另加5元保险。过验票口是停车场，包车环岛游的话，汽车160元，观光车180元（淡季价格）。

涠洲岛南北6.5公里，东西6公里，码头在西北角，东北角有个教堂，东南角是五彩滩，西南角是鳄鱼山，上述三个地方，是主要的游览内容。

涠洲岛住宿以民宿为主，数量极多，淡季价格在每晚80～140元之间。北海岸有家相当于三星级的海景酒店，淡季每晚500多元；靠近鳄鱼山处有家海景城堡酒店，标间每晚300多元。外观看上去更好的一家在南海岸，叫南湾海景酒店，标间接近每晚700元。

北海到东兴

北海到防城港之间有高速公路。防城港是个较大的半岛，东海岸比较出名的是簕山古渔村。很幽静，古树很多。村里有餐馆和民宿。与涠洲岛相比，我认为这里更棒。

簕山古渔村西南方向25公里处，是防城港市区，市区附近有个江山半岛，有月亮湾景区、江山半岛景区、白沙景区、怪石滩景区等。沿海滩有不少餐馆和旅馆，最前端的东侧是怪石滩，西侧是白龙炮台。

最西侧的京岛，海岸线呈一条直线，称为金滩。有许多餐馆环境很棒，令人感到很舒服。

离开金滩，在海边密林中继续往西，来到竹山村，村子西侧是北仑河口。第一号界碑旁是省道325线的起点。这条公路也叫中越沿边公路。对于自驾游来说，这条路是不可多得的风景大道。

东兴到凭祥

离开东兴市区，公路进入十万大山的范围，傍河而行。不久途经那良镇，此处有许多漂流项目。那良镇过后是峒中镇，其间有一段路况很差，轿车需减速。峒中是个有温泉和口岸的镇子。

从峒中镇往西，翻越一座较大的山，然后是爱店镇，这里也是口岸。爱店镇之后便是凭祥。凭祥以友谊关著称前，需买门票才能登上城关，并参观两旁的炮台。

凭祥到硕龙

凭祥市区北侧，有座大连城，几十公里之外的龙州，还有座小连城。

从龙州开始，景色逐渐转为桂林特色，风景非常美，感觉胜过桂林。沿边公路走到这里，是归春河。站在路边俯瞰，犹如来到九寨沟。再往前，是德天瀑布。需停车购票乘大巴前往瀑布。不是旺季的话，自驾车也能前往，只是德天村停车面积不大，只能容纳小车不足百辆，且需另收费。

从硕龙镇开始，路边接连出现餐馆、旅馆，陆陆续续，一直延伸到德天村。比较集中的有三处：第一处是硕龙镇；第二处是从硕龙镇往西4公里的隘江村附近；第三处是德天村，靠近瀑布大门前，有许多旅馆。景区内还有一家饭店，位置得天独厚。

硕龙到巴马

离开德天村，驾车顺着沿边公路，继续往西，随后沿省道316省道前往靖西。这一带的风景，与龙州很相似。如果时间充裕，不妨找个舒服的旅馆住几天，看看通灵大峡谷、古龙山大峡谷等自然风景区。时间不富裕的话，在此上高速公路，北行230公里，就能来到巴马。

抵达巴马，下高速后，不忙进入县城，值得游客前往的，是下高速往北、沿省道208线的甲篆乡境内盘阳河景区以及继续往北的平安村巴盘屯。

巴马到南宁

从巴马到南宁约300公里，中途绕一下路，里程增加100公里，可以看看著名的昆仑关。

作者体会

除了游客云集的地方，比如桂林、阳朔等地，这条路线吃与住的价格都很厚道，尤其是梧州。与相邻的东南各省相比，广西是非常理想的自驾游地区。

3.3.6 川陕篇——10月，从郑州到成都

路线 郑州/西安/汉中/广元/成都。

里程 1400公里。

时间 5天。
路况 全程铺装路（高速公路、国道）。
程度 路况良好。
主题 自然风光、历史古迹。

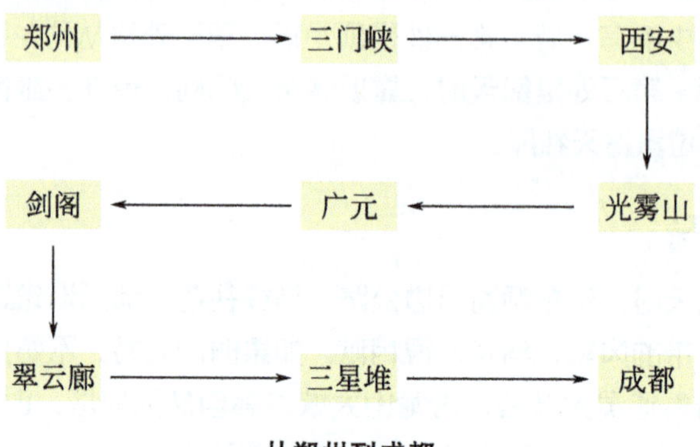

从郑州到成都

日程安排

第1天 郑州/西安。
交通：高速公路，约500公里。
游览：三门峡地坑院。
住宿：西安。

第2天 西安/光雾山。
交通：高速公路，约390公里。
游览：西安古城墙。
住宿：光雾山景区。

第3天 光雾山。
游览：光雾山。
住宿：光雾山景区。

第4天 光雾山/剑阁。
交通：高速公路，约250公里。
游览：广元皇泽寺。
住宿：剑阁县城。

第5天 剑阁/成都。
交通：国道108线、高速公路，约300公里。
游览：剑门关、翠云廊、三星堆。

参考实例

本行程重点之一：地坑院。

三门峡市区往南18公里左右，在陕州区张汴乡一带的村庄里，有一些地坑院，很有特色。

在张汴乡一带，驾车随意游逛，数个村庄里，都能看到地坑院

本行程重点之二：光雾山。

过西安之后，公路开始翻越秦岭，有一连串的隧道，注意安全。

抵达汉中，转高速往南，就能抵达光雾山。秋季的光雾山，恐怕是最美的时刻。

沿高速走到剑阁县，建议下高速，转上国道108线，这一段有著名的古迹——剑门关（新建的），还有翠云廊。

抵达成都后，根据兴趣、时间，或前往都江堰、青城山，或走高速公路翻越二郎山，前往川藏公路上的新都桥。

作者体会

因为我是北京人，每次自驾游，总是从北京出发。北京到西安有两条路：一条路是从石家庄往西，经阳泉、太原、临汾、河津、韩城、蒲城，这条路较近，是比较理想的一条路，但有两个不足，一是是石家庄与太原之间货车较多，二是介休附近有一段路限速每小时80公里；另一条路是从石家庄往南，经邯郸、安阳、新乡、修武、济源、洛阳、三门峡，这条路在洛阳以前限速每小时120公里，洛阳以后有很长的一段限速每小时100公里，这条路稍远，但多数是平原，比较好走。

如果对历史感兴趣，北京与成都之间有很多古迹，挑主要的看，恐怕也得一周时间，比如娘子关、榆次老城、平遥古城、临汾尧庙、韩城龙门、司马迁墓、玄宗泰陵、睿宗桥陵、洋县蔡伦墓、勉县武侯墓等。

3.3.7 京浙篇——10月，从北京到杭州

路线 北京/南皮/济南/泰安/曲阜/邹城/徐州/扬州/镇江/无锡/苏州/杭州。
里程 1700公里。
时间 13天。
路况 全程铺装路（高速公路、国道）。
程度 路况良好。
主题 历史古迹。

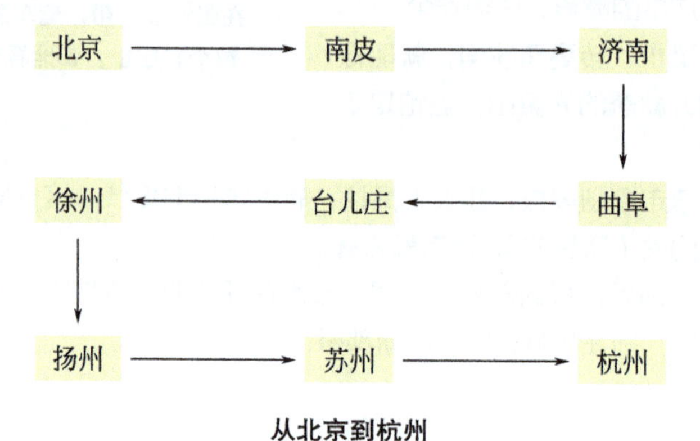

从北京到杭州

日程安排

第1天 北京/南皮。
交通：高速公路，约400公里。
游览：小站练兵园、沧州铁狮子、纪晓岚墓。
住宿：南皮县城。

第2天 南皮/济南。
交通：高速公路，约200公里。
游览：南皮张之洞墓、德州苏禄王墓。
住宿：济南。

第3天 济南/泰安。
交通：高速公路，约80公里。
游览：趵突泉、珍珠泉、百花洲历史文化街区、老舍先生故居。
住宿：泰安市区。

第4天 泰安。
游览：泰山。

住宿：泰安市区。

第5天 泰安/曲阜。

交通：高速公路，约80公里。

游览：少昊陵、孔府、孔庙、孔林。

住宿：曲阜市区。

第6天 曲阜/邹城。

交通：国道，约25公里。

游览：孟府、孟庙、孟子墓地、孟母墓地。

住宿：邹城城区。

第7天 邹城/徐州。

交通：高速公路，约220公里。

游览：台儿庄大战纪念馆、徐州狮子山楚王陵。

住宿：徐州市区。

第8天 徐州/扬州。

交通：高速公路，约340公里。

游览：盱眙明祖陵、扬州东关历史文化旅游区。

住宿：扬州市区。

第9天 扬州。

游览：朱自清故居、个园、天宁寺、瘦西湖。

住宿：扬州市区。

第10天 扬州/镇江。

交通：高速公路，约40公里。

游览：金山、北固山。

住宿：镇江市区。

第11天 镇江/无锡。

交通：高速公路，约140公里。

游览：锡惠公园、清名桥历史街区。

住宿：镇江市区。

第12天 无锡/苏州。

交通：高速公路，约50公里。

游览：网师园、狮子林、留园。

住宿：苏州市区。

第13天　无锡/杭州。

交通：高速公路，约150公里。

游览：乌镇。

参考实例

从北京到江南地区，或者说从江南地区到北京，行车本身很容易。无论是京沪高速公路，还是京台高速公路，都很好走。北京与南京、扬州、上海等地，均只需1天就能开到。但对于自驾游来说，更重要的是过程。所以，这里介绍的，是一个“慢慢走”的行程。其实途中还有很多古迹值得看，此处只是列举了其中一部分，仅供参考。

从北京到济南

从北京出发，行驶160公里到天津小站，这里是袁世凯练兵的地方。随后沿高速公路往南140公里，是沧州铁狮子。再沿高速公路往西50公里，是纪晓岚墓及文化园。最后，沿高速公路往南50公里，至南皮县。这里的名人是张之洞。

次日，在南皮参观张之洞墓后，南行90公里，参观德州苏禄王墓。随后南行110公里，抵达济南。济南是座非常繁华的城市，它的七十二泉最为著名，城中的趵突泉与珍珠泉，以及附近的百花洲历史文化街区，最值得看。此外，还有老舍先生在济南的故居。

袁世凯练兵的地方：天津小站

从济南到徐州

济南往南，第一站是泰山，接着是曲阜，曲阜最著名的是三孔——孔庙、孔林、孔府。再往南，是邹城，此处有五孟——孟庙、孟府、孟林、孟母三迁祠、孟母墓地。

从邹城往南150公里的台儿庄，有座纪念馆，记录着抗日战争中的重要一幕。然后再沿高速公路走70多公里，便来到徐州，汉代楚王葬在这里。其中，狮子山的楚王墓大概有4000多个兵马俑。

从徐州到扬州

徐州往南220公里，是凤阳。凤阳城中心有一座鼓楼。城西是一大片宫殿遗址，规制与南京紫禁城、北京紫禁城一样。城南是朱元璋为父母修建的皇陵。

从凤阳沿省道往东130公里，是盱眙县的明祖陵。这是朱元璋为他的祖上修建的陵墓。紧靠着洪泽湖，环境挺漂亮。

看过明祖陵，沿高速公路行驶130公里，便能来到扬州。

从扬州到杭州

扬州在历史上大名鼎鼎，格外繁华。今天作为旅游地区，好吃的、好看的，自然不会少。

喜欢逛街的话，首推东关街，其次是国庆路。这两条街极具地方特色。至于文昌阁往东的街道，也有许多商铺，但比较现代。

扬州之后，过长江，接下来是镇江、无锡、苏州与杭州，都是极为成熟的旅游地，不再赘述。

这条路线全部以古迹为主，自驾游边走边看，开阔了眼界，增长了知识。

3.4 冬季自驾游线路推荐

冬季气温虽低，但也有不少地方值得自驾游。比如，喜欢温暖就往南去，游览广东与海南；希望体验冰雪就往北走，到中国最冷的地方去，挑战一下自我。

3.4.1 广东篇——11月，珠江三角洲环游

路线 广州/东莞/中山/珠海/新会/开平/顺德/番禺/广州。
里程 500公里。
时间 5天。
路况 全程铺装路（高速公路、省道）。
程度 以高速公路为主，路况良好。
主题 历史古迹。

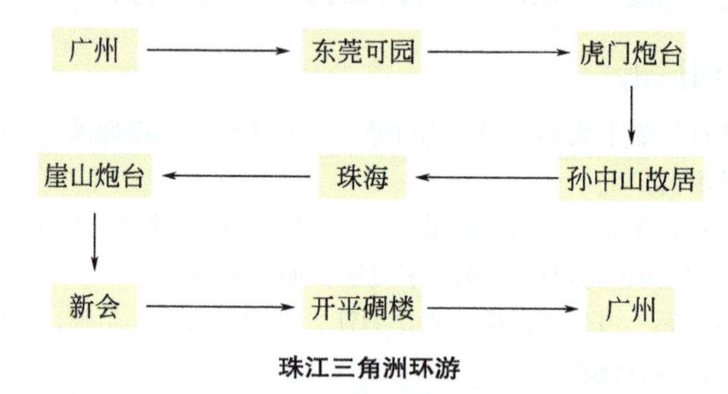

珠江三角洲环游

日程安排

第1天 广州/虎门。
交通：高速公路，约100公里。
游览：东莞可园、威远炮台、鸦片战争博物馆。
住宿：虎门镇。

第2天 虎门/珠海。
交通：高速公路，约100公里。
游览：孙中山故居。
住宿：珠海市区。

第3天 珠海/新会。
交通：高速公路、省道，约100公里。
游览：崖山炮台、宋元崖门海战文化旅游区、梁启超故居。
住宿：新会市区。

第4天 新会/开平。
交通：高速公路、省道，约80公里。

游览：锦江里瑞石楼、自力村碉楼群。

住宿：开平市区。

第5天　开平/广州。

交通：高速公路，约150公里。

游览：清辉园、余荫山房。

参考实例

广州看什么

如果想好好感受一下广州，就应该在荔湾区与越秀区走走。尤其是恩宁路一带，时钟仿佛停滞，让您感受到原汁原味、特色十足的广州。逛累了，在荔湾湖畔的泮溪酒家，或喝茶吃点心，或来一顿正宗粤菜，享受至极。

从西关往南的沙面，是珠江上的一个岛，这里的环境一流。

古迹方面，南越王墓、南越王宫博物馆非常值得看。此外，沿珠江往东，在黄埔的长洲岛，能看到黄埔军校旧址。

从广州到东莞

广州往东一个小时车程，是东莞。东莞有许多名产，比如荔枝、烟花、腊肠、女儿香。

东莞古城中的西城门还在，西城门附近的可园，更值得看。它与顺德清晖园、佛山梁园、番禺余荫山房合称岭南四大名园。之后前往虎门镇，那里有威远炮台，景色很好。

从东莞到珠海

从威远炮台旁边的大桥跨过珠江，沿高速公路往南，即将进入珠海时，有个出口叫翠亨村，这里是孙中山先生的故居。

站在威远炮台看跨珠江的大桥

从珠海到新会

自珠海沿高速西行60公里，抵达崖门炮台，此处景色不错，保存得也比较完整。炮台处于银洲湖与南海的交界处。

崖门

炮台北侧6公里处，是位于官冲村的宋元崖门海战文化旅游区。官冲村往南11公里，是古井镇，镇上有条烧鹅街，经营当地特产——烧鹅。临近新会市区，还能途经茶坑村，最好进村，去看看梁启超故居。

从新会到开平

新会往西，是开平，开平以碉楼著称。在市区以西的村落中，能看到许多碉楼。其中，自力村碉楼数量较多，开放成碉楼文化旅游区，从自力村往南，还有马降龙碉楼群，以及蚬冈镇锦江里村的瑞石楼。

从开平到广州

途中经过顺德与番禺。清晖园地处顺德区中心，旁边是老街，仍然保留着骑楼，古色古香。番禺也有一座园林——余荫山房。

作者体会

对于前往广州的游客来说，抵达后，在白云机场租一辆车，跑这么一圈，花费不多，收获不少。

3.4.2 黑龙江篇——12月，抚远与漠河

路线 哈尔滨/海林/虎头镇/乌苏镇/同江/黑河/漠河/五大连池/大庆/哈尔滨。
里程 4300公里。
时间 14天。
路况 全程铺装路（高速公路、国道、省道、县道、乡道）。
程度 全程以高速公路为主，路况良好。
主题 自然风光、历史古迹。

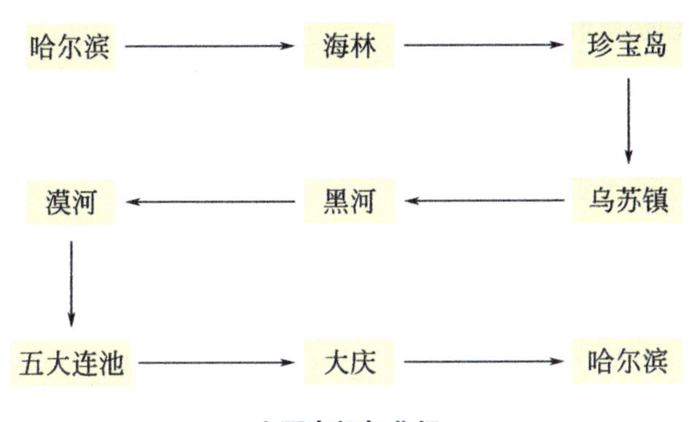

中国东极与北极

日程安排

第1天 哈尔滨/海林。
交通：高速公路、县道，约350公里。
游览：横道河子、杨子荣牺牲地、威虎厅。
住宿：海林市区。

第2天 海林/鸡西。
交通：乡道、高速公路，约260公里。
游览：杨子荣纪念馆、宁古塔。
住宿：鸡西市区。

第3天 鸡西/饶河。
交通：高速公路、国道，约380公里。
游览：虎头要塞遗址、珍宝岛。
住宿：饶河。

第4天 饶河/乌苏镇。
交通：乡道、国道，约230公里。

游览：中国东极。
住宿：乌苏镇或抚远市。

第5天　乌苏镇/同江。
交通：省道，约210公里。
游览：黑瞎子岛、三江口。
住宿：同江市区。

第6天　同江/嘉荫县。
交通：约410公里。
住宿：嘉荫县城。

第7天　嘉荫县/黑河。
交通：省道、国道，约370公里。
游览：瑷珲历史陈列馆。
住宿：黑河市区。

第8天　黑河/呼玛县。
交通：国道，约230公里。
游览：大黑河岛、黑龙江公园。
住宿：呼玛县城。

第9天　呼玛县/乌苏里。
交通：国道，约400公里。
游览：中国最北点。
住宿：露营或附近客栈。

第10天　乌苏里/漠河。
交通：省道、国道，约220公里。
游览：北极村。
住宿：漠河市区。

第11天　漠河/塔河县。
交通：国道，约210公里。
游览：沿途林区。
住宿：塔河县城。

第12天　塔河县/五大连池。
交通：国道，约550公里。
游览：火山、堰塞湖。
住宿：五大连池。

第13天　五大连池/大庆。

交通：国道，约310公里。

游览：火山、堰塞湖。

住宿：大庆市区。

第14天　大庆/哈尔滨。

交通：高速公路，约150公里。

游览：王进喜纪念馆。

参考实例

从哈尔滨到海林

从哈尔滨出发，沿绥满高速公路往东260公里，抵达横道河子。途中还有个阿城，是金朝最初的国都，有兴趣不妨下高速到市区南部，去看看博物馆，及附近村庄里的皇城遗址、完颜阿骨打初葬地。

横道河子是个小镇，当年是中东铁路一个比较重要的车站，保留着许多历史建筑，比如车站和机车库，此外，还有许多俄国人的住宅，以及一座木质东正教教堂。

随后，沿“三横干道”（乡道）行驶，途中经过威虎山景区、杨子荣牺牲地、威虎厅、夹皮沟、威虎山讲武堂，在山里转一圈，最终回到国道301线上，行驶15公里，进入海林市。市区东部，是杨子荣墓及杨子荣纪念馆。

海林市往南34公里，是宁古村。村东有宁古塔台，村内是昔日宁古塔将军的驻地。清朝时期的“流放宁古塔”，指的就是这里。

宁古塔

从海林到虎头镇

沿高速公路东行440公里，是虎林市的虎头镇。该镇紧靠乌苏里江，抗战时期，日军在此修建了庞大的军事工事。镇内有座乌苏里江广场，周围有许多宾馆和餐馆。

从虎头镇到抚远

沿省道211线往北，再沿县道往东，行驶70公里便能来到大名鼎鼎的珍宝岛。

离开珍宝岛，沿211省道继续往北，过饶河县，便是抚远市的乌苏镇，这段路程约300公里。也可以往西走建黑高速，但里程长达500公里。乌苏镇只有一条街，往东是边防哨卡。过哨所继续往东，是宏伟的东极广场。在此露营的话，可以欣赏到我国最早的日出。

东极广场左手，与俄罗斯隔江相望，右手则与黑瞎子岛隔江相望，我国修建了上岛公路，在岛上，主要观看东极宝塔和中俄界碑揭幕仪式原址等。不过，除非是冬季，自驾车很可能被阻拦，只能乘旅游车上岛。

黑瞎子岛上的最东端

乌苏镇附近的城市是抚远，相距30多公里，不具备冬季露营装备的话，可以到抚远市区住宿。

从抚远到黑河

离开抚远，沿省道313线一路向西，180公里之后来到同江（这段路走高速要280公里）。同江游览内容主要是同三公路起点、三江口、赫哲族民族博物馆。有兴趣的话，这段路途中还有个街津口赫哲族乡。

从同江前往黑河，有两条路。时间充裕，想多看风景的话，建议始终沿着黑龙江走，一路上经过嘉荫、逊克、爱辉。如果赶时间，就走高速公路，经过佳木斯、鹤岗、伊春。

嘉荫是座紧靠黑龙江的优美小城。随后全程沿省道行驶，整体来说，路况不错，冬季虽有冰雪，但基本上不影响驾驶，记得在弯道处必须提前减速，小心谨慎为好。

嘉荫到爱辉大约320公里，约需六个小时。爱辉有座知青博物馆，但更应该参观的，是历史陈列馆。

爱辉北边30公里处，是黑河，这是一座规模较大的城市。

从黑河到乌苏里

沿国道311线，途经呼玛、白银和十八站等地，前往漠河。这段路的后半程人烟稀少，两旁是林海，景色不错。从黑河市区算起，行驶600公里，离开国道，右转北行22公里，便能来到乌苏里，这里没有村落，只有一个石碑，上面刻着："恭喜您，找到北啦"。

乌苏里东侧不远，山上是龙江第一湾观景台，山下有个餐厅和客栈，设施比较简陋。还可以向西15公里，前往北红村（大草甸子村），那里的农家很乐意接待游客。拥有冬季露营装备的话，在江畔露营，也很有趣。

从乌苏里到漠河

从北红村（大草甸子村）前往北极村，有国道321线，也可以沿黑龙江走。在冬季，沿江驾驶，恐怕更有乐趣。离开村子不久，有个岔路，往上去的土路是"国防道"，往下伸到江边的是"江道"。也就是说，开车在江面上行驶。

北极村一片繁荣，进村需要购票。村北有个小岛，往南有条很棒的公路，行车80公里便能来到漠河县城。

驾车走在黑龙江的江面上

从漠河到五大连池

沿省道207线，经过塔河，一路向南，过加格达奇后，改成国道11线，到嫩江，转向省道303线，直到五大连池。这段路共820公里，大概需要一天半。五大连池以火山、堰塞湖和矿泉著称。

从五大连池到大庆

沿国道202线，前往大庆，行车约五个小时。在当年1205钻井队钻出第一口油井的地方，有座王进喜纪念馆，周围是原物陈列。王进喜被誉为"铁人"。

作者体会

到漠河，绝大多数人的第一反应是“中国最冷的地方”。事实上，中国最冷的地方并非漠河。漠河冬季气温，通常在零下40～零下25℃之间，但不是天天零下40℃。如果根据气象资料，最冷的地方可能是珠峰，那里的C4营地年平均气温为零下19.6℃。如果以有人居住而论，最冷的地方是根河。我两次在冬季从漠河前往根河，都遇到漠河零下30℃，而根河零下35℃的情形（白天）。

3.4.3 海南篇——12月，海南环岛游

路线 徐闻/海口/琼海/兴隆/三亚/昌江/儋州/徐闻。

里程 800公里。

时间 7天。

路况 全程铺装路（高速公路、国道、省道）。

程度 路况良好。

主题 自然风光、历史古迹。

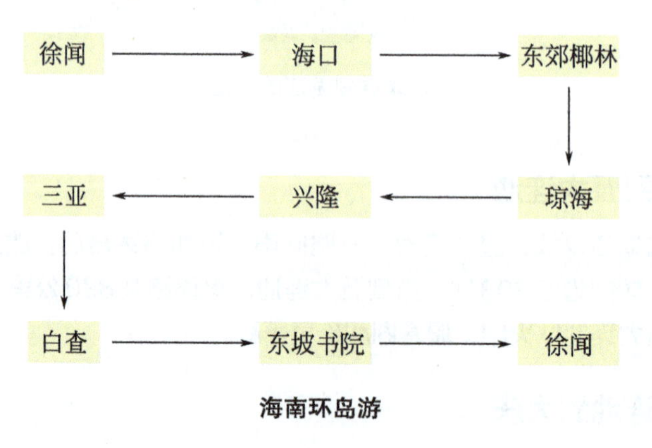

海南环岛游

日程安排

第1天 徐闻/海口。

交通：轮渡，约60公里。

游览：骑楼老街。
住宿：海口市区。

第2天　海口/琼海。
交通：高速公路，约170公里。
游览：宋氏祖居、东郊椰林。
住宿：琼海市区。

第3天　琼海/兴隆。
交通：高速公路，约90公里。
游览：热带植物园。
住宿：兴隆。

第4天　兴隆/三亚。
交通：高速公路，约120公里。
游览：海滨。
住宿：三亚。

第5天　三亚。
游览：海滨。
住宿：三亚。

第6天　三亚/昌江。
交通：省道，约200公里。
游览：白查村。
住宿：昌江县。

第7天　昌江/徐闻。
交通：国道、轮渡，约200公里。
游览：东坡书院。

参考实例

对于自驾游来说，围着海南岛转一圈，是个好主意。比如：海口、东郊、文昌、琼海、兴隆、陵水、三亚、崖城、东方、昌江、儋州、海口。东海岸去，西海岸回。

渡过琼州海峡

自驾车前往海南，需要在广东省徐闻县乘船渡过海峡。也就是说，徐闻对于游客来说，多半只是路过一下。可实际上，在县城西南方向35公里处，是我国大陆最南端。黄昏时前往，天气好的话，能看到很美的夕阳。

徐闻县城南侧10余公里的地方，有两个轮渡码头——海安码头、北港码头。前者历史悠久，后者专为铁路修建。但它除了容纳列车，还有足够的空间容纳汽车，由于班次多，航速快，越来越多的人，喜欢从北港码头过渡。码头对面，海南岛那一边，叫南港码头。

开车上船渡过琼州海峡

来到码头，首先凭行驶证买票，小轿车每辆320元，码头费55元，司机与乘客每人42元。平均每隔两个小时左右一班船。检票后，乘客走通道上船，驾车人驾车驶入船中，停放之后，再前往旅客舱。过渡需两个多小时。

从海口到三亚

下船出港，是海滨大道，往东是海口市区，往南是高速公路入口。这条高速公路环岛一周，走东线到三亚约240公里，走西线约360公里。海南省高速公路不单独收费，因为过路费已经包含在油费当中。

从海口往东80余公里，是文昌市的昌洒镇，宋氏祖居在这个镇的古路园村。宋家是一个传奇，尤其是宋氏三姐妹。

从宋氏祖居出来，一路上还有东郊椰林、潭门码头、博鳌镇、琼海、万宁、兴隆等地。从欣赏风景的角度来说，东郊椰林不错，范围很大，开车随意走走，到处都是椰子树，很幽静。潭门码头是前往三沙市的民船停泊地，这一带的街市很热闹。琼海到万宁一带，华侨特别多，早餐在一个小镇，看到当地人三三两两来到餐馆，烤个面包，冲杯咖啡，算是早餐。

三亚的重点在于泡饭店

三亚虽然也有旅游景点，但我认为它的最大价值，在于休闲，说俗点，就是泡饭店。

三亚有许多高级度假饭店，比如三亚湾、大东海、亚龙湾、海棠湾。大东海相对热闹一些，海滨有不少餐馆，露天餐饮很不错，但白天会有许多旅游团，显得比较喧嚣。三亚湾的东段接近市区，同样比较喧嚣，西半段则安静许多，这一带有数家四星级、五星级的饭店，感觉比大东海更舒服一些。亚龙湾的费用比三亚湾高了一个台阶，这里有许多五星级饭店。至于更远处的海棠湾，虽然开发较晚，但档次同样很高。

在饭店里，换上宽松衣衫，每天早上迎着朝阳，坐在花园里享用早餐，随后沿静谧的林间小径，散步赏花，休息够了，跳进泳池，消耗一下多余的热量，午间吃点儿点心，然后在泳池边的躺椅上，懒懒散散地度过整个下午，当天空洒满夕阳余晖时，再次坐在花园中铺着洁白台布的餐桌前，把各种新鲜的海味，毫无顾忌地放入口中。夜幕下，或泡一壶茶，躺在阳台的浴缸里，看漫天星斗；或坐在大堂酒吧里，在美酒的相伴下，听歌手弹唱。

旅游有两大类，观光旅游和休闲旅游，三亚是最适宜休闲旅游的地方，如果试图观光，这里恐怕不是最佳的目的地。

三亚最适合度假

从三亚到海口

沿海南岛西海岸往回走，沿海滨有一条高速公路，行驶350公里便能回到码头。想多看看景色，不妨走山里的一条路——省道314线。这条路经过乐东县之后，能路过一个叫白查村的地方，村中保持着原始状态，船形屋是最大特色。至于儋州的东坡书院，则是海南省有名的古迹。

船形屋

作者体会

在三亚街边吃饭，如果只点家常菜，比饭店便宜，如果吃海鲜，还是在饭店吃比较好吧，起码服务完善，环境一流。比如，我们曾在一家四星级饭店的花园里吃自助餐，每人138元，免服务费，品种非常齐全，餐后还有香浓的咖啡、精致的点心和可口的冰激凌。

3.4.4 吉林篇——1月，吉林看雾凇

路线 沈阳/长春/吉林/抚顺/沈阳。

里程 900公里。

时间 4天。

路况 全程铺装路（高速公路、县道）。

程度 全程以高速公路为主，路况良好。

主题 自然风光、历史古迹。

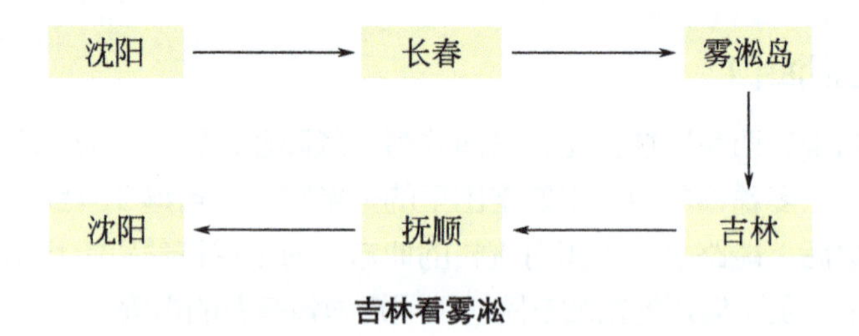

吉林看雾凇

日程安排

第1天 沈阳/长春。

交通：高速公路，约290公里。

游览：伪满皇宫、八大部旧址。

住宿：长春市区。

第2天 长春/吉林雾凇岛。

交通：高速公路，约150公里。

游览：雾凇岛。

住宿：雾凇岛。

第3天　吉林雾凇岛/吉林。

交通：县道，约40公里。

游览：雾凇。

住宿：吉林市区。

第4天　吉林/抚顺/沈阳。

交通：高速公路，约400公里。

游览：战犯管理所。

参考实例

吉林雾凇、桂林山水、云南石林与长江三峡，并称中国四大自然奇观。如果湿度、气温较为合适，且没有风，雾凇很可能就会出现。

沈阳市区游览内容

对于外地朋友来说，如果对古迹感兴趣，应该游览一下沈阳故宫。此外，努尔哈赤与皇太极的陵寝也在沈阳，一个是城东的福陵，另一个是城北的昭陵。至于近代史上的大帅府，如果有时间，不妨一看。

从沈阳到长春

长春市区西部有许多伪满洲国的遗迹。比如新民大街北端，是未完工的皇宫，后改为地质宫。溥仪当时住在市区东部，现在是个旅游景点。地质宫往南，是宽60米左右的新民大街，街道两侧有伪国务院、伪经济部、伪民生部、伪司法部等。

从长春到雾凇岛

出现雾凇概率较大的地方，在吉林郊外的雾凇岛，位于市区北边约35公里处，是松花江中间的一个沙洲。登岛有东、西两处：从东岸去，先到韩屯，再乘渡船；从西岸去，则是在曾通，乘坐渡船。

曾通的渡船

东西两处相比，东边的乌拉街、韩屯名气较大，客栈更多，西边更安静，也更淳朴，渡口附近的村庄，就有农家客店。整座雾凇岛，人烟不多，看上去很宁静。

雾凇岛上很宁静

早上来到江边，如果看到雾气弥漫，又没有风，雾凇很快就会形成。欣赏雾凇有三部曲——夜观雾、晨看挂、午赏花。

雾凇出现的时间，通常从早晨开始，一直持续到中午。也就是说，运气好的话，从早上8点到中午12点，都能看到雾凇。

作者体会

有人担心沿途的住宿，实际上，全中国任何一个县、绝大多数乡，都有旅馆，都有餐馆。根本无需担忧。有一次在旅游旺季抵达布尔津，各大旅馆人满为患，但当我驾车来到一条比较僻静的街上，一下子就找到了很适合的住处，而且价格低廉。

这是因为，大家都看“攻略”，全都集中在“攻略”所提及的地方，往往给人一种拥挤感。反其道而行之，这是我沿用多年的法宝。我曾在一个僻静处，无意中看到一家四星级饭店，特价酬宾，包含双人西式早餐，只需180元，这是“攻略”无法提供的。

3.4.5　川渝篇——2月，宜宾与自贡

路线　成都/犍为/宜宾/自贡/大足/重庆。

里程　700公里。

时间　5天。

路况　全程铺装路（高速公路、县道）。

程度　路况良好。

主题　人文景观、历史古迹。

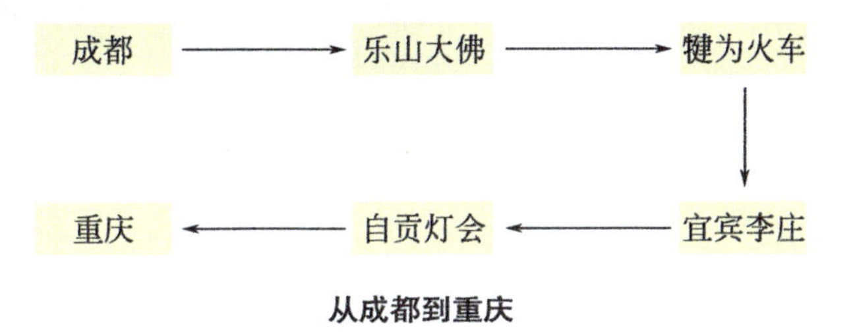

从成都到重庆

日程安排

第1天　成都/犍为。

交通：高速公路，约200公里。

游览：眉山三苏祠、乐山大佛。

住宿：犍为县城。

第2天　犍为/宜宾。

交通：县道，约150公里。

游览：犍为小火车。

住宿：宜宾市区。

第3天　宜宾/自贡。

交通：高速公路，约120公里。

游览：李庄、灯会。

住宿：自贡市区。

第4天　自贡/大足。

交通：高速公路，约170公里。

游览：大足石刻。

住宿：大足城区。

第5天　大足/重庆。

交通：高速公路，约100公里。

参考实例

犍为的小火车

犍为县城往北15公里处，有个嘉阳煤矿，矿区内有条不足20公里的铁路，从石溪到芭蕉沟。如今这条铁路线仍在使用，尤其被蒸汽机车爱好者喜爱，赞誉其为“工业革命的活化石”。

犍为小火车

宜宾的李庄

宜宾与重庆有几分相像，都是位于两江之间，市区尽头都有个“尖”，是两江的汇合点。宜宾有更为著名的五粮液与蜀南竹海，但本行程首先推荐您去李庄。

李庄是宜宾郊外的一个村子，紧靠长江。抗战时期，同济大学、故宫博物院、中央研究院、中央博物院、中国营造学社、金陵大学等，陆续迁驻李庄。这里有梁思成与林徽因夫妇的故居。

自贡的灯会

自贡在历史上以产盐著称，后来又发现了恐龙化石。春节期间最著名的，是灯会。自贡的灯，用金属制作骨架，上面蒙着一种织物，造型丰富、色彩斑斓。

重庆的抗战遗址

在嘉陵江畔的嘉陵新路上，有所很安静的院落，这里是史迪威的故居。

重庆郊外南山的重庆抗战遗址博物馆，环境一流，展览内容丰富，很值得一看。

重庆市中心解放碑一带，是繁华的商业区，解放碑是一个标志性建筑。

作者体会

据我手头资料，犍为小火车每天发车四趟，时间为6：00、9：30、14：00、17：30，每趟往返约两个半小时，停站八处，起始站是石溪站，然后是跃进站、蜜蜂岩站、菜子坝站、仙人脚站、焦坝站、芭沟站和黄村井站。此外，还有旅游专列，虽然票价不同，但对于欣赏风景来说，更合适也更方便。

火车从石溪站发车，但石溪站位于镇上的一个高坡处，停车空间狭小，于是，嘉阳煤矿把第二站——跃进站进行了开发，停车、住宿、餐饮等应有尽有。游客可以从跃进站坐到芭沟站，虽然只有十多公里，但沿途景色不错，犹如世外桃源。特别是每年3月，油菜花盛开，景色最佳。

3.4.6　云南篇——2月，滇越铁路

路线　昆明/宜良/盘溪/碧色寨/河口/昆明。

里程　1000公里。

时间　5天。

路况　全程铺装路（高速公路、国道、乡道）。

程度　虽然全程柏油路，但沿铁路行驶时，多数乡道很崎岖。

主题　人文景观。

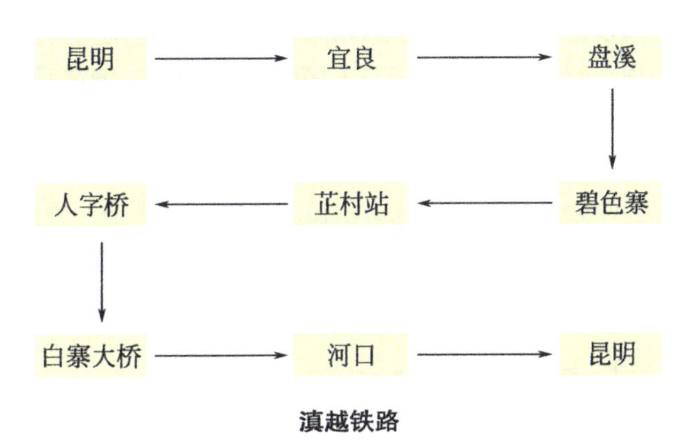

滇越铁路

日程安排

第1天　昆明/宜良。

交通：国道，约100公里。

游览：昆明北站、王家营站、水塘站、水晶波站、宜良站。

住宿：宜良市区。

第2天　宜良/盘溪。

交通：乡道，约150公里。

游览：滴水站、徐家渡站、禄丰村站、西洱站、盘溪站。

住宿：盘溪。

第3天　盘溪/碧色寨。

交通：乡道，约150公里。

游览：巡检司站、小龙潭站、花桥、开远站、玉林山站，大塔站、草坝站、碧色寨站。

住宿：碧色寨或红河州市区。

第4天　碧色寨/河口。

交通：乡道、国道，约200公里。

游览：芷村站、人字桥、白寨站、白寨大桥、腊哈地站、河口站。

住宿：河口。

第5天　河口/昆明。

交通：高速公路，约400公里。

游览：河口口岸。

参考实例

在"云南十八怪"中，有一怪是"火车没有汽车快，不通国内通国外"，指的就是滇越铁路。这条铁路是清朝后期，法国在越南与云南之间修筑的，全长854公里，其中465公里在我国境内。1958年，滇越铁路国内段更名昆河铁路。

如今，该铁路已经停止客运，只保留了货车。用5天时间驾车从头到尾行走一遍，是件颇有乐趣的事儿，不仅因为丰富的历史，更是绚丽的风景。许多旅游介绍都说国道318线是景观大道，其实，滇越铁路沿途的景色，不仅丝毫不输国道318线，甚至有胜过它的地方。

滇越铁路的起点：昆明北站

昆明北站现在是座博物馆，票价低廉，藏品丰富，物超所值。比如，馆内有一列米其林机车，车轮居然是橡胶轮胎，最高时速100公里——这是1932年的速度。

第1段：从王家营站到宜良站

从昆明出发，经过呈贡，来到王家营站。从这开始，滇越铁路告别市区，进入野外。接下来的水塘站，是滇越铁路全线最高点。随后公路穿越一条山谷，谷中有水晶波站，峡谷之后，进入宜良坝子。

驾车沿滇越铁路旅行，很有乐趣

第2段：从宜良站到禄丰村站

离开宜良，滇越铁路很快重新进入峡谷，峡谷长150多公里。滇越铁路从这开始傍着南盘江，旁边的公路是条很窄的乡道，车辆稀少。

进入峡谷10多公里，对岸是滴水站，旁边专门为它建了一座步行桥。滴水站保存很完整。保存如此完整的四等站站房，在整个滇越铁路国内段上并不多见。

滴水站的下一站，是徐家渡站，它俩之间，铁路只有13公里，可公路得兜一大圈，直到接近徐家渡村，才回到铁路旁。徐家渡站也是座四等站。徐家渡站的下一站是禄丰村站，两站之间铁路14公里，公路34公里。

第3段：从禄丰村站到盘溪站

禄丰村站以后，前往西洱站的公路更为曲折，导航仪告之需往东绕行127公里。查看纸质地图，发现中间有条小路，仅62公里。

过了西洱站，沿南盘江有条简易公路，直达盘溪镇。盘溪镇的地理环境与气候都很不错，街市繁华，还有温泉。

第4段：从盘溪站到碧色寨站

从盘溪站前往巡检司站的公路非常狭窄，大概只有5米宽，会车需小心。翻过一座山，回到南盘江，是拉里黑站。

路旁是南盘江

拉里黑站之后，进入一个小型坝

子，叫巡检司。再往下是小龙潭站，车站不远处，是滇越铁路第四次、也是最后一次跨越南盘江的地方，有座金属大桥，誉为“花桥”。

小龙潭站周围，是个巨大的露天煤矿，穿过矿区，翻过一道山梁，便能看到开远市区。开远市区东南方向，临近山区的地方，有座很美的七孔桥，此处是南盘江与南溪河的分水岭。

过七孔桥，继续往前，没多远便是玉林山站，接下来是大塔站、驻马哨站、大庄站、草坝站和碧色寨站。碧色寨车站大名鼎鼎，昔日就是繁华大站，如今因为建筑保存完整，非常值得看。车站上方的老建筑当中，有一所改成餐馆，供应啤酒、咖啡以及简单的食物，环境非常棒。

第5段：从碧色寨站到河口站

离开碧色寨站，翻山，来到芷村站。芷村站是全线唯一保存完整的三等站房，非常珍贵。

离开芷村站，沿芷白线（乡道）行驶50公里，在和平乡右转向西，沿一条很窄的路行驶17公里，深入到一条山谷中，回到滇越铁路旁。跨越铁路的地方有人收费，汽车每次20元，将车停下，徒步穿过两个隧道，便来到著名的人字桥。

随后，沿公路继续行驶，一路上经过湾塘站、白寨站。白寨站站北2公里处，有座白寨大桥，值得一看。

离开白寨站约2公里，来到国道326线，接下来的这段路，是最好走的一段。沿着它，经过腊哈地等八座车站之后，来到终点河口站。滇越铁路从这里踏出国门，进入越南。

滇越铁路在这里踏出国门

作者体会

驾车沿滇越铁路旅行，并不轻松——如果沿高速公路走，不过400公里，五个小时便能抵达。但沿着铁路线走，需要根据地图寻找路线，有时候，铁路线十几公里的路程，公路需要绕行二三十公里。一路上，除了宜良、盘溪、开远、蒙自四个地方地势平坦之外（在云南叫坝子），其余的路程，全部在是深山峡谷中，沿途基本上都是小山村，连县城都没有。如果户外经验不足，建议不要贸然行事。

3.4.7　台湾篇——2月，环岛游

路线　桃园/台北/淡水/基隆/宜兰/花莲/日月潭/桃园。

里程　1800公里。

时间　10天。

路况　全程铺装路（省道）。

程度　路况良好。

主题　自然风光、民族风情、历史古迹。

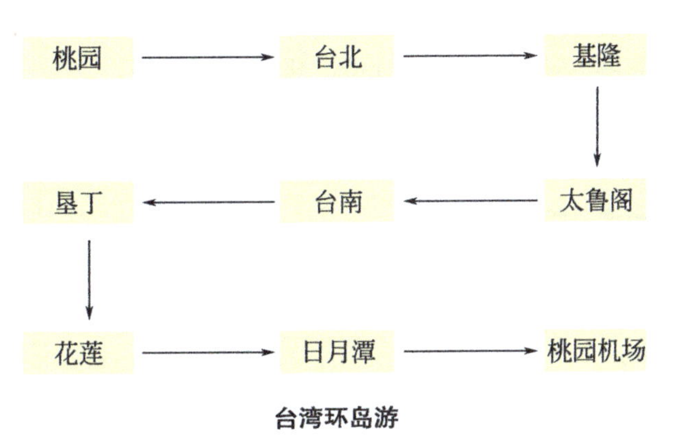

台湾环岛游

日程安排

第1天　（抵达）桃园。

交通：省道，约80公里。

游览：慈湖、大溪古镇。
住宿：桃园。

第2天　桃园/台北。
交通：省道，约40公里。
游览：士林官邸、中正纪念堂、西门町。
住宿：台北市区。

第3天　台北/基隆。
交通：省道，约220公里。
游览：淡水红毛城、富贵角灯塔、金包里老街。
住宿：基隆市区。

第4天　基隆/新城。
交通：省道，约180公里。
游览：十分、太鲁阁。
住宿：新城。

第5天　新城/台中。
交通：省道，约320公里。
游览：合欢山、武岭。
住宿：台中市区。

第6天　台中/台南。
交通：省道，约180公里。
游览：鹿港、安平古堡、赤崁楼、郑成功庙。
住宿：台南。

第7天　台南/垦丁。
交通：省道，约160公里。
游览：高雄旗津、凤山军校、鹅銮鼻灯塔。
住宿：垦丁。

第8天　垦丁/花莲。
交通：省道，约290公里。
游览：台东、北回归线标志塔、伯朗大道、瑞穗温泉、瑞穗牧场。
住宿：花莲。

第9天　花莲/日月潭。
交通：省道，约120公里。

游览：日月潭。
住宿：日月潭。

第10天　日月潭/桃园（离开）。
交通：省道，约220公里。

参考实例

如果有自驾游的条件，像环绕海南岛那样，把宝岛台湾也环绕一遍，将是一种很棒的体验。

从桃园到台北

台北较大的机场在桃园，抵达后，不妨就在桃园下榻，看看慈湖陵寝与大溪古镇。

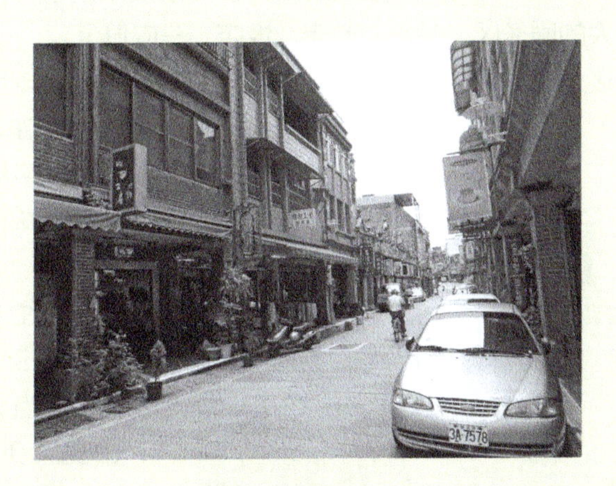

大溪古镇

台湾驾车方式，与大陆完全一致，再加上导航软件很发达，靠它指引，不用担心迷路。至于停车，很容易就能找到停车场。停车场无人管理，当你打算离开时，在停车场某处的机器上交钱，然后上车走人。交费机上写着每小时50元新台币（约合人民币10元），每天最高限额200元新台币（约合人民币40元）。

还有一种模式是管理员把缴费单据搁在雨刮片下，车主凭单在便利店缴费。唯有在慈湖，是人工收费，50元新台币，约合人民币10元。

从台北到宜兰

台北市区东北方向10余公里处，是淡水。这里有个红毛城，誉为台湾最老的建筑。

离开淡水，沿2号公路往东北方向走20多公里，来到富贵角灯塔。

沿2号公路向东，过基隆市区，再往东，来到海边的三貂角灯塔。灯塔免费开放，塔内有些历史介绍。沿海岸线往南行驶约40公里，进入宜兰。

从宜兰到台中

离开宜兰不久，过苏澳镇，它与花莲之间的9号公路，当地人叫苏花公路，全长95公里。接近花莲时，路边有观景台，这里景色很美，此处属于太鲁阁公园，叫清水断崖。

到了一个叫崇德的地方，是个三岔路口，继续南下15公里，是花莲市区，右转的话，是著名的中横公路。公路开始的一段，特别像太行山挂壁公路（比如郭亮村那一带）。一直往里走，在两条溪水汇合处，有座桥，过桥后，是个较大的服务区，餐厅、商店、饭店，一应俱全。

过服务区，车辆稀少，公路开始盘旋，这段路对于新手来说，可能有难度，一来路窄，二来弯多。此外，许多隧道的宽度，仅够单向走车，入隧道前必须观察。

台湾公路最高点——武岭

一直往上，最终来到武岭，海拔3275米，是台湾公路最高点。随后是漫长的下山路，下降1000米后，山坡上出现很多房子，此处是清境农场。过农场没多久，脱离山区，进入平原，前面不远处，是台中市。

从台中到台南

台中附近不足30公里处，是鹿港。镇内一片古朴之风。其中的妈祖庙香火非常旺盛。附近的街道值得逛逛，摊档众多，小吃无数。

离开鹿港，南行140公里，来到台南。这里最出名的地方，是安平古堡、赤崁楼和郑成功庙。

从台南到高雄

从台南很快就能来到高雄。如果说台南像洛阳或西安，高雄则有点儿像上海，这是一个比较现代的城市。高雄面对台湾海峡，北有鼓山，南有旗津。旗津是个细长条、人烟稀少的海外沙洲。海滨有专门用来散步的道路，景色不错。

从高雄到垦丁

沿公路继续往南，是垦丁。穿过垦丁镇，可以把车一直开到公路的尽头，此处有个鹅銮鼻公园，内有鹅銮鼻灯塔。

垦丁镇上几乎都是旅馆，据说这是台湾的一个度假胜地。

从垦丁到花莲

从垦丁折返，不久来到台东，市区规模不大。过台东4公里，有个叫富冈的地方，是个码头，此处可以乘船去绿岛。

继续前行。台东到花莲，公路全程位于海边，一边是山，一边是太平洋，整段路超过150公里，人烟稀少，村落罕见。

沿河谷里的崎岖山道往西开，二十多分钟便能进入瑞穗。这是个很安静的地方，以温泉著称，有数家温泉度假饭店，还有一家环境不错的瑞穗牧场。

继续往北，进入花莲市区。住宿可以选择在市区，也可以考虑郊外的七星潭。在海滨的一角，聚集了很多旅馆与民宿，此处可以观赏日出。

从花莲到桃园

离开花莲，驾车再次翻越合欢山，来到台湾西部，过清境农场，在浦里左转（前几天曾在此上高速，直奔台中），10多公里后，抵达日月潭。

看罢，沿21号公路，从湖的西南角往外走，过了一个叫水里乡的地方，忽见铁路，还有五颜六色的火车行驶，地图显示前方不远有个车站——集集。

集集车站历经90余年，至今仍保持原貌。车站外面陈列着一台机车。那是为了让火车具备更强的爬山性能，设计的一种独特的机车，汽缸为直列式，每边三个，驱动下面的曲轴。

过集集车站不久，是3号高速公路，沿着它往北200公里，抵达桃园国际机场。

作者体会

在台湾旅游时，感觉交通秩序很好，大家相互礼让。虽然许多路上的车流十分密集但很少听到喇叭声，强行并线或抢行，一个都没看到。

3.5 特色自驾游线路速查表

季节	线路	里程	时间	所在页
春	滇缅公路	1700公里	8天	140
	西双版纳、红河州	1400公里	7天	145
	昆明到长沙	1800公里	11天	148
	扬州到广州	2600公里	17天	151
	徽州到赣州	1500公里	9天	156
	中原大地游	300公里	6天	159
	齐鲁大地游	700公里	6天	162
	秦岭古道	1400公里	6天	164
夏	川藏南线（国道318线）	2000公里	8天	167
	川藏北线（国道317线）	2400公里	11天	174
	滇藏线（国道214线+318线）	2200公里	12天	181
	滇藏新通道（丙察察线）	1400公里	5天	186

续表

季节	线路	里程	时间	所在页
夏	山南线	700公里	4天	192
	青藏西线（国道109线）	2100公里	6天	196
	青藏东线（国道214线）	2400公里	9天	199
	黑阿线（大北线）	1800公里	7天	202
	香格里拉环线	2400公里	13天	207
	呼伦贝尔与额尔古纳	4200公里	11天	211
	晋陕大峡谷	2500公里	8天	213
	青海湖环游	800公里	4天	216
	天山环游、独库公路	2000公里	7天	218
	南疆环游	4800公里	12天	224
	新藏公路	2900公里	8天	233
	大连到桓仁	800公里	7天	239
秋	京新高速（G7）	2200公里	2天	242
	额济纳胡杨林	4000公里	9天	246
	北疆环游	2500公里	8天	248
	成都到兰州	1200公里	7天	251
	辽宁看红叶	500公里	4天	254
	桂林到崇左	2100公里	11天	256
	郑州到成都（光雾山）	1400公里	5天	261
	北京到杭州（深度游）	1700公里	13天	264

续表

季节	线路	里程	时间	所在页
冬	珠江三角洲环游	500公里	5天	268
	中国东极与北极	4300公里	14天	271
	海南环岛游	800公里	7天	276
	吉林看雾凇	900公里	4天	280
	成都到重庆（自贡灯会）	700公里	5天	283
	滇越铁路	1000公里	5天	285
	台湾环岛游	1800公里	10天	289

说明：

① 路线中的里程数字，均为城市之间的里程，不包括当地行车里程。

② 路线中的日程安排，可以个人兴趣、实际路况进行调整，或延长、或缩短。